¿Dónde está **Dios** cuando sucede algo malo?

¿Dónde está **Dios** cuando sucede algo malo?

Cómo
encontrar solaz
en tiempos
de adversidad

Luis Palau

Autor de *Dios Es Relevante*

La misión de Editorial Vida es ser la compañía líder en comunicación cristiana que satisfaga las necesidades de las personas, con recursos cuyo contenido glorifique a Jesucristo y promueva principios bíblicos.

¿DÓNDE ESTÁ DIOS CUANDO SECEDE ALGO MALO?
Edición en español publicada por
Editorial Vida – 2001
Miami, Florida

©2005 Edición popular

Originally published in the USA under the title:
Where Is God When Bad Things Happen?
Copyright © 1999 by Luis Palau
Versión en castellano por acuerdo con *Doubleday*, una división de Random House, Inc.

Traducción: *Lorena Loguzzo*
Edición: *Omayra Ruiz y Damaris Rodríguez*
Diseño interior: *Jannio Monge*
Diseño de cubierta: *Osvaldo González*

ISBN: 978-0-8297-4635-8

CATEGORÍA: Autoayuda / Consejería

Impreso en Colombia
Printed in Colombia

09 10 11 12 13 ❖ 17 16 15 14 13

CONTENIDO

INTRODUCCIÓN

En busca de esperanza

Anoche me senté frente al televisor y comencé a cambiar de canales. Una escena de cierta película apareció en la pantalla en la que una mujer y su compañero esperaban en un auto.

—Solo me quedan seis meses de vida —dice ella.

—Bueno, espero que creas en Dios —responde él.

—¿Que crea en un Dios que me va a matar antes de que cumpla veinticinco años? —pregunta amargamente la joven—. No lo creo.

Si bien el personaje de esta joven es producto de la ficción, su perspectiva en realidad no lo es. La he encontrado miles de veces al hablar con personas que se tambalean ante desastres similares. Hoy día, más que en cualquier otro momento de la historia, hombres y mujeres responden a las tragedias personales dándole la espalda a Dios y tratando de caminar por la vida por su cuenta.

Quizás hayas oído acerca de William y Michael Randall, miembros activos de una tropa de Niños Escuchas de California que fueron echados de la organización cuando se negaron a recitar la parte del juramento que reconoce el deber de un escucha hacia Dios.

Los dos mellizos son ateos. Su madre, Valerie, ex metodista, se considera no creyente y su padre, James, cierta vez planeó convertirse en ministro bautista... hasta que sirvió como técnico de laboratorio médico durante la guerra de Vietnam. Allí vio unas atrocidades tan indescriptibles que abandonó sus sueños pastorales y llegó a la conclusión de que estamos solos, a la deriva en un universo hostil.

«Si hubiera un Dios, no habría permitido que tantos jóvenes fueran despedazados y murieran», le comentó James a un periodista. «Ningún Dios permitiría que tal sufrimiento continuara.»

James no es el único. Millones de hombres y mujeres en todo el planeta se han confrontado con alguna clase de mal horripilante y han decidido, algunos con reservas y otros con enojo, que Dios no existe o es impotente y, por lo tanto, irrelevante. No pueden concebir cómo un Dios amoroso y todopoderoso pueda presenciar tales horrores y aparentemente no mueva ni un dedo para evitarlos. Y luego claman:

¿Dónde estaba Dios cuando...

mi bebé nació con deformidades severas?

un estudiante disparó contra otros en la escuela?

me violaron repetidas veces a la edad de doce años?

miles murieron en el terremoto asesino del año pasado?

perdí mi trabajo sin razón justificada?

mi cónyuge me abandonó por otra persona?

Escucho lamentos como estos todo el tiempo y la angustia que llena cada sílaba sollozante nunca deja de conmoverme profundamente. En primer lugar, me recuerdan mis agonías personales (más sobre esto en el capítulo 1). Y en segundo lugar, esos lamentos me conmueven tan profundamente porque creo que existe un ungüento infalible para todas las heridas, un bálsamo poderoso para todas las lesiones; no una cura mágica sino una definitiva. Y quiero que todas las personas que conozco, la descubran por sí mismas.

Con ese fin, conduzco un programa de televisión que se transmite ocasionalmente llamado *Luis Palau Responde* y que ha llegado en vivo a numerosas ciudades importantes. En el mismo invitamos a los televidentes a que llamen para presentar sus preguntas y problemas e intentamos orientarlos en una dirección segura hacia la sanidad y la esperanza. Muchas de estas historias se relatan en este libro.

Claro que solo puedo hablar con una pequeña fracción de aquellos que nos llaman. Los que no llegan a hablar conmigo reciben ayuda personal y específica de personas bien capacitadas. Sin embargo, ya sea en el aire o en privado, nos esmeramos en tratar a cada uno que llama con compasión y comprensión. Ningún tema está prohibido; hablamos en forma abierta y franca con todo aquel que se toma el tiempo para comunicarse con nosotros.

Aun así, he aprendido a no hablar demasiado sobre cuestiones puramente teóricas. Solía pasar mucho tiempo respondiendo preguntas tales como «¿qué piensa Dios acerca del aborto?» pero ya no lo hago. No quiero dedicar tiempo valioso en el aire para contestar interrogantes hipotéticas acerca de terceros. Quiero responder preguntas de la vida real de parte de personas heridas, que están lidiando con algún asunto doloroso. Ahora, cuando me hacen este tipo de preguntas, por lo general respondo algo así: «Le diré en un momento lo que Dios piensa acerca de eso, pero estoy mucho más interesado en saber lo siguiente: ¿Está hablando de usted mismo, de alguien que conoce o es solo una pregunta teórica?» Si es así, les digo: «Voy a contestar su pregunta porque para eso estoy aquí. Pero quiero ayudar a personas que en verdad están pasando por problemas personales; no estoy interesado en responder a discusiones bizantinas». Y un minuto después, paso a la siguiente llamada.

¿Por qué lo hago? Porque me preocupa más ayudar a la gente que tratar de dar una explicación filosófica al problema del mal.

No soy un filósofo; anhelo presentar el Médico Divino a la gente y no las *Obras Completas* de Platón. A menudo le pregunto a algunas personas: «¿Qué te trajo a Jesucristo? ¿Por qué decidiste escuchar el evangelio?» En muchos casos, fue una crisis: el divorcio, la enfermedad, el desempleo, un accidente, la muerte.

Escribí *¿Dónde está Dios cuando sucede algo malo?* para ayudar a personas como tú a que enfrenten las adversidades devastadoras de la vida mostrándoles los recursos ilimitados que se pueden encontrar solo en Dios. Sin esquivar preguntas duras ni caer en las respuestas de palmaditas de una fe meramente intelectual, trato de proveer aliento y esperanza a quienes necesitan desesperadamente de ambos.

ANTES DE QUE COMIENCES

Supongo que elegiste este libro porque estás buscando sinceramente respuestas a las preguntas que se derivan de una tragedia en tu vida. Permíteme recomendarte que, antes de que leas mi libro, dediques tiempo a leer algunos pasajes de la Biblia. A fin de prepararte para lo que tengo que decir, ¿por qué no darte a ti mismo un poco de lectura espiritual de la Palabra de Dios? Te sugiero que sintonices tu espíritu con lo que sigue mediante la lectura y la meditación de los siguientes pasajes de las Escrituras:

- Salmo 34
- Salmo 46
- Isaías 43:1-13
- Mateo 7:7-14
- Romanos 8

No tengo ninguna razón para esconder mi profunda convicción de que Dios puede suplir todas tus necesidades. Sé que muchísimas personas que han visto o han sido tocados personalmente por la tragedia se preguntan si a Dios le importa o si él existe. Trataré estos difíciles asuntos de frente, sin embargo permíteme decir desde ahora que en forma continua apuntaré a Dios como la salida definitiva.

No puedo dar una respuesta satisfactoria del porqué suceden ciertas cosas ni puedo tratar todo lo que está en tu mente. Sin embargo, trataré hacer algo: te ofreceré la forma de encontrar esperanza, paz y un futuro. Creo que la mayoría de las personas desean creer en Dios en vez de estar enojadas con él. En mi experiencia, mucha gente anhela una mente reposada. Quieren paz, perdón y liberarse de los abrumadores sentimientos de culpa. Si esto te describe, has elegido el libro adecuado.

El capítulo 1 presenta algunos de mis desafíos y preguntas personales acerca de «¿Dónde está Dios cuando sucede algo malo?» mientras que los siguientes, 2 al 12 relatan tragedias que van desde la muerte prematura a los defectos de nacimiento. Dado que cada capítulo es independiente, te sugiero que vayas primero al que trata el problema más difícil para ti. Por ejemplo, si creciste en un hogar disfuncional, te recomiendo que comiences con el capítulo 4, «Hogar, amargo hogar». Si estás luchando con serios problemas de salud, te sugiero que comiences con el número 6, «Me temo que tengo malas noticias...». Los capítulos 13 y 14 cierran el libro pasando las tragedias individuales para contemplar la situación en general.

Si bien creo que *¿Dónde está Dios cuando sucede algo malo?* puede ayudar a todos los lectores, fue escrito especialmente para aquellos que no tienen ningún tipo de compromiso de fe y que todavía se preguntan dónde está Dios en tiempos de graves dificultades personales. Esto no es un tratado académico sobre «el problema del dolor» ni es una meditación teológica estéril acerca del sufrimiento de la humanidad. En cambio, es una exploración enfática y apasionada de la acción divina en medio del terrible dolor humano. Por lo tanto, es un libro para todos aquellos que claman por una medida de solaz, esperanza y comprensión cuando se enfrentan a una tragedia inesperada.

Como he dicho antes, mi objetivo es traerte de vuelta a Dios. ¿Le darías a Dios la oportunidad de revelarse a tu vida? Dios no es vengativo y tampoco inflige la tragedia por rencor. Mi oración es que *¿Dónde está Dios cuando sucede algo malo?* sea de gran ayuda para ti.

PRIMERA
PARTE

1

Cuatro strikes no quieren decir que estás fuera

C uando la tragedia hace añicos el ritmo cómodo de la vida, la mayoría de nosotros, después de levantar nuestros cuerpos sangrantes del piso, nos hacemos una pregunta: *¿Por qué?* ¿Por qué sucedió esto? ¿Por qué a mí? Si en verdad hay un Dios y es amor como dice mucha gente de fe, ¿cómo pudo haber permitido una tragedia tan terrible en mi vida? ¿Qué clase de Dios puede quedarse sentado sin hacer nada?

«¿Dónde estaba Dios cuando este incidente acabó con mi mundo?», preguntamos. Para mí, esta no es una mera pregunta intelectual.

En primer lugar, todos los días trato con individuos cuyas vidas han sido despedazadas por la tragedia. No quieren respuestas *académicas* para su dolor; buscan frenéticamente un pedazo de esperanza verdadera sobre la que puedan afirmar sus manos temblorosas. Necesitan ver un futuro escondido en algún lugar debajo de los escombros de sus vidas.

En segundo lugar, conozco algo sobre la tragedia de primera mano. Por lo menos cuatro veces en mi vida, las catástrofes familiares parecieron caer del cielo como meteoritos, borrando mi visión del futuro y casi enterrándome vivo bajo su peso aterrador.

Cada vez caía de rodillas y me sentía tentado a preguntarle a Dios: «¿Dónde *estabas* cuando sucedió esto?»

Así que escribo este libro, no desde un punto de vista aislado o teórico, sino desde una perspectiva intensamente personal.

Adiós, papá

El primer «meteorito» golpeó mi vida cuando tenía diez años, internado en un colegio británico al norte de Buenos Aires, Argentina. Allí recibí una llamada telefónica de mi abuela... una llamada que cambiaría mi vida.

«Luis», me dijo nerviosa, «tu papá está muy enfermo. Tienes que venir de inmediato.»

Yo amaba a mi padre. Era un comerciante de éxito que emigró desde España a Argentina, en unión de su familia, cuando era un muchacho. Mi abuelo murió poco tiempo después, mi padre tenía unos dieciséis años. Tuvo que empezar a trabajar desde una edad muy temprana. Compró una camioneta y comenzó a transportar materiales de construcción: ladrillos, cemento, arena y cualquier cosa que se necesitara.

A medida que crecía su empresa, pensaba: *«Yo puedo construir casas al igual que estos trabajadores. ¿Por qué solo debo llevarles sus cosas?»* Al poco tiempo compró unos terrenos y comenzó a construir viviendas. No forzaba a sus compradores a firmar un contrato; contaba con su buena voluntad para que le pagaran. Sus negocios prosperaron y comenzó a ganar buen dinero. Empleó a sus hermanos en el negocio y comenzó a contratar a otros empleados.

Papá compró una pequeña granja y nesecito de criadas, niñeras y choferes para el mejor funcionamiento de la misma. La gente del pueblo lo respetaba y recuerdo que yo pensaba: «*Mi papá es alguien importante*». Me prometió que cuando cumpliera dieciséis años me compraría una camioneta y esto era todo un acontecimiento en nuestro pequeño pueblo. También me dio una parcela de tierra y me ayudó a sembrar maíz y tomates. Me dijo que esa era mi propiedad.

La vida espiritual de mi papá prosperó al igual que sus negocios. Se convirtió en cristiano a la edad de veintiséis años, poco después de que mi madre hiciera su decisión por Jesucristo. En medio de un servicio dominical celebrado en una pequeña capilla, se puso en pie, interrumpió al predicador y anunció su deseo de seguir a Jesús. Demostró su compromiso remodelando la iglesia, construyendo otros templos en la región, donando viviendas modestas a varias familias pobres y proclamando las buenas nuevas de Cristo a cientos de personas.

Un día mi papá se encontraba muy acalorado ayudando a unos de sus empleados a descargar arena, esto le ocasionó un fuerte resfriado y después contrajo neumonía bronquial. La Segunda Guerra Mundial estaba llegando a su fin y no había penicilina disponible. Los doctores no tenían otra forma de tratar la infección. Al cabo de nueve días su condición había empeorado.

En ese momento recibí la llamada. Sabía que debía estar muy enfermo; mi abuela no hablaría con tanta urgencia por cualquier razón.

De inmediato tomé el tren hasta un pequeño pueblo en las afueras de Buenos Aires y luego caminé hasta mi casa bajo el ardiente sol del verano. Dudo que haya caminado más que unas pocas cuadras pero cuando uno tiene diez años y su padre se está muriendo, un pequeño trayecto resulta interminable. A media tarde llegué a una casa en confusión. Varios parientes estaban llorando y clamando: «¿Por qué Dios permitió que este hombre muriera? ¿Qué de los huérfanos?» Hasta nuestro perro estaba aullando. Mi padre había pasado a la eternidad unas horas antes; solo tenía treinta y cuatro años de edad.

Lo sepultamos al día siguiente de su muerte. El embalsamamiento no era una práctica común en ese entonces y el ardiente verano de Argentina exigía un entierro rápido. Los miembros de la familia intentaron mantener a mis hermanas y a mí alejados del cementerio, pero me escapé por una ventana y corrí hacia uno de los empleados jóvenes de mi padre. Le dije: «Déjame ir a mí también» y subí de un salto a la parte trasera de su camioneta y me tapé con una lona.

Había prometido que arrojaría el primer puñado de tierra sobre el féretro; como hijo mayor, creía que ese era mi derecho. Cuando llegamos al cementerio, salté de la camioneta y me escabullí entre los hombres que estaban alrededor de la tumba. Antes de que alguien me detuviera, arrojé el primer puñado de tierra sobre el féretro de mi papá.

La vida cambió drásticamente a partir de ese momento. Ahora éramos mis tres hermanas, nuestra madre, una cuarta hermana que nacería en la siguiente primavera y yo. Mi mamá no sabía nada acerca de manejar los negocios y en el transcurso de un par de años las deudas se acumularon. Muchas personas inescrupulosas la engañaron y caímos de la riqueza a la pobreza extrema. Recuerdo que siendo adolescente usaba trajes donados que eran demasiado largos y abrigos muy desproporcionados con mi cuerpo esquelético. Finalmente —principalmente por vergüenza— nos mudamos a Córdoba, cientos de millas al norte. Habíamos sido la familia más rica de la ciudad y ahora éramos los más pobres. En respuesta a nuestras oraciones más sinceras, a veces Dios parecía quedarse callado.

Al final, tuve que dejar a un lado mis sueños universitarios y comenzar a trabajar para ayudar a mantener a mi mamá y a mis cuatro hermanas. En un momento debíamos el alquiler de ocho meses y no teníamos posibilidades para pagarlo; solo por la misericordia de Dios el dueño no nos arrojó a la calle. Llegamos al punto de que lo único que teníamos para cenar era una flauta de pan francés condimentada con ajo. El dueño del negocio de la esquina nos daba el pan porque sabía que no teníamos nada más. Hoy veo fotos mías de esa época y me resulta increíble ver lo flaco que estaba.

Más de una vez, cuando nos encontrábamos verdaderamente mal, a punto de desplomarnos y sin un centavo en el bolsillo, recibíamos una carta. Diría: «Señora Palau, probablemente no sepa quién soy y si nos encontráramos, no me recordaría. Pero cuando usted estaba liquidando sus pertenencias después de la muerte de su esposo, yo la engañé. Le dije que el camión que le compré no funcionaba y que el motor estaba rajado y no servía pero que, como favor, se lo compraría para usarlo para repuestos. En realidad, estaba en perfectas condiciones. No he podido vivir con el remordimiento durante todos estos años. Le adjunto un cheque por el valor real del camión con intereses.»

A veces recibíamos un aviso de que habían enviado algunos fondos y que estaban en el pueblo disponibles para cobrarse. Sin dinero ni para el autobús, mi madre caminaba varias millas para ir a buscar el cheque. Estas bendiciones ocasionales nos permitían comprar comida y otras cosas de primera necesidad y nosotros, los chicos, prestábamos atención.

LA BATALLA CONTRA EL CÁNCER

A finales del 1980, un segundo meteoro irrumpió en mi cielo nocturno cuando mi esposa, Patricia y yo enfrentamos el mayor desafío de nuestras vidas.

Pat había venido para estar conmigo en las últimas seis semanas de ministerio en Glasgow, Escocia. Su inusual silencio junto con su cara larga me indicaron que sucedía algo. Un día finalmente le pregunté que era lo que la preocupaba. Dijo que no había querido decírmelo por miedo a que la noticia me distrajera de la obra que estaba realizando. Y entonces le puso nombre al problema.

—Tengo un tumor en el seno— me dijo—, y me temo que es maligno.

Muy alarmados, regresamos a casa en los Estados Unidos e hicimos una cita con el doctor el lunes a primera hora. Hicieron una biopsia y nos dijeron que regresáramos el jueves. Oramos y esperamos lo mejor.

El jueves escuchamos las palabras que nadie quiere escuchar: «Lo lamento pero es un tumor maligno», nos dijo el doctor. «Pat, tiene que venir al hospital este domingo; la cirugía está programada para el lunes. No podemos demorar. No sabemos cuánto se ha extendido pero tiene cáncer.»

Al salir del consultorio del doctor, mudos y conmocionados, Pat se volvió hacia mí y me dijo: «Bueno, amor, este es el fin.»

Pat pasó por una masectomía radical modificada y los doctores le prescribieron un tratamiento de quimioterapia más largo de lo usual, estos le daban tantas náuseas que me dijo: «Prefiero morirme antes que soportar esta situación.»

Al cabo de dos semanas, los doctores redujeron la dosis de quimioterapia. Temblaba constantemente; las almohadillas calientes y las frazadas eléctricas no la aliviaban. Fue horrible durante dos largos años.

POLIO POR UNA DOSIS

No siempre es un honor ser distinguido como «una de las cuatro personas en el mundo que...» Y de hecho, no lo fue en el caso de mi suegra. Esta piadosa mujer fue una de las cuatro personas en el mundo que treinta y cinco años atrás, recibiera una dosis impura de la vacuna contra la poliomielitis desarrollada por el Dr. Jonas Salk y por consiguiente, contrajo la paralizadora enfermedad.

Pat y yo nos encontrábamos dando una conferencia cuando recibimos la noticia de que a Elsie Scofield, la mamá de Pat, la habían llevado de urgencia a un hospital y podía estar muriendo. A los cuarenta y ocho años de edad, tomó uno de las dósis como medida preventiva y pocos días después, luchaba por su vida. Desde ese entonces sus piernas quedaron paralizadas.

El incidente nos estremeció profundamente. No tenía sentido alguno. En primer lugar, no tenía necesidad de recibir la vacuna. En segundo lugar, en su hogar tenía un hijo de cinco años que necesitaba una mamá sana. Por último, Elsie era una mujer piadosa que ciertamente no «merecía» lo que le sucedió.

EL SIDA TOCA A LA FAMILIA

Mi hermana Marta y su esposo, Juan Carlos Ortiz, sirven en una iglesia grande en el sur de California. Uno de sus hijos, Robert John, era un joven brillante, encantador y apuesto con un gran talento musical que lo llevó a ocupar un lugar en la sinfónica de Buenos Aires. En sus años de adolescente, comenzó a dar señales de rebeldía.

Al tiempo que su familia se mudó al área de la Bahía de San Francisco, Robert John ya había adoptado un estilo de vida homosexual y visitaba la ciudad para ver a sus numerosos «amigos». Nunca trató de ocultarle a nadie su conducta; era un joven arrogante que creía que podía vencer al mundo. Incluso llevaba a sus amantes a casa de sus padres, a pesar del firme rechazo de estos a su conducta sexual.

Un día, Robert John comenzó a sentirse mal y pidió una cita para un examen médico en el Stanford University Medical Center en Palo Alto. Luego de muchos análisis, su doctor le dijo en tono solemne: «Robert John, lamento decirle que tiene SIDA. Le quedan seis meses de vida. La enfermedad está avanzada y no hay nada que se pueda hacer.»

A partir de ese momento, todos velamos y oramos mientras la salud de mi sobrino de veintitrés años se deterioraba. Perdió peso y se debilitó progresivamente. Resistió dos años, un poco de tiempo más del que su médico había dicho. En sus últimas semanas de vida, se debilitó tanto que no podía disfrutar de su pasión por el canto. Finalmente, sus lesiones y distintos tipos de cáncer fueron demasiado para su extenuado cuerpo y murió a la edad de veinticinco años.

¿DÓNDE ESTABA DIOS?

Cada vez que uno de esos meteoritos sacudía mi mundo, la pregunta «¿dónde estaba Dios?» se levantaba llena de polvo y al principio, no encontraba una buena respuesta. Lo único que tenía era la firme confianza en la bondad y fidelidad del Dios Todopoderoso, aunque no pudiera entender dónde estaba. Y por supuesto, Dios no nos debe una respuesta.

Aun así, con el transcurso de los años, consideré esta interrogante y me di cuenta de que —por lo menos, en la mayoría de los casos— sí tiene respuesta.

Hoy, por ejemplo, puedo dar las siguientes respuestas a las preguntas que me atormentaban.

Creo que la muerte de mi padre me impidió sencillamente ir a la universidad y de allí al mundo de los negocios, permitiéndome caminar en la senda que sigo desde hace muchos años. A la verdad hay muchas buenas razones para ser un hombre de negocios pero Dios tenía algo distinto para mí.

Estoy convencido de que si no hubiera sido por la muerte temprana de mi padre, probablemente no estaría involucrado a tiempo completo en el ministerio sirviendo a otros. Mi padre murió con un deseo: «Quiero que todos conozcan a Jesucristo.» El amado apóstol Juan nos dice en la Biblia: «Dios nos ha dado vida eterna [a los que creen], y esa vida está en su Hijo» (1 Juan 5:11). Creer en Jesús es la única forma de morir con la seguridad del cielo.

Creo que el sufrimiento cristiano puede ser parte del propósito redentor de Dios en una forma inusual. Es decir, Dios puede tomar nuestro dolor y usarlo para propósitos sorprendentes. Él no desperdicia nuestras lágrimas. La Biblia nos lo sugiere cuando el apóstol Pablo dice: «Y voy completando en mí mismo lo que falta de las aflicciones de Cristo» (Colosenses 1:24).

La batalla de Pat contra el cáncer demuestra este principio. Estaba bajo quimioterapia y no regresó conmigo a Escocia para una campaña evangelística, así que todo el mundo quería saber cómo estaba. La British Broadcasting Corporation (BBC) en Escocia me pidió que cerrara la transmisión del día con un programa de siete minutos. Durante ocho noches consecutivas, una audiencia inmensa escuchó el relato sobre el cáncer de mi esposa y cómo había hallado esperanza en Jesucristo.

La BBC también me desafió a entrar en una taberna en Glasgow y a hablar con los clientes del Señor. No creían que tuviera valor para hacerlo. Así que les dije: «Por supuesto que sí.» Les dije a qué taberna iba a ir y ellos dijeron que estarían allí. La mañana siguiente, entré a la taberna y comencé a hablar con los muchachos. La mayoría sabía quién era yo por la difusión en los medios y muchos se refugiaban acobardados en los rincones oscuros sin saber qué hacer.

Cuando por fin llegaron los de la BBC, los clientes comenzaron a desaparecer. Nadie quería que lo vieran en una taberna a las once de la mañana en un día laborable. Cuando el equipo de la BBC empezó a filmar, me encontraba conversando con un muchacho. Sostuvimos una buena conversación.

Esa noche, cuando llegué al Kelvin Hall en Glasgow, una muchacha que era consejera cristiana voluntaria corrió hacia mí y exclamó: «¡Ay! Señor Palau, no podrá creer lo que sucedió. Durante años fui la única cristiana de mi familia. Mi padre es alcohólico. Bebe cajas y cajas de whisky como si fuera agua. Mi madre no es cristiana y mi hermano está sin trabajo. Esta mañana usted fue a una taberna y uno de los muchachos con los que habló ¡resultó ser mi hermano! Después volvió corriendo a casa y dijo: "¡No van a creer quién estuvo en la taberna! ¡El Sr. Palau!" Usted lo impresionó mucho.»

Pero la historia no termina allí. Ese mismo día, su padre estaba sentado frente al televisor, prácticamente borracho, mirando cómo describía la batalla de mi esposa con el cáncer. Comenzó a hacerme burla con la convicción de que solo era otro evangelista americano farsante. Sin embargo, la historia lo conmovió y terminó llorando. De alguna manera, el relato le llegó al viejo escocés. Al final del breve programa, dije: «Si estás mirando y no has recibido a Jesucristo, arrodíllate junto al televisor y ábrele tu corazón a él.» ¡Y eso precisamente fue lo que hizo este anciano! Luego llamó a toda su familia y les dijo: «¡Me convertí! ¡Soy cristiano!» Le pidió a todos que fueran a su casa, los llevó a un armario donde guardaba el whisky y los invitó a que presenciaran cómo lo vaciaba en el inodoro.

Cuando esta joven me contó su historia, pensé: «¿Será que el Señor, de alguna forma misteriosa, permitió el sufrimiento de Pat para traer a este viejo borracho a Jesucristo? Quizás a fin de cuentas su sufrimiento tenía un propósito redentor.»

Creo que ese es uno de los puntos. Puede que haya otros propósitos, otras razones que no conozco y que quizás no pueda entender cabalmente sino en la eternidad. Sin embargo, sí sé que la historia de Pat pudo ser la única forma de transformar a ese difícil anciano.

¿Por qué mi suegra tomó una de las cuatro dosis de polio impuras de todo el mundo y tuvo que sufrir la mitad de su vida por la parálisis? Seré franco, no lo sé. Puedo ver cómo su espíritu generoso y lleno de gracia, al igual que su negativa a vivir en amargura, afectaron profundamente a quienes conoce. Ella es un testigo viviente del poder de Dios.

¿Pero por qué Dios no usó ese poder desde el primer momento para evitar que la madre de mi esposa contrajera poliomielitis? Nadie lo sabe con certeza pero su caso me recuerda que si no podemos mirar a través del sufrimiento la mano todopoderosa y soberana de Dios, ciertamente estamos solos. He visto demasiadas veces la mano de Dios como para creer que eso es verdad.

La historia de mi sobrino demuestra que el Señor es misericordioso y perdona, incluso a último momento.

Robert John le contó a todos sobre su diagnóstico de SIDA en una reunión familiar en las montañas de Carolina del Norte. Sesenta familiares nos reunimos para celebrar los setenta y cinco años de mi mamá y él escogió esa ocasión para anunciar que fue homosexual, que contrajo el VIH y que había recibido su sentencia de muerte. Esto conmocionó a toda la familia.

Los padres de Robert John y yo conocíamos la historia antes de que la anunciara, pero en ese momento mi hermana se volvió y me dijo: «Tienes que averiguar si se arrepintió de verdad o no. Él dice que sí, pero no le creemos.» Así que salí a dar un paseo con mi sobrino por las colinas, solo nosotros dos.

—Robert John —le pregunté—, ¿tienes vida eterna? ¿Te arrepentiste de verdad? Acabas de decirle a toda la familia que vas a morir. ¿Irás al cielo?

—Tío Luis —respondió—, me arrepentí, creo que tengo vida eterna y que me voy al cielo pero mi papá no me cree. Piensa que es una simulación porque conozco la Biblia bien. No cree que me arrepentí de veras. Cuando me muera, ¿puedes convencerlo de que es verdad, que Dios me perdonó y sé que voy al cielo?

Después de esa conversación quedé convencido de que mi sobrino era en verdad una persona transformada. En los pocos meses que le quedaban de vida, pudo dar muestras de su conversión a toda la familia. A menudo hablaba del Señor y sus familiares le leían la Biblia con regularidad. También mantuvo su sentido del humor hasta el final. Mi madre envejecía y mi hermana había comprado una parcela en un cementerio. Se decidió que cualquiera de los dos que muriera primero, Robert John o mi madre, sería enterrado uno debajo del otro. Así que Robert John solía decir: «Abuelita, si me muero primero que tú, de vez en cuando voy a golpear el ataúd cuado mueras, para preguntarte cómo estás.»

El cuerpo de Robert John está abajo pero no golpea a nadie. Tanto él como mi mamá están muy ocupados disfrutando de la eternidad con el Señor en el cielo.

En busca de respuestas

Al contemplar las vidas de otras personas que clamaron en agonía «¿dónde estaba Dios cuando...?», volveremos una y otra vez en este libro a la convicción de que estuvo allí todo el tiempo. A veces está en las sombras. A veces está debajo de nosotros, sosteniéndonos en sus brazos. Pero siempre está ahí, aun cuando no podamos verlo.

El hecho es que no importa las tragedias que nos azoten, *podemos* encontrar esperanza si buscamos en el lugar correcto.

SEGUNDA PARTE

2

¡Pero es demasiado joven para morir!

¿Qué se le dice a una joven pareja devastada por la tragedia, al despertar una mañana y encontrar que su hijita
recién nacida yace fría a su lado, víctima del síndrome
de muerte infantil súbita? Ese fue mi desafío una noche en Kansas
City.

Greg y su esposa, Linda, habían esperado dos días para estar
en *Luis Palau Responde* y su voz temblorosa me decía que su corazón estaba destrozado.

—Perdí a mi hija Gabriela hace una semana —relató—. Solo
tenía dos meses y medio de nacida. Fue por el síndrome de muerte infantil súbita. Y me pregunto ¿por qué?

De por sí es una pregunta difícil de responder pero Greg no
había terminado.

—¿Sabe?, como padre, se supone que uno tiene que proteger y
velar por sus hijos y siento como si hubiera fallado. Luis, estaba

acostada en medio de nosotros dos en nuestra cama, ¡y allí fue donde murió! Tan solo estaba a unas seis pulgadas de nosotros. Quizás hubo algo que pudiera haber hecho. ¡Lo único que deseaba era terminar con mi vida e ir a verla porque la amaba muchísimo!

—Tengo treinta y dos años y mi deso fue tener una niña. Dios me dio lo que quería, pero luego se la llevó tan rápido como me la había dado.

Mi corazón sentía dolor por este hombre mientras meditaba qué se podía decir. ¿Cómo podía darle consuelo y esperanza a su alma destrozada? Te contaré lo que le dije a Greg y a Linda esa noche pero antes de hacerlo, permíteme llevarte a miles de millas de su profunda pena para presentarte a un hombre que también sufría amargamente por la pérdida de su adorada hija.

Imagínate esta escena: un cementerio inglés en Bristol, totalmente desierto, con la excepción de un señor solitario y desconsolado. Es sábado y este hombre fue a ese solitario lugar, como todos los fines de semana en los últimos seis meses, para contarle su angustia a una lápida muda.

«Alicia», dice suavemente, «te extrañamos mucho. Te amamos tanto. No sabes cuántos sueños teníamos para ti, un mundo de esperanzas. Y ahora todo ha desaparecido. ¡Te extrañamos tanto!»

Alicia, la delicada hija de diez años y medio de este hombre, había muerto en noviembre luego de una breve enfermedad. El siguiente mes de junio, este desconsolado padre asistió a un almuerzo para hombres de negocios en el que yo era el orador. Resultó que se había sentado enfrente de una amiga mía y escuchó un mensaje típico de los que ofrezco a una audiencia de profesionales. En un momento de la conferencia, comenzó a sollozar.

Después del almuerzo, mi amiga se dirigió a él:

—Se ve realmente angustiado. ¿Hay algo que pueda hacer?

—He sufrido una tragedia que no se puede explicar con palabras —respondió.

—Yo también —afirmó mi amiga—. Mi esposo me dejó de repente. No tenía ni idea de lo que estaba por suceder.

—A mí fue mi hijita Alicia, una niña preciosa —relató—. Contrajo una enfermedad incurable y los doctores no pudieron hacer nada. La sepultamos el pasado mes de noviembre y no puedo superarlo. Estoy devastado. Mi esposa todavía está en estado de choque. Simplemente no sabemos que tiene que ver Dios en algo así. Nuestra hijita amaba al Señor con todo su corazón. Pero se nos fue.

El hombre estaba en total desamparo y desconsuelo: no tenía iglesia ni conocimiento de Dios; era un agnóstico practicante.

Nuestra amiga lo consoló y luego lo invitó a una de las cuatro reuniones en el estadio. Su increíble angustia le impidió captar mucho de lo que dije en el almuerzo pero accedió a regresar esa noche. Después de la reunión nocturna, tuvimos una pequeña recepción a la cual mi amiga trajo al hombre y a su esposa. Nos presentaron y escuché su desgarradora historia. Luego les dije que planificaba hablar del cielo la noche siguiente

«¿Por qué no viene a escuchar el mensaje sobre el cielo?», le sugerí. «Quizás le aclare algunas cosas.»

Al día siguiente trajo a su hijo vivo, un niño de nueve años, a nuestra actividad para niños. Él y su esposa regresaron en la noche para el mensaje del cielo y en otra recepción, a la noche siguiente —un sábado— trajo un mensaje propio.

«Cuando enterramos a Alicia, le escribí una carta que expresaba mis sentimientos por ella y su vida, cuánto la iba a extrañar y lo mal que me sentía», comenzó. «Estaba totalmente desconsolado. Solo puse la carta sobre su pecho al cerrar el ataúd.»

«Desde entonces, cada sábado por la mañana, antes de ir al campo de golf, visito el cementerio, me paro frente a la tumba de Alicia y le hablo a mi hija de cuánto la extrañamos.»

Su rostro mostraba un profundo dolor pero también algo más: una paz profunda parecía estar esculpida en sus rasgos cansados.

«Anoche cuando usted predicó sobre el cielo, le di mi corazón a Cristo», explicó. «¿Sabe? Ya puedo ver que está ocurriendo un cambio en mi vida. Esta mañana, cuando fui al cementerio y me paré frente a la tumba de Alicia, de pronto caí en cuenta: "¡Un momento! Alicia no está aquí. Está en el cielo. Y ahora yo también voy a ir al cielo. ¡No necesito sostener una conversación imaginaria con ella!"»

«Finalmente decidí, en ese mismo momento y lugar, que no iba a visitar la tumba todos los sábados. Quizás iría de vez en cuando por respeto a su memoria pero no lo haría por compulsión como en estos meses a partir de su muerte. Por fin lo registré: "Ella no está aquí"».

Entonces, esa mañana dijo: «Adiós, Alicia». Y se fue.

Su historia sirvió de explicación para un paquete que recibí esa noche justo antes de que comenzara el servicio. Este amoroso padre había enviado hasta la plataforma una foto de Alicia con una nota adjunta: «Luis, por favor, conserve esta foto de Alicia para que piense en ella».

En la recepción mencioné su nota y le dije: «No solo voy a pensar en ella sino que voy a hablar de ella en todo el mundo. Y voy a llevar esta foto conmigo.»

Hasta el día de hoy, la carita sonriente de Alicia me acompaña en todos mis viajes.

¿Qué dice la Biblia?

Ambas historias formulan la pregunta: «¿Dónde estaba Dios cuando murió mi hijo?» ¿Qué podemos decirle a aquellos que de repente perdieron a sus amados pequeñines? Sus muertes parecen tan equivocadas, tan injustas. Tal como escribió Nicholas Woltersdorff luego de perder a su hijo en un accidente de alpinismo: «Está mal, que un hijo muera primero que sus padres. Es muy duro enterrar a nuestros padres pero lo anticipamos. Nuestros progenitores pertenecen al pasado; nuestros hijos pertenecen a nuestro futuro, y no lo visualizamos sin ellos. ¿Cómo puedo enterrar a mi hijo, mi futuro, mi linaje? ¡Se supone que él deba enterrarme a mí!»

Creo que hay por lo menos siete puntos que presentarle a alguien que está sufriendo este tipo de dolor.

1. Dios ve nuestro dolor y toma en serio nuestra pérdida.

Nuestro Padre Celestial no permanece inconmovible ante nuestra agonía. No es duro o distante. No en vano la Biblia lo llama «Dios de toda consolación» (2 Corintios 1:3).

Fue Jesús quien lloró en voz alta cuando su amigo Lázaro murió. Lloró tan alto que los testigos comentaron: «¡Miren cuánto lo quería!» (Juan 11:36). Al ver la gran calamidad que descendería sobre Jerusalén, también fue Jesús el que exclamó: «¡Cuántas veces quise reunir a tus hijos, como reúne la gallina a sus pollitos debajo de sus alas, pero no quisiste!» (Mateo 23:37). Siglos antes, fue Dios Padre el que proclamó a través del profeta Isaías: «¡Consuelen, consuelen a mi pueblo! —dice su Dios—. Hablen con cariño a Jerusalén» (Isaías 40:1,2).

Si has sufrido la pérdida de un pequeñito, tienes que saber que Dios desea consolar tu corazón destrozado. Él está muy cerca de ti en este momento y quiere restaurar tu alma herida.

2. Cada vida es una vida completa, aunque no lo veamos así.

La Biblia afirma: «Todo estaba ya escrito en tu libro; todos mis días se estaban diseñando, aunque no existía uno solo de ellos» (Salmo 139:16). Eso significa que Dios sabe exactamente cuánto tiempo viviremos cada uno de nosotros. Algunos mueren antes de nacer; otros viven más de un siglo pero cada vida es una vida completa. Quizás no lo entendamos a cabalidad —y el aceptarlo nunca quitará todo el aguijón de nuestra pérdida— pero abrazarlo como una verdad puede contribuir a suavizar el golpe. Ya sea que una vida dure décadas o florezca y se marchite en cuestión de minutos, es una vida completa. Dios no comete errores.

3. *Dios ama a los niños y los recibirá a todos en el cielo.*

Creo que los niños como Alicia y Gabriela están ahora mismo con Jesús en el cielo. Jesús amaba a los niños e incluso los puso como ejemplo de cómo los adultos debemos relacionarnos con Dios. «Dejen que los niños vengan a mí, y no se lo impidan, porque el reino de los cielos es de quienes son como ellos» (Mateo 16:13), declaró Jesús a sus perplejos discípulos.

Incluso en el Antiguo Testamento hay indicios de esta preocupación especial por los niños pequeños. Por ejemplo, cuando el rey David perdió a su hijo a causa de una enfermedad, le dijo a los miembros de su corte: «Yo iré adonde él está, aunque él ya no volverá a mí» (2 Samuel 12:23). No creo que simplemente estuviera diciendo que un día iba a morir, al igual que su hijo. Creo que estaba proclamando su firme convicción de que vería a su hijo en el cielo.

Me resulta inconcebible que un Dios misericordioso y amoroso condene alguna vez a un niño al infierno. Creo que la obra de Jesucristo cubre a esos niños y que todos ellos nos darán la bienvenida en el cielo.

Es por eso que pude decirle a Greg, quien estaba desesperado por recuperar a su hijita:

«Creo que la Biblia enseña que ella está en el cielo en la presencia del Señor y que un día la verás si tienes a Jesucristo en tu vida como tu Salvador y Señor. Creo que es salva a través de la obra de Jesucristo y que es redimida y rescatada por la gracia y la bondad de Dios. *Greg, vas a ver a tu hijita en el cielo.* Está disfrutando la vida, se está regocijando. Y te digo, Greg, que ella está contenta en la presencia de Dios. Tu pequeña Gabriela está en los brazos del Señor, consciente, perfecta y para siempre en la presencia de Jesucristo.»

4. *Dios tiene propósitos que no podemos entender.*

Nunca podremos entender todos los caminos de Dios. Nosotros a quienes se nos hace difícil programar la videocasetera y entender cómo armar ciertos juguetes para niños no debería sorprendernos que Aquel que creó el universo y lo hace andar, también piense y actúe en maneras que ni siquiera podemos intentar comprender.

«Porque mis pensamientos no son los de ustedes, ni sus caminos son los míos» nos recuerda el Señor. «Mis caminos y mis pensamientos son más altos que los de ustedes; ¡más altos que los cielos sobre la tierra!» (Isaías 55:8-9). No siempre se nos mantiene en la oscuridad, aunque algunas cosas sobrepasan nuestro entendimiento: «Lo secreto le pertenece al SEÑOR nuestro Dios, pero lo revelado nos pertenece a nosotros y a nuestros hijos para siempre» (Deuteronomio 29:29).

Como le dije a Greg: «Dios tiene un propósito para cada uno de nosotros, incluso para las diez semanas de la pequeña Gabriela. Por supuesto que no siempre entendemos los caminos de Dios; él tiene misterios que no podemos comprender. ¿Por qué se llevaría a una niñita? No lo sé, pero Dios no comete errores. A veces, pensamos tontamente que sí los comete, pero no es así. Él tenía un plan para tu hijita y de alguna manera se cumplió.»

Admito que es muy duro de entender por qué Dios se llevaría a un pequeñito al que amamos tanto y para quien teníamos grandes sueños. En estos momentos, ninguno de nosotros puede comprender totalmente por qué pero estoy convencido de que en el cielo sí lo entenderemos. Cuando el apóstol Pablo escribe: «Ahora vemos de manera indirecta y velada, como en un espejo; pero entonces veremos cara a cara. Ahora conozco de manera imperfecta, pero entonces conoceré tal y como soy conocido» (1 Corintios 13:12-13), pienso que nos estaba diciendo que todos estos misterios terrenales que nos desconciertan y nos duelen tanto un día se resolverán. La oscuridad que rodea a nuestras tragedias desaparecerá en la resplandeciente luz divina. Entonces veremos y apreciaremos la sorprendente grandeza y majestad del plan completo de Dios. Sin embargo, ese día todavía no ha llegado.

5. *Quizá Dios los está protegiendo de algo mucho peor más adelante en sus vidas.*

Sé que todos no creen esto, pero yo sí. Dios ve el final desde el principio y puede ser que se lleve ahora a sus moradas a ciertas personas amadas porque sabe que más adelante una tragedia mucho más oscura los alcanzará. Sin duda alguien me dirá: «Pero si Dios es todopoderoso, ¿no podría evitar que sucedieran ambas tragedias?

Sí, podría, pero esa no es la forma en que funciona este mundo. Y esto nos lleva al siguiente punto.

6. *Somos parte de una humanidad que ha caído.*

Este mundo no es lo que debe ser. Ciertamente Dios lo creó perfecto en el principio pero algo sucedió que destrozó su original armonía, belleza y paz. La Biblia dice que cuando nuestros ancestros, Adán y Eva, eligieron desobedecer a Dios y rebelarse contra su autoridad, cayó una maldición sobre la raza humana y el universo que habitamos. Su pecado trajo sobre el género humano toda la fealdad, corrupción, odio, depravación, brutalidad, enfermedad y muerte que hoy vemos por todas partes.

Esto quiere decir que la muerte es una parte indeseable del orden mundial actual. Tal como lo expresó cierta vez el gran escritor de Oxford, C.S. Lewis: «Las guerras no causan la muerte. Simplemente aceleran el proceso para algunos». Todos moriremos; la interrogante es saber cuándo.

La triste realidad es que hasta que Dios no rehaga este mundo y levante la maldición —¡y lo hará un día glorioso!—, seguirán sucediendo cosas horribles en este planeta «que simplemente no anda bien». En este mundo caído, los buenos no siempre reciben lo justo y merecido y tampoco los malos. Jesús dice que Dios «hace que salga el sol sobre malos y buenos, y que llueva sobre justos e injustos» (Mateo 5:45), y a veces ese sol provoca incendios que queman a malos y buenos, y esas lluvias producen inundaciones que ahogan a ambos, justos e injustos.

7. Las personas más cercanas a Dios nunca han sido inmunes a las circunstancias dolorosas.

Es cierto que a la mayoría de nosotros no nos parece justo que niños inocentes en la flor de la vida mueran a causa de enfermedades horribles o por accidentes, mientras que muchos adultos malvados viven ocho o nueve décadas rodeados de lujos. Simplemente no parece justo.

Sin embargo, no puedo olvidar que la muerte más injusta de todas fue la de Jesucristo. Aunque una y otra vez Dios llamó a Jesús su «Hijo amado» (Mateo 3:17; 12:18; 17:5), su vida le fue arrebatada para que nosotros tengamos vida eterna. El apóstol Pedro lo expresó de la siguiente manera: «Porque Cristo murió por los pecadores una vez por todas, el justo por los injustos, a fin de llevarlos a ustedes a Dios» (1 Pedro 3:18).

El apóstol Pablo dijo lo mismo con estas palabras: «Al que no cometió pecado alguno, por nosotros Dios lo trató como pecador, para que en él recibiéramos la justicia de Dios» (2 Corintios 5:21).

La muerte de Jesús no fue «justa», pero él dio su vida sin reserva para que pudiéramos llegar a ser hijos de Dios. Es su «injusta» muerte la que nos da la segura esperanza de que un día veremos de nuevo a todos nuestros preciosos seres queridos que dejaron este mundo en una edad tan tierna. «Dejen que los niños vengan a mí» dijo Jesús; y luego murió en una cruz para hacerlo posible.

¿Qué hacer ahora?

Espero que las respuestas que he sugerido den claridad y traigan esperanza a aquellos que han sufrido la pérdida de un hijo. Sin embargo, no quiero dejarte solo con respuestas. Permíteme esbozar en forma breve algunos pasos prácticos que quizás puedas dar para ayudarte en la recuperación de un golpe tan duro.

En primer lugar, hay varias cosas que puedes hacer por tu cuenta para sanar tus heridas.

- *Pasa tiempo con Dios.*

Pregúntale: «Señor, ¿qué lecciones puedo aprender de esta traumática experiencia? ¿Qué quieres que haga ahora? ¿Cómo podemos redimir alguna parte de esta experiencia?

Libros como este pueden ayudar hasta cierto punto, pero las verdaderas respuestas a las preguntas difíciles de la vida se encuentran justo en la fuente: Dios mismo. Los intermediarios tienen su lugar pero eso es todo lo que son: individuos en el medio. Algunos de sus consejos son útiles, otros no. Lo que más necesitas es hablar con Aquel que en verdad puede darte una perspectiva profunda de tu dolor y la medicina para tu alma.

De la manera más amable posible tengo que decirte: «No me preguntes a mí, pregúntaselo a Dios.» Es allí donde se pueden hallar las respuestas.

Piensa mucho en el cielo.

Hace poco escuché que los jóvenes están más interesados en la muerte que en cualquier otro tema. Eso puede ser aterrador pero también puede utilizarse para bien. Pensar en el cielo y estudiar acerca de él no son ejercicios de deseos fútiles, sino un esfuerzo fructífero y alentador que nos permite vivir bien el presente.

Sin embargo, debes ir a la fuente de información correcta acerca del cielo. Hay millones de tonterías que circulan hoy día sobre el tema. La única información confiable que tenemos sobre el más allá se encuentra en la Palabra de Dios, la Biblia, no en los *bestsellers* de personas que dicen haber visitado ese lugar, que aterrizaron o volaron hasta allí en primera clase en un platillo volador.

Y lo que encontramos en la Biblia es que el cielo es un lugar real. Hasta los niños lo comprenden (a veces mejor que nosotros los adultos). Un amigo me contó un incidente en el que participó un muchacho de siete años llamado Pedro. Una mañana, el niño escuchó a sus padres conversando durante el desayuno acerca de una amiga de la familia, el Sr. Whittle. Habían escuchado que el Sr. Whittle estaba cerca de morir y a punto de ir al cielo. Cuando Pedro lo oyó, se levantó y corrió a su cuarto. Mi amigo pensó que el niño estaba conmocionado así que lo dejó tranquilo. Cuando volvió a la mesa, dijo: «Papá, ¿le darías esto al Sr. Whittle?»

La nota decía: «Querido Sr. Whittle, escuché que se va a ir al cielo. ¿No es eso estupendo? Cariños, Pedro». Aunque la muerte es un enemigo, ir al cielo en verdad es maravilloso.

Al pensar en el cielo, mucha gente pregunta: «Nuestros seres queridos ¿van directo al cielo o pasan por un lugar intermedio?» Según la Biblia, al morir los creyentes van directo a estar con Jesús. Tal como lo expresó el apóstol Pablo: «ausentarnos de este cuerpo» es «vivir junto al Señor» (2 Corintios 5:8). Tener esta certeza nos enseña a esperar confiadamente en el traslado de la tierra al cielo cuando llegue ese día.

Muchos años atrás, el fundador de una institución académica cristiana muy respetada en la costa oeste, el Dr. Willard Aldrich, estaba sentado junto a su madre. Ella tenía noventa y tantos años y casi no podía comer. Cada mediodía, la visitaba para darle de comer un tazón de sopa o un poco de arroz. La Sra. Aldrich había sido una creyente fiel y seguidora de Jesucristo toda su vida y sabía que el fin se acercaba. Un día el Dr. Aldrich entró al cuarto de ella trayendo sopa y unas pocas galletitas. Se sentó al lado de su madre y notó que estaba vestida muy elegante y se había arreglado el cabello muy lindo así que le preguntó:

—Mamá, ¿por qué te vestiste tan bien hoy?

Ella respondió:

—Willard, porque hoy me voy a casa.

Pensó que ella estaba desorientada por lo que le dijo:

—Mamá, ya estás en casa. ¿Qué quieres decir con eso?

—Willard, hoy me voy al cielo —contestó.

—Está bien, mamá. Es maravilloso —agregó el Dr. Aldrich— pero ¿por qué no tomas un poquito de sopa?

—No, Willard, la tomaré cuando llegue allá.

—De acuerdo —respondió su hijo—, pero entonces ¿por qué no tomas un poco para el camino?

Esa noche la Sra. Aldrich se fue a estar con el Señor. Y un día en el cielo su hijo la volverá a ver.

- *Prepara a tus hijos para entender la muerte.*

Si tienes hijos en tu familia, aprende a hablarles del cielo en forma correcta. Descríbelo con el lenguaje vívido de la Biblia.

Jesús nos prometió: «En el hogar de mi Padre hay muchas viviendas; si no fuera así, ya se lo habría dicho a ustedes. Voy a prepararles un lugar» (Juan 14:2).

El apóstol Pablo nos dice: «El Señor mismo descenderá del cielo con voz de mando, con voz de arcángel y con trompeta de Dios, y los muertos en Cristo resucitarán primero. Luego los que estemos vivos, los que hayamos quedado, seremos arrebatados junto con ellos en las nubes para encontrarnos con el Señor en el aire. Y así estaremos con el Señor para siempre» (1 Tesalonicenses 4:16-17).

En uno de nuestros programas en vivo *Luis Palau Responde*, recibí la llamada de Laura. Su hijo de diez años, Josué, tenía leucemia. Antes de su llamada, había tenido una recaída después de un transplante de médula. «No me parece bien», me comentó entre lágrimas y agregó que Josué acababa de perder a un amigo que sufría de la misma enfermedad. «Me resulta muy difícil lidiar con el hecho de que a los niños les dé leucemia y estoy tratando de entender por qué Dios permite esto.

Después de darle todo el consuelo que pude, le expliqué a Laura algunos de los puntos que he presentado en este capítulo. Durante nuestra conversación, supe que ya le estaba enseñando a Josué acerca de lo que es el cielo a la luz de las Escrituras.

Entonces le dije a esta madre atemorizada de treinta y un años con dos hijos: «Creo que está haciendo lo correcto al enseñarle a su hijo acerca del cielo. Ayúdelo a entender que el cielo este es su hogar, que verá al Señor Jesús y a miles de creyentes. La Biblia afirma que en el cielo ya no habrá más llanto, dolor ni más lágrimas. Ese mundo no es como este. La Biblia dice que habrá gozo y alabanzas.

»Permita que esta sea una lección hermosa para su hijo más pequeño. Que la gente vea que su confianza en el Señor no se tambalea y que usted no lo niega. No siga el camino de millones de personas que cuando les sucede algo malo, de inmediato comienzan a blasfemar y a negar a Dios. El Señor debe tener un propósito con su experiencia, quizás para compartirla con otros. Así que no se desespere y no deje que esto desvíe su fe de Dios y le impida seguir confiando en él. El

Señor podría sanar a Josué, pero si no lo hace, recuerde que debe tener un propósito mejor de lo que usted y yo podemos ver».

Además de lo que puedes hacer por tu cuenta, hay otras cosas que puedes hacer con personas fuera de tu familia. Te insto a no aislarte de los demás o a esconderte en tu casa. No te conviertas en un ermitaño. Por más dolorosa que sea tu pérdida, desaparecer dentro de las cuatro paredes de tu castillo no solucionará nada. Permíteme sugerirte algunas formas de ayudar a los demás:

• *Por el resto de tu vida, estarás calificado para demostrar amor y compasión en una manera única a niños solitarios que sufren.*

Debido a que sufriste tanto por la pérdida de tu hijo, ¿qué tal si dedicas una buena parte de tu tiempo a ayudar a niños que sufren y están solos? Después de que hayas pasado una temporada recuperándote de tu pérdida —y reconozco que esto puede prolongarse— ¿por qué no evalúas un programa como *Big Brother* [Hermano Mayor] o *Big Sister* [Hermana Mayor] o alguno similar, que se dedique a ayudar a niños que no tienen padres? Por supuesto, ese niño no podrá nunca *reemplazar* a tu propio hijo pero es uno que tiene necesidades reales que puedes suplir.

• *Tendrás recursos especiales para consolar a aquellos que han perdido a sus hijos.*

Redime tu pérdida y confiérele un sentido redentor al dolor de perder a tu hijo. Dios quiere utilizarte para consolar a otras personas que están atravesando su propia tragedia. La Biblia dice que Dios «nos consuela en todas nuestras tribulaciones para que con el mismo consuelo que de Dios hemos recibido, también nosotros podamos consolar a todos los que sufren» (2 Corintios 1:4). Nadie más sabe lo que es perder un hijo salvo el que también ha perdido uno. ¿Por qué no utilizar tu dolorosa experiencia para ayudar a otro a transitar un camino similar? Creo que descubrirás que al dar, recibirás mucho más a cambio.

¿Cómo lo sabes?

La misma noche que tomé la llamada de Greg y Linda, recibí otra de Karen, una mujer de treinta y seis años con un embarazo de alto riesgo, confinada a reposo parcial. Diez meses antes de su llamada, ella y su esposo sufrieron su propia tragedia. Luego de luchar con la infertilidad por varios años, finalmente estaban esperando trillizos pero los tres murieron.

«Después de lo que sucedió», explicó Karen, «caí en una fuerte depresión y pasé por tiempos difíciles. Tuve mucha gente cerca que me decían frases trilladas como "es la voluntad de Dios" o "sucedió con un propósito". Pero simplemente perdí mucha fe. Solía decir: "No me hablen acerca de Dios"».

»Sin embargo, finalmente comencé a asistir a un grupo de estudio bíblico porque nesecitaba entender lo que había pasado, tratando de encontrar alguna respuesta. Mucha gente me preguntó: "¿Eres salva? ¿Le has dado tu vida a Cristo?" Para ser franca, ni siquiera sé qué quiere decir esto. Soy metodista y mi esposo es católico. Cuando la gente me hace esa pregunta, de veras no sé qué contestarles.

»Si me muriera mañana, ¿qué me sucedería? No lo sé. Nunca fui a un altar, caí de rodillas y lloré. ¿Pero eso qué significa? ¿Quiere decir que toda mi vida solo estuve siguiendo ritos? ¿Acaso no vamos todos al cielo? Simplemente no lo entiendo. Es como si estuviera atascada en algún punto.»

Me alegré de poder explicarle a Karen la diferencia entre ser religiosa y tener una relación personal con el Señor Jesucristo. Le conté de una mujer en Chicago que le abrió su corazón a Cristo luego de asistir a la iglesia durante cuarenta y dos años. Esta mujer me dijo:

«¿Sabe? Después de cuarenta y dos años, finalmente ¡sucedió! ¡Le abrí mi corazón a Cristo y ahora sé que tengo vida eterna!»

«Pero ¿cómo lo sabes?», preguntó Karen con urgencia. Entonces le cité algunos de mis versículos favoritos de la Biblia. El primero es del Evangelio de Juan: «Mas a cuantos lo recibieron, a los que creen en su nombre, les dio el derecho de ser hijos de Dios» (Juan 1:12). Le di la promesa personal de Jesús: «Yo les doy vida eterna, y nunca perecerán, ni nadie podrá arrebatármelas de la mano» (Juan 10:28). Y también cité un versículo famoso del Nuevo Testamento, del libro de Romanos: «Porque "todo el que invoque el nombre del Señor será salvo"» (Romanos 10:13). Luego le expliqué cómo el Espíritu Santo entra en la vida del creyente y confirma en su alma la realidad de la presencia de Jesús.

Karen *lo captó* y espero que ¡tú también! ¿Sabes?, la seguridad de la vida eterna es uno de los grandes regalos de Dios. Si no tienes esa seguridad, en este preciso momento Jesús te dice: «Yo te formé y te conozco. Te amo y di mi vida por ti. Estoy vivo y te llamo. Si me das tu corazón ahora mismo, perdonaré todos tus pecados. Te daré el Espíritu Santo. Y te daré vida eterna y el cielo como bendición final.»

Encontrarse con Jesucristo y conocerlo es mejor que enamorarse, mejor que cualquier otra cosa en el mundo. Él es el Creador y te ama. Él quiere entrar en tu vida y transformar la desesperación en esperanza.

Aquella vieja canción todavía es cierta. «Cristo ama a los niños, a todos los niños del mundo.» No sabemos por qué a veces decide llevárselos al hogar en el cielo antes de que estemos listos para verlos partir, pero podemos tener la certeza de que los ama con un fervor que simplemente no podemos explicar. Y cuando ponemos nuestra confianza en él como nuestro Salvador, también podemos tener la certeza de que veremos a esos preciosos niños de nuevo. ¡Y ese será un día glorioso!

Quizás te preguntes: «Pero, Luis, ¿cómo puedo tener esa seguridad?»

Déjame compartir contigo los mismos versículos bíblicos que alguien una vez compartió conmigo. Y permíteme personalizar estos versículos, como lo hizo mi amigo. «Si tú, _____ [pon tu nombre], confiesas con tu boca que Jesús es el Señor, y crees en tu corazón que Dios lo levantó de entre los muertos, tú, _____ serás salvo. Porque es con el corazón que tú,_____ crees y eres justificado, pero es con la boca que tú,_____, confiesas y eres salvo» (Romanos 10:9-10).

¿Le has pedido al Señor Jesús que te salve, que perdone tus pecados, limpie tu corazón, te adopte en la familia de Dios y que te dé la esperanza segura del cielo? Si no lo has hecho, por qué no te detienes en este momento, y en la quietud de tu corazón le hablas a Dios. Puedes poner tu confianza en él ahora mismo. La decisión es tuya.

Puedes hablarle a Dios con las palabras que desees. Te sugiero que hagas la siguiente oración de compromiso:

—*Señor, vengo a ti con humildad, en medio de mi pena y mi dolor. Sí, por favor, perdona mis pecados. Te doy gracias porque Jesús murió en la cruz para limpiar mi corazón y resucitó para darme una vida nueva y eterna. Gracias porque ahora puedo disfrutar de la esperanza segura del cielo. Por favor, guarda a mi precioso pequeñito en tu cuidado amoroso. Te amo y viviré para ti todos los días de mi vida. Amén.*

Si esa es tu oración, ¡felicidades!

¡Bienvenido a la familia de Dios![1]

---

[1] Si acabas de darle tu vida a Jesucristo, por favor, escríbeme. Me alegraría responderte y enviarte un ejemplar gratuito de mi libro *Adelante con Jesucristo*. Es gratis y solo tienes que pedirlo. O quizás quieras pedir oración. Siéntete en libertad de escribirme. Mi dirección es Luis Palau, P.O. Box 1173, Portland Oregon 97207, EE.UU. Correo electrónico: palau@palau.org.

3

CUANDO TU BEBÉ
NO ES PERFECTO

A veces la vida puede parecer más cruel que la muerte. ¿Por qué hay bebés que nacen con severas discapacidades físicas o mentales? Cuando los padres jóvenes se enfrentan con la noticia de que deben criar a un hijo que nunca podrá funcionar en un nivel intelectual superior al de un bebé de seis meses, ¿cómo pueden incluir a un Dios amoroso en la ecuación? ¿Dónde estaba Dios cuando el bebé se estaba formando en el vientre de su madre?

En mi experiencia, he visto que aquellos que rechazan a Dios casi siempre mencionan el sufrimiento de los niños como la razón más poderosa para hacerlo. «Si Dios existiera, no permitiría que sucediera algo así», dicen ellos. «No puedo creer en un Dios que permita cosas tan horribles.»

Puedo entender por qué se sienten así. El sufrimiento de los niños parece irracional, cruel e inexplicable. Plantea una de las preguntas más difíciles de responder. Y sin embargo, no creo que refute la existencia de un Dios amoroso y omnipotente y tampoco creo que haga de la fe en él algo imposible o desagradable. De hecho, al hablar con familias que tienen niños con discapacidades severas, he descubierto que es precisamente una fe sólida en un Dios amoroso y omnipotente lo que les da esperanza y una razón para vivir.

UNA PREDICCIÓN ACERTADA

La noche en que Fred Bass se graduó de secundaria, su padre lo sacó aparte y le dijo: «Fred, hasta ahora la vida ha sido divertida para ti . A partir de este momento, se va a volver más dura.» Fred no tenía idea de lo acertada que resultaría ser la predicción de su padre.

Fred y su esposa Wendy se convirtieron en padres por primera vez el 18 de enero de 1978 con el nacimiento de su hija Jaime. Desde el principio, Jaime le parecía «floja» a su mamá: no podía darse vuelta o levantar la cabeza como la mayoría de los niños. Amigos y familiares, incluso el doctor familiar, le dijeron a Wendy que no se preocupara, que todos los niños evolucionan en forma diferente.

Sin embargo, cuando Jaime sufrió su primer ataque a los seis meses de edad, sus padres la llevaron a un especialista, quien inmediatamente identificó varios problemas físicos. Aun así, nadie podía determinar la causa del desorden de Jaime, y la familia Bass conservaba la esperanza de que «con el tiempo iba a mejorar y se recuperaría». A los dos años de edad, Jaime seguía siendo muy bonita aunque no podía hablar, caminar ni pararse. Entonces otro especialista sacó a Fred y a Wendy aparte y les dijo: «Esto no se puede arreglar. Jaime no va a mejorar.» Describió lo que en ese momento pareció un cuadro sombrío pero la realidad resultó ser mucho peor.

Jaime padecía un retraso mental severo. Sus capacidades mentales no fueron más allá de los seis a doce meses de edad. Sus músculos nunca se desarrollaron apropiadamente por lo que nunca pudo caminar ni controlar los movimientos espásticos. Nunca aprendió a hablar, usó pañales hasta su muerte, se babeaba en forma constante y era legalmente ciega. También sufría de un desorden convulsivo descontrolado.

Fred y Wendy gastaron cuarenta mil dólares en análisis para saber qué causaba estas discapacidades, pero aún así los doctores no les podían decir nada. Afirmaban que la condición de Jaime era una en un millón. Confiados en sus palabras, los Bass tuvieron un segundo hijo, Aaron, que nació sano y normal en 1981. Alentados, Fred y Wendy decidieron tener un tercer hijo.

Joel nació el 11 de abril de 1985 y enseguida Wendy notó que «algo no andaba bien». En su primer mes de vida, llevó a su hijo más pequeño al doctor, quien le dijo que no se preocupara, que era prácticamente imposible que Joel pudiera sufrir la enfermedad no identificada de Jaime. «Traiga a Joel en tres meses para una revisión completa», indicó.

Luego de esa segunda cita, el doctor, con el rostro ensombrecido, anunció: «Lo siento. Tenían razón; debí haberlos escuchado. Aparentemente, Joel tiene el mismo problema que Jaime.»

Los síntomas de Jaime se habían diagnosticado en forma gradual, «pero con Joel fue como un balde de agua fría», afirma Wendy. Le pregunté a Dios: «¿Qué estás haciendo? ¿Acaso uno no era suficiente? ¿Qué fue lo que no aprendí?»

Sin embargo, la vida continuó. Jaime parecía mejorar un poquito cada año hasta llegar a los dieciséis años; incluso se las arregló para caminar un poco con la ayuda de un andador. Pero ese año, Fred y Wendy se dieron cuenta de repente que la «rara enfermedad degenerativa del metabolismo» de su hija le causaría la muerte y probablemente sería muy pronto. Wendy explica: «En verdad comenzó a decaer y pensé: "¿Quieres decir que voy a tener que sentarme a verla morir? ¡Sencillamente no puedo!"»

En ese momento, Fred y Wendy comenzaron a preocuparse por lo que le ocurriría a Jaime y Joel si quitaran a sus padres del cuadro. Los expertos decían que si no ponían a sus dos hijos en un centro de cuidado antes de los dieciocho años, ya no podrían hacerlo. Así que un mes antes de que Jaime cumpliera diecisiete años, ingresó a un hogar sustituto de cuidados. Fred y Wendy lucharon con la decisión por mucho tiempo. En el aspecto lógico, poner a Jaime en el hogar era lo correcto. En el aspecto emocional, no lo era. La traían a la casa los fines de semana y para ocasiones especiales y lloraba cada vez que regresaba al hogar sustituto.

Wendy suplicaba: «Dios, ¿por qué? ¿por qué haces esto? Debería estar en casa con su familia. ¿Por qué tenemos que hacerlo?»

Fue el comienzo de dos años de depresión para Wendy.

El 4 de julio de 1997, los familiares de Fred y Wendy pasaron el Día de la Independencia celebrando con Jaime. El 10 de julio, Wendy visitó a su hija en el hogar sustituto, le tomó la mano suavemente y le dijo: «Te amo».

Al día siguiente, Jaime murió plácidamente mientras dormía.

«No fue hasta ese momento que vimos el plan de Dios al llevar a Jaime al hogar sustituto», dijo Fred. «Fue la primera vez que vi a Dios intervenir en forma deliberada en respuesta a una oración directa. Necesitábamos esos dos años para prepararnos para que nos dejara en forma permanente. Él nos dejó ver esa parte de su plan. Simplemente teníamos que tomar la decisión de permitirle a Dios llevarlo a cabo.»

Y Wendy agrega: «También estamos agradecidos de que Dios nos haya permitido ver lo que nos espera con Joel. Así que con él, valoro cada minuto. Mi oración es que se vaya plácidamente como su hermana.

UNA NIÑA MILAGROSA

David Jones y yo hemos trabajado juntos los últimos veinte años. Sin embargo, hasta hace unos pocos años nunca supe sobre los desafíos que su familia enfrentó mientras él crecía. La razón principal de todo esto es que David no los veía en realidad como «desafíos» hasta hace poco.

—Nunca pensé que había crecido en un hogar fuera de lo común —explica David—. Lo que me hizo pensar en ello fue la Navidad de 1994.

Ese año, cuando llamó a sus padres en la Florida, pidió hablar con su hermana, Linda. Su madre la puso al teléfono y David escuchó una voz profunda y ronca que decía: «¡Feliz Navidad, David! ¡Jo, jo, jo! ¡Feliz Navidad!» Linda comenzó a bromear, a molestarlo y David finalmente le preguntó:

—¿Qué te regalaron para Navidad, Linda?

—Ropa interior —respondió.

—¿Ropa interior? —exclamó—. ¡Qué regalo de Navidad más terrible!

—¡Sí, un regalo malo... ropa interior es un regalo malo, David!

Luego comenzó a reírse y a hacer chistes sobre ropa interior.

—¿Qué más te regalaron para Navidad? —preguntó David.

—Una nueva muñequita bebé —contestó.

—Linda, eres bastante grande y vieja como para estar jugando con muñecas —bromeó David.

—Sí, yo chica grande ahora —agregó Linda y luego comenzó a imitar a Papá Noel una vez más. Al poco tiempo se cansó de hablar, soltó el teléfono y se fue. Unos instantes después, la mamá de David tomó el teléfono y le preguntó:

—David, ¿qué fue todo eso? ¿De qué estaban hablando?

—Bueno, mamá, ya veo que sigues comprando ropa interior como regalo de Navidad —explicó David.

—No le compré ropa interior a nadie —insistió su madre—.
Tu hermana te está molestando. Me está haciendo burla.

Después de colgar, David cuenta que se sintió «raro». No podía dejar de pensar en la llamada telefónica. En los días subsi-
guientes, la seguía recordando.

«En verdad me sacudió», cuenta David. «Linda caminó hasta
el teléfono cuando nos habían dicho que nunca podría caminar.
Supo lo que era un teléfono y supuestamente tenía un retraso tan
severo que nunca podría funcionar. Sabía que estaba hablando
con su hermano a quien no había visto en muchos meses. Estaba
consciente de que era Navidad y entendía que Papá Noel no era
real así que le estaba haciendo burla. Sabía que regalar ropa interior era una especie de chiste de familia, que todos pensábamos
que era un mal regalo de Navidad, así que le hacía burla a mamá.

»Por primera vez me dí cuenta de que mi hermana era producto de un milagro. La habían llamado vegetal, inútil. La gente
pensaba que debíamos deshacernos de ella; que no se suponía que
viviera. La sabiduría convencional afirmaba que esta niña no era
educable, que iba a destruir un hogar, sin embargo, por años fue
el eslabón que mantuvo nuestro hogar unido.»

Linda nació en 1960 al norte de Nueva York; el tercer hijo y
la primera niña de Norm y Ruth Jones. Ruth siempre había querido una niña.

David cuenta: «Mi mamá estaba muy emocionada cuando
Linda nació. En una escala de uno a diez Linda era un diez. Tenía
ojos azules cristalinos, una sonrisa contagiosa y un hermoso y
abundante cabello rubio. Simplemente tenía algo especial.»

Unas semanas después de la llegada de Linda, Ruth llevó a su
hija para ponerle la vacuna contra la difteria, el tétano y el polio
(DTP). Después de la primera inyección, Linda comenzó a gri-
tar, se puso literalmente verde y por un momento pareció quedar
inconsciente. Ruth tomó a la bebé y corrió al doctor. El personal

médico trató de tranquilizar a Ruth diciéndole que la reacción de Linda era normal. Ruth insistió: «Este es mi tercer hijo ¡y yo sé lo que es normal! Esto no lo es.»

El doctor le dijo que todo estaba bien y que no se preocupara. Un mes después, Ruth volvió al doctor para que Linda recibiera la última vacuna de DTP y la bebé reaccionó otra vez en forma violenta a la medicina. Después de ese incidente, parecía que Linda ya no era la misma.

Meses más tarde, un pediatra de Washington D.C. diagnosticó que Linda tenía severos problemas mentales y físicos. La segunda opinión concordó, y el mensaje que Ruth recuerda haber escuchado por todos lados fue: «No hay esperanza. No hay esperanza. No hay esperanza».

Linda había sufrido un fuerte daño cerebral además de discapacidades físicas graves que se hicieron más pronunciadas a medida que crecía. Aunque solo tenía seis meses de edad, los doctores le diagnosticaron distrofia muscular y una de dos, esclerosis múltiple o parálisis cerebral. (Años después se concluyó que Linda tenía parálisis cerebral y escoliosis.) Los doctores dijeron que la niña nunca iba a caminar, a comunicarse ni a funcionar en ningún nivel. Señalaron que la gravedad de su discapacidad la hacía un vegetal y que no viviría mucho tiempo. Alentaron a Ruth y a Norma que la internaran pues se pensaba que mantener un niño así en un hogar sería causa de división, de desequilibrio y que probablemente destruiría la familia.

Sin embargo, Ruth no quiso saber nada de esos consejos. En cambio, tomó la decisión de que con la ayuda de Dios y la familia trabajando unida, nunca les faltaría la Fe.

«Siempre hay esperanza; en especial por la gracia suficiente de Dios», solía decir.

Y en los años siguientes, su tenaz creencia resultó ser verdadera. Ruth le enseñó a su hija a caminar trabajando todos los días durante siete u ocho años. De la misma manera, Linda aprendió a hablar un poco (aunque mentalmente nunca superó los dos años). Al cabo de años de lucha, dejó los pañales y hoy día incluso ayuda a que la vistan; actividades que los doctores dijeron que nunca podría realizar.

David cuenta: «Mis padres siempre la trataron igual que a los demás miembros de la familia. Nunca como retrasada. No cambiaron nada con respecto a la manera de conducirse. Linda tenía algunas tareas como ayudar a poner la mesa (lo que a veces resultaba desastroso). Cuando salíamos con mis padres, llevábamos a Linda. En los primeros años teníamos que cargarla porque no podía caminar. Cuando íbamos a la iglesia, venía con nosotros. Los otros cuatro niños se sentaban en la primera fila con Linda y se esperaba que se comportara. Mis padres no cambiaron su rutina; no se avergonzaban de ella. En realidad, se veía extraña. Se babeaba. A veces se comportaba de tal manera que llamaba la atención. Pero la actitud de mis padres era que si otros no podían sobrellevarlo, pues era una lástima.

«De hecho, mi padre solía bromear cuando algunos le decían en forma piadosa: "Norm, ¿qué tal es criar a un hijo discapacitado?" Él respondía: "Bueno, tengo cinco hijos. ¿A cuál te refieres?"»

Durante su crianza, David nunca consideró nada de esto como una crisis. No le parecía nada fuera de lo común; de hecho, pensaba que cada familia lidiaba con situaciones similares. Incluso cuando se trataba de la muerte.

Varias veces David estuvo a punto de perder a su hermana. A los treinta años de edad le practicaron una cirugía mayor para la escoliosis y los doctores le advirtieron a la familia que quizás Linda no iba a sobrevivir. Pero otra vez se equivocaron y hace unos meses, Linda celebró sus treinta y ocho años. «Mi padre piensa que vivirá más tiempo que todos nosotros», comenta David alegremente.

LOS PRINCIPIOS DE LOS JONES

¿Qué le permite a una familia no solo sobrevivir a un desafío así sino también enriquecerse a través de él? Antes de que lleguemos a mi punto de vista, quisiera que consideres diez principios que según David permitieron que su familia creciera a través de los desafíos físicos y mentales de Linda.

1. Una situación es una crisis solo si la persona no tiene los suficientes recursos y la gracia para atravesarla.

Los padres de David tomaron la actitud de que lo que sucedió con Linda no era una crisis, que había un propósito y que la gracia de Dios era suficiente para ayudarlos a atravesarla. Amaban el versículo: «Te basta con mi gracia, pues mi poder se perfecciona en la debilidad» (2 Corintios 12:9).

Nunca se ahogaron en la autocompasión ni se preguntaron: «¿Por qué sucedió esto?» Ni dijeron: «Señor, retrocede el reloj. Haz que este problema desaparezca». En cambio, dijeron: «Está bien. Tenemos que tratar con una situación poco común. Confiemos en el Señor, él suplirá nuestras necesidades, y nos dará la gracia suficiente para sobrellevarla.»

2. Conoce la Palabra de Dios. Medita en ella, pues tiene el poder de capacitarte para superar cualquier situación.

Los padres de David estaban enamorados de la Palabra de Dios. No tuvieron que aprender los principios para hacer frente a la situación cuando la crisis los golpeó.

«Creo que por eso, desde mi niñez, nunca pensé en esto como una crisis», explica David. «No fue hasta que cumplí cuarenta y un años que de pronto pensé: "Aquí hay algo poco común". Hasta ese entonces, nunca se me cruzó por la mente que era algo difícil.»

3. Si esperamos a que llegue una crisis para orar, entonces cuando más necesitemos a Dios, no lo conoceremos lo suficiente.

La oración debe ser nuestra primera línea de defensa, no el último recurso. La oración siempre jugó un papel importante en la vida de la familia de David, por lo tanto, cuando la «crisis» llegó, estaban preparados.

4. Arráigate profundamente a una iglesia local que tenga a Cristo como centro.

Dondequiera que vivieron, los padres de David siempre echaron raíces en una iglesia que creyera en la Biblia. Después que nació Linda, estuvieron más activos. No se volvieron introvertidos, no se encerraron en su casa, ni se sintieron avergonzados en público porque su hija se viera extraña.

De hecho, David comenta: «Fue un miércoles cuando mis padres recibieron la confirmación del estado de Linda. Esa noche fueron a la reunión de oración como todos los miércoles y cuando dieron la noticia, la iglesia hizo una reunión especial de oración por ellos y por su hija. Eso es amor. Eso es un grupo de apoyo.»

5. Dios decide lo que atravesaremos en la vida, pero nosotros elegimos cómo lo haremos.

Ruth era licenciada en música, había sido maestra, concertista y había grabado su música. Cuando Linda nació, puso su carrera en espera y decidió cuidar de su hija, ayudarla y hacer todo lo que pudiera por ella. Le encanta una cita del autor Chuck Swindoll: «La vida es diez por ciento cosas y un noventa por ciento cómo respondemos a ellas».

6. Guarda tu corazón

Ruth sabía que lo que importaba no era lo que le pasaba a ella sino lo que ocurría *en* ella. Cualquier ser humano común observaría esta situación y diría: «¡No es justo!» Sería muy fácil que una persona en tales circunstancias se volviera amargada. Algunos incluso decían: «Ruth, tienes derecho a estar amargada». Pero siempre consideró la amargura un pecado y nunca permitió que la devorara.

7. *Edifica tu hogar y tu familia sobre el fundamento del Señor Jesucristo.*

Los asuntos triviales y las agendas trilladas no pueden durar mucho en una familia con una persona con discapacidades severas. Norm y Ruth construyeron su hogar sobre una fe sólida en Jesucristo y esa fe les permitió revertir la «sabiduría popular» que afirmaba que Linda generaría trastornos graves en el hogar y por lo tanto había que internarla. De hecho, su presencia generó unidad no disfunción.

8. *No interrumpas las relaciones con otros cristianos.*

Nadie es una isla. Debes tener amistades íntimas con personas a las que le rindas cuentas. Norm y Ruth jamás cambiaron su forma de relacionarse con sus amigos o de recibirlos. Siguieron invitando gente a su casa. Y si estos visitantes no podían sobrellevar a Linda, era problema de ellos. Nunca se disculparon por ella.

9. *Mantén un enfoque abierto hacia la vida, un corazón de siervo y fervor por la gente.*

Norm y Ruth se mantuvieron muy activos en la comunidad a pesar de las discapacidades de Linda. Además de trabajar con varios ministerios cristianos, mantuvieron un enfoque abierto hacia la vida y hallaron formas de servir a otros. Decidieron que una de sus metas más grandes era agradar a Dios y creían que la mejor manera de hacerlo era obedeciéndolo y sirviendo a otros.

10. Sé imitador de Cristo.

Norm y Ruth leían los Evangelios y observaban cómo interactuaba Jesús con su Padre, sus amigos, su familia y los demás. Luego hacían su mejor esfuerzo por imitarlo.

Norm nos cuenta que una noche, luego de un partido de voleibol masculino, regresaba a su casa con Curly, un amigo de la iglesia.

—Nunca sabrás lo mucho que tu hija Linda ha influido en mi vida —declaró Curly.

—Curly, ¿cómo puede influir en tu vida una niña retrasada mental con discapacidades graves? —preguntó Norm.

—He visto cómo tú, Ruth y tus otros hijos aceptan y aman a Linda y eso me dio valor, fe y esperanza para lidiar con mis problemas personales de una manera que honre a Dios—, respondió Curly.

ALGUNAS VERDADES CLAVE

Permíteme repetir algo que dije al principio de este capítulo. No es fácil explicar por qué a veces los niños son víctimas de sufrimiento extremo. No tengo la respuesta completa a la pregunta de dónde está Dios cuando nace un niño con discapacidades mentales y físicas. Confieso que no comprendo plenamente sus propósitos. Pero estoy convencido de algunas verdades:

1. El destino de esos niños está asegurado por la obra de Jesucristo.

Creo que la situación de los niños con retrasos mentales e incapaces de tomar decisiones espirituales (como Jaime, Joel y Linda) queda resuelta automáticamente a través de la obra de Cristo. Los veremos en el cielo, sanos y felices.

Tal como Wendy Bass se expresa de su hija ya fallecida: «¡Espero el cielo con ansias! De veras quiero ver a Jaime saludable. Podría pasar mañana y no me importaría. Verla hablar, correr y reír: ¡eso va a ser el cielo! Algo muy distinto de mi concepción anterior.»

2. *A pesar de cualquier discapacidad física o mental, todos los niños son preciosos y hechos a la imagen de Dios.*

En el Antiguo Testamento, el salmista le declara a Dios: «Tú creaste mis entrañas; me formaste en el vientre de mi madre. ¡Te alabo porque soy una creación admirable! ¡Tus obras son maravillosas, y esto lo sé muy bien! Mis huesos no te fueron desconocidos cuando en lo más recóndito era yo formado, cuando en lo más profundo de la tierra era yo entretejido» (Salmo 139:13-15).

Las discapacidades físicas o mentales no invalidan el valor o la posición de una persona como un ser hecho a la imagen de Dios.

3. *Dios mismo explícitamente honra a los discapacitados.*

Uno de los versículos más sorprendentes del Antiguo Testamento se encuentra en Éxodo 4:11 en el cual Dios dice: «—¿Y quién le puso la boca al hombre? —le respondió el SEÑOR—. ¿Acaso no soy yo, el SEÑOR, quien lo hace sordo o mudo, quien le da la vista o se la quita?»

El punto es que él hace a todas las personas, a pesar de sus habilidades o incapacidades. Las ama por igual y las reclama igualmente como sus creaciones especiales.

4. *Algunas incapacidades pueden ocurrir para mostrarle al mundo algo bueno acerca de Dios.*

En el capítulo nueve del Evangelio de Juan, le hacen una pregunta a Jesús acerca de un hombre que nació ciego: «Rabí, para que este hombre haya nacido ciego, ¿quién pecó, él o sus padres?» Jesús contestó: «Ni él pecó, ni sus padres, sino que esto sucedió para que la obra de Dios se hiciera evidente en su vida.»

Luego Jesús sanó al hombre y utilizó su vida lastimada en una forma sorprendente para demostrarle a la multitud algo maravilloso acerca de Dios. Él ama a la gente y va a utilizar todos los medios disponibles, incluso la ceguera y otras discapacidades para captar la atención del mundo y mostrarles su amor y poder infinitos.

Algo así sucedió con Fred y Wendy Bass. Si bien Jesús no sanó a ninguno de sus dos hijos, utilizó su aflicción para proclamar a los atónitos observadores el amor de Dios y la esperanza que se puede hallar en Cristo.

Poco antes de que Jaime muriera, le pidieron a Wendy que le escribiera una carta a su hija que aparecería en *Letters to Our Daughters* [Cartas a nuestras hijas], un libro que se vende en todo el mundo. En parte, la carta decía:

> Querida Jaime:
> Al escribirte esta carta, acabas de graduarte de escuela secundaria. Normalmente este es un momento de la vida en que una madre mira en retrospectiva todo lo que le enseñó o deseó impartirle a su hija y se prepara para aconsejarla sobre el futuro. Pero nuestras vidas no han sido comunes, ¿verdad, amorcito? En nuestro caso, creo que se trata de lo opuesto: cuánto me has enseñado en dieciocho años.
> ... Como eras nuestra primera hija, no nos dimos cuenta de los problemas de tu desarrollo de inmediato. Fue un proceso gradual de aceptación, de renunciar a sueños, metas, expectativas, y de aprender a confiar en Dios sobre de tu futuro. Tú me lo enseñaste, Jaime.
> Me enseñaste perseverancia y cómo ser un defensor ... Aprendí a ser firme pero, al mismo tiempo, llevarme bien con los demás. Contigo pude apreder paciencia, una lección muy dura que todavía estoy tomando... esperar los resultados de los análisis, un pequeño indicio de progreso por las

horas, días, y años que trabajamos en las destrezas escolares y en la terapia. Me enseñaste el valor de lo que es de verdad importante en la vida. No eran mis ideas preconcebidas de una familia ordenada, triunfadora, «feliz»; tan perfecta como pudiera hacerla. En cambio, aprendí el valor de invertir en vidas, algo que tiene importancia eterna ...

Has tocado tantas vidas, solo por ser tú. La gente ha desarrollado más compasión, aceptación y tolerancia al ser parte de tu vida, en especial yo. Aquellos que se tomaron el tiempo para conocerte llegaron a quererte, a amar tu naturaleza sociable, tu sonrisa, tus carcajadas contagiosas. También lloran por ti al saber que tienes dolores, cuando tienes convulsiones descontroladas o pierdes la vista. Me enseñaste a gozarme por las cosas pequeñas a valorar y dar gracias por aquellas que a menudo se exigen o se dan por sentado. Durante muchos años no pudiste demostrar amor. Qué gozo y qué bendición fue experimentar tu primer abrazo a los cinco años o tu primer intento de dar un beso a los dieciséis. Aprendí a vivir con la adversidad y a encontrar en ella una medida de felicidad, a enfrentar el dolor de la impotencia, de no poder arreglar ciertas cosas para las personas que amo.

... Estoy muy agradecida por haber tenido la gran responsabilidad y el privilegio de cuidarte y criarte en estos dieciocho años. No lo hubiera cambiado por un camino más fácil, porque me enseñaste lo que es importante en la vida.

Siempre serás mi pequeñita adorada.

Con amor, Mamá

En el mes de mayo antes de que Jaime muriera, ella y Wendy aparecieron en un programa de televisión que se transmite nacionalmente llamado «Caryl and Marilyn». Justo antes de la transmisión, Jaime comenzó a agitarse y el productor pensó que no iba a poder estar en el programa. Pero Wendy y otros invitados del show oraron y cinco minutos antes de que comenzara la grabación, Jaime se calmó y fue «un perfecto ángel» durante su segmento de cinco minutos. «Llegó a compartir su historia con millones de personas que también necesitan esperanza en forma urgente», dijo Wendy. «Se fue con bombos y platillos.»

Así es como Dios hace las cosas. A pesar de que él nunca hace el mal, puede tomar aun una tragedia y utilizarla para bien. Él no nos olvida; a veces utiliza estas terribles pruebas para hacer un bien.

5. Cada vida es una vida completa, no importa cuánto dure.

Pensamos que tenemos derecho a vivir ochenta años fuertes y saludables. Dios dice:

«Yo hice la vida. Sé qué clase de vida tengo planeada para cada persona.»

Él mira nuestra vida con una perspectiva eterna y tiene en mente algo mucho más grande para nosotros: años sin fin en perfecta dicha. Cada vida es una vida completa, ya sea de seis semanas, seis años o seis décadas. Es una vida completa desde la perspectiva de Dios.

6. A menudo, los niños discapacitados hacen aflorar en otros una ternura y compasión únicas.

Algunos de los actos más tiernos, compasivos y sacrificados que tengas el privilegio de observar están dirigidos a niños con discapacidades severas. Quizás sea una manera en la que Dios nos obliga a ser tiernos en un mundo duro y cruel, en un planeta indiferente a la debilidad humana.

7. Los niños con discapacidades severas nos enseñan que el servicio alegra el corazón de Dios.

Nosotros, los occidentales modernos, tendemos a detestar la idea de servir a alguien, aunque de hecho, nos servimos unos a los otros de una u otra forma. Incluso Jesús dijo de sí mismo: «El Hijo del hombre no vino para que le sirvan, sino para servir y para dar su vida en rescate por muchos» (Mateo 20:28).

Dios está tratando de enseñarnos que necesitamos el uno del otro, que en un mundo caído el servicio y el sacrificio son parte de la vida. Creo que la imagen más cercana que tenemos de la divinidad y la obra de Jesucristo es alguien que dedica su vida a cuidar de una persona discapacitada.

El autor Henri Nouwen pasó años de su vida cuidando a un hombre discapacitado llamado Adam. Un desconocido que admiraba profundamente las obras de Nouwen le dijo en cierta ocasión que era un trágico desperdicio que el autor pasara tantos años de su valiosa vida cuidando a un inválido retrasado mental que nunca podría hacer ninguna contribución. «Usted no entiende», respondió Nouwen seriamente. «Recibo más de lo que puede imaginar a través de mi humilde servicio.»

La gente que cuida a otros por amor se convierten en modelo de lo que Jesús hizo por nosotros. ¿Por qué honraron tanto a la Madre Teresa? Porque hasta el más cínico entre nosotros de alguna manera podía ver en ella el Espíritu de Cristo. Ella era el retrato ante la gente del inmerecido amor de Dios hacia todos nosotros.

8. Los niños discapacitados nos obligan a ver nuestra propia fragilidad.

Ninguno de nosotros es suficiente sin Dios. Los niños discapacitados tienden a hacernos conscientes de lo dependientes que somos de Dios incluso para la buena salud. Tal como el apóstol Pablo le dijo a los orgullosos atenienses: «Él es quien da a todos la vida, el aliento y todas las cosas» (Hechos 17:25). Ver la condición frágil de los discapacitados graves, debería hacernos estar agradecidos por cada día de salud que disfrutamos. Es una gran misericordia que tantos de nosotros gocemos de cuerpos fuertes y saludables.

9. *Los niños discapacitados sacan a la luz el lado oscuro y malvado de la naturaleza humana.*

Muchos de nosotros consideramos que las discapacidades físicas son motivo de burla y juzgamos a los discapacitados como personas inferiores. De alguna manera tendemos a equiparar la belleza y la fuerza humana con las virtudes morales. A menudo se ha demostrado que las personas atractivas —hombres apuestos y mujeres hermosas— reciben mejores salarios, encuentran mejores puestos y tienen un mayor acceso a los cargos de poder.

Quizás Dios trae discapacidades graves a nuestras vidas para que meditemos: *¿Es eso lo importante de la vida? ¿Una cara bonita? ¿Un par de ojos en su sitio? ¿De veras un muchacho alto, atlético y musculoso es superior al físico brillante, Dr. Stephen Hawking, quien está en una silla de ruedas y se comunica solo a través de una computadora?* Tal vez esta sea una forma radical en la que Dios hace que una raza caída y rebelde reconsidere lo que valora. ¿Qué es lo importante en esta vida?

Creo que esto es parte de lo que quiso decir el autor de Eclesiastés cuando escribió: «Vale más ir a un funeral que a un festival. Pues la muerte es el fin de todo hombre, y los que viven debieran tenerlo presente. Vale más llorar que reír; pues entristece el rostro pero le hace bien al corazón» (Eclesiastés 7:2-3). ¿Por qué le hace bien al corazón? Porque nos lleva a lo fundamental. Quita todo lo que está demás hasta llegar a la esencia de lo humano.

Adentro de un hombre o una mujer cuyas capacidades mentales o físicas están disminuidas hay un ser humano verdadero con un alma y un espíritu, un ser que vivirá para siempre. Y él o ella puede entender mucho más de lo que imaginamos. Cuando las personas que han estado en coma por mucho tiempo finalmente despiertan, a menudo describen en detalle las conversaciones y las actividades que giraban a su alrededor mientras yacían inmóviles y en silencio en la cama del hospital.

Recuerdo la historia de un muchacho a quien llamaban vegetal desde el día que nació. Dos enfermeras lo cuidaron por muchos años. Una siempre le hablaba mientras lo limpiaba, alimentaba y cuidaba, por lo general le apretaba las manos flácidas cuando se disponía a salir del cuarto. La otra enfermera cumplía con sus obligaciones lo más rápido y de la forma más impersonal posible, resentía el hecho de tener que dedicarle tiempo a un hombre que ni siquiera podía seguir a un visitante con la mirada. El hombre nunca tuvo la más mínima reacción hacia ninguna de las enfermeras... hasta que la mujer afectuosa un día anunció que se mudaba lejos y que ya no regresaría. Mientras se volvía hacia el hombre para decirle adiós, vio una lágrima que le corría por la mejilla. Entonces supo que el hombre había comprendido todo desde siempre.

En el cielo quizás descubramos que quienes tienen discapacidades mentales graves entienden mucho más de lo que pensamos. Es una maravillosa esperanza.

10. Los niños discapacitados pueden obligarnos a pensar en nuestro Creador.

¿Por qué será que a veces somos tan indiferentes con Dios... hasta que nos golpea una tragedia? La semana pasada recibí una carta de Alison. Ahora bien, me encanta saber de individuos en todas partes del mundo. Pero no todos los días alguien se despierta y decide: «Hoy voy a escribirle a Luis Palau».

Hasta hace poco, Alison y su socio tenían su propio negocio pero tuvieron que dejarlo por tener problemas financieros. Como si fuera poco, Alison tiene un hijo de ocho años que tiene el síndrome de Down y leucemia y una hija de seis que en los últimos meses le ha estado pidiendo que le cuente todo sobre el cielo y sobre Dios. Finalmente, Alison se dio cuenta de que no tenía respuestas para su propia vida, mucho menos para sus hijos. Así que el otro día, Alison compró mi libro *Dios es Relevante* y desde entonces comenzó a escribirme por correo electrónico.

Alison admite que nunca hubiera pensado mucho en Dios si todo eso no le hubiera sucedido: en especial la situación desesperada de su hijo y las preguntas persistentes de su hija. Creo que sucede lo mismo con muchas personas. Estamos muy conformes, como dice Alison, con no prestarle atención a Dios mientras la vida transcurre bastante bien. Hasta que de repente nos enfrentamos con la gravedad de la situación de nuestro hijo. Quizás Dios sabe que es lo único que nos despertará espiritualmente.

LA SORPRESA DE LINDA

A veces, cuando estamos ocupados preguntando *¿por qué?*, Dios está ocupado preparando un *¡guau!* David Jones nos cuenta una historia así acerca de su hermana Linda:

Cuando Linda tenía veintitantos años, mis padres pudieron inscribirla en una escuela especial para niños con discapacidades mentales a unas pocas millas de su casa en Florida. En febrero de 1980, poco después de que Linda cumpliera treinta años, se convirtió en residente permanente de la escuela, donde podía estar con otros adultos como ella. Pero aun así, mi padre mantuvo la actitud de «todavía somos una familia y como familia los domingos vamos juntos a la iglesia». En casa eso no era negociable.

Se hicieron los arreglos necesarios para que cada domingo un familiar, amigo u otra persona llevara a Linda a la iglesia. A ella le emocionaba estar con su familia e ir a la iglesia. Siempre volvía deseosa de enseñarles a sus compañeras de cuarto alguna canción que había aprendido. Al poco tiempo, estas se pusieron muy celosas. No les gustaba que Linda pu-

diera ir a la iglesia y ellas no. Así que mi papá y otro hombre convencieron a la iglesia de que necesitaban formar una clase de educación especial para personas con discapacidades mentales dentro del programa de Escuela Dominical.

Un día, una asistente social le dijo a mi padre que no creía que era una buena idea permitirle a Linda y a sus compañeras que fueran a la iglesia: provocaba celos en los demás residentes.

Mi padre respondió que la iglesia tenía un autobús y que podría llevar a toda la escuela a la iglesia. Después de una serie de deliberaciones y negociaciones, las autoridades escolares acordaron que si la iglesia desarrollaba un programa especial los domingos por la mañana para estos adultos discapacitados, la escuela mandaría dos camionetas llenas de residentes todos los domingos a la iglesia.

La iglesia tenía una congregación grande y en crecimiento con varios servicios y la mayoría de los miembros no sabían del programa para adultos como Linda. Un domingo, mi esposa, Gail, y yo fuimos a visitar a mi familia en Florida. Estábamos en el servicio de adoración y de repente se abrió una puerta lateral, a la izquierda de la plataforma, y unas cuarenta o cincuenta personas con discapacidades mentales comenzaron a entrar marchando al santuario. Era justo antes del mensaje de la mañana. Miré a mi alrededor, primero al coro, y vi expresiones de horror y conmoción mientras la congregación observaba fijamente a esas personas con discapacidades severas. Observé cómo una maestra y dos asistentes sociales trataban de acomodar a los adultos discapacitados formando una línea frente al podio. Pareció una eternidad, pero los asistentes finalmente lograron que todos estuvieran calmados y en orden. De repente, uno de ellos se agarró la braguera y gritó: «¡Ay, no! ¡Tengo que ir al baño!»

El hombre salió corriendo de la plataforma hacia la puerta lateral, mientras un asistente social corría detrás de él. Al cabo de varios minutos más, los asistentes lograron que todos estuvieran calmados y en orden de nuevo. Entonces sucedió lo más sorprendente. De pronto comenzaron a cantar: «Cristo me ama, Cristo me ama, Cristo me ama, la Biblia dice así». Recuerda, la mayoría de estas personas apenas podían hablar. ¡Qué gozo había en sus caras! Estaban muy orgullosos y sonreían de oreja a oreja. Fue increíble. Tanto gozo y entusiasmo. Fue uno de los números musicales más bellos que he escuchado.

Miré a la plataforma del coro y donde antes hubo miradas de horror y conmoción —¡Qué desagradable! ¿A quién se le habrá ocurrido traer a esta gente retrasada?— ya no quedaba un solo ojo seco. La gente sollozaba abiertamente. Otros, con lágrimas en las mejillas, cantaban las palabras: «Sí, Cristo me ama ... »

Después nos enteramos que mi hermana —esa joven que no es más que un vegetal, que no puede sobrevivir, que tiene discapacidades severas— le había enseñado a sus amigos a cantar «Cristo me ama». Linda había aprendido la canción muchos años antes al escuchar a mi madre cantarla y tocarla en el piano. De hecho, «Cristo me ama» fueron algunas de las primeras palabras que aprendió a decir. Luego, años después, le había enseñado esas mismas palabras a su grupo de amigos discapacitados.

¿Por qué Dios permite que nazcan niños con discapacidades físicas y mentales severas? Dudo que podamos responder esa pregunta completamente en esta tierra. Pero tengo otra pregunta que considero que hay que responder: ¿Por qué no aprendemos de Linda y sus amigos que la pregunta más importante no es «¿por qué?» sino «¿quién?»; y que la respuesta es: Jesucristo?

¿Tienes la certeza en tu corazón de que Cristo *te ama*?

La Biblia nos dice: «Porque de tanto amó Dios al mundo, que dio a su Hijo unigénito, para que todo aquel que cree en él no se pierda, sino que tenga vida eterna» (Juan 3:16).

La Biblia también afirma: «Pero Dios demuestra su amor por nosotros en esto: en que cuando todavía éramos pecadores, Cristo murió por nosotros» (Romanos 5:8).

Nos explica: «En esto consiste el amor: no en que nosotros hayamos amado a Dios, sino en que él nos amó y envió a su Hijo para que fuera ofrecido como sacrificio por el perdón de nuestros pecados» (1 Juan 4:10).

Y Jesús mismo declara: «Nadie tiene amor más grande que el dar la vida por sus amigos. Ustedes son mis amigos si hacen lo que yo les mando» (Juan 15:13-14).

¿Qué nos pide Jesús? Que le abramos nuestros corazones para recibir su amor y a su vez recibir el perdón de nuestros pecados, la vida eterna y una comunión eterna con él.

Quizá te preguntes: ¿Pero cómo, Luis?

Te sugiero que hagas esta oración de compromiso:

—*Señor, vengo a ti con humildad, en medio de mi pena y mi dolor. Sí, por favor, perdona mis pecados. Te doy gracias porque Jesús murió en la cruz para limpiar mi corazón y resucitó para darme una vida nueva y eterna. Gracias porque ahora puedo disfrutar de la esperanza segura del cielo. Por favor, guarda a mi precioso pequeñito bajo tu amoroso cuidado. Te amo y viviré para ti todos los días de mi vida. Amén.*

Si esa es tu oración, ¡ahora también puedes cantar![1]

---

[1] Si acabas de darle tu vida a Jesucristo, por favor, escríbeme. Me alegraría responderte y enviarte un ejemplar gratuito de mi libro *Adelante con Jesucristo*. Es gratis y solo tienes que pedirlo. O quizás quieras pedir oración por tu hijo. Siéntete en libertad de escribirme. Mi dirección es Luis Palau, P.O. Box 1173, Portland Oregon 97207, EE.UU. Correo electrónico: palau@palau.org.

4

HOGAR, AMARGO
HOGAR

Las familias deben criar a sus hijos en un ambiente saludable y seguro, alejados de los horrores que acechan en los
sucios callejones de los barrios deteriorados de la ciudad.
Pero hoy día no sucede esto. Con más frecuencia oímos de hogares
disfuncionales en los que el abuso es la regla, no la excepción.

El abuso y la violencia familiar marcan a cientos de miles de
personas cada año. Quizás alguien que conoces ha sufrido de esta
manera.

Una noche de primavera recibí una angustiosa llamada de
María, una joven de veintisiete años. Se había casado dos veces
y al momento de la llamada estaba separada de su marido.
«Hay algo que me ha estado molestando por muchos, muchos
años», dijo. «Dos de mis hermanos abusaron sexualmente de
mí y esto afectó mi relación con los hombres con los que he estado casada.»

Su padre, un ministro que había muerto algunos años antes, nunca supo del abuso y la noticia devastó a su madre cuando ella por fin se lo contó. María no puede recordar cuándo comenzó la violencia pero terminó cuando uno de los hermanos se casó y el otro se fue para enlistarse en la Marina. La última vez que sucedió tenía nueve o diez años.

«Me afectó muchísimo» me dijo María. «Afectó mis relaciones con mis esposos y ahora parece que ni siquiera puedo tener hijos por esa causa.»

Ojalá pudiera decir que la historia de María es inusual, pero he escuchado tantos casos similar al de ella como para creer que son poco comunes. La noche anterior a la llamada de María, conocí a otra mujer cuyo medio hermano abusaba de ella. Aunque había estado casada por muchos años con un marido «fantástico», lloraba al relatar su antigua pesadilla. Se sentía igual que María. Casi toda mujer que conozco que ha sido víctima de abuso cuando niña atraviesa una experiencia parecida.

El abuso familiar va en contra del plan de Dios, es incorrecta y está fuera de orden. Opino que el abuso en el hogar es uno de los peores pecados. Es despreciable, repulsivo y abominable. Es un pecado horrendo. Dios diseñó el hogar para ser refugio contra el peligro, un centro de amor y formación. Cuando, por el contrario, se convierte en un foso de traiciones, Dios se duele pero también se enoja.

He contestado muchas llamadas de mujeres devastadas por la amargura y la ira, que se preguntan cómo —y hasta por qué— deben perdonar a sus padres abusivos. Otras mujeres describieron entre lágrimas cómo sus hermanos se turnaban para usarlas en prácticas sexuales pervertidas. Y muchas de ellas se preguntan: ¿Acaso Dios no veía esos horrores? Y si los veía, ¿por qué no hizo nada para impedirlos? ¿Dónde estaba cuando ocurrían estos abominables actos de violencia?

Un pecado difícil de «explicar»

Este es uno de los pecados que me parece más difícil de «explicar». ¿Cómo puede un padre violar a su propia hija? ¿Cómo pueden los hermanos o los tíos o los amigos cercanos de una familia abusar de las niñitas que confían en ellos? El incesto me horroriza, pero ¿cómo puede ser de otra manera?

Este pecado esparce su veneno mucho más allá de los inocentes cuya carne es desgarrada por sus fauces dentadas. Años después, los cónyuges de estas víctimas a menudo se convierten en «víctimas secundarias». Por razones que no conocen, la excitante relación sexual que tanto habían deseado simplemente se vuelve indiferente. Cuando de alguna manera se enteran de que un tío o un hermano u otro amigo de confianza abusó de su cónyuge tiempo atrás, también descubren que, en cierto sentido, los violaron a ellos también. Pues ellos continúan pagando por ese vil y despreciable pecado, al igual que sus hijos. A menudo un ciclo disfuncional que parece no tener fin se pone en marcha con solo un acto perverso.

Por supuesto, las niñitas no son las únicas víctimas del abuso familiar. En nuestra sociedad cada vez más pervertida, el círculo de la violación se hace más grande y más depravado. Unas noches atrás, escuché en el noticiero local que la policía había arrestado a un pedófilo convicto luego de descubrir que había molestado a su padre de ochenta y siete años durante más de diez años. Estoy muy seguro de que prefiero no saber los detalles.

Parece que infligimos el mal más profundo sobre quienes deberían ser nuestros seres más amados. A quienes deberíamos proteger más, los dañamos en lo más hondo. Este comportamiento depravado se manifiesta en todos los niveles de la sociedad, desde los círculos sociales más sofisticados hasta los más bajos, desde las mansiones hasta las viviendas más miserables. La depravación

humana viene del corazón: ni el dinero ni la educación ni el trasfondo familiar tampoco, muncho menos la posición social pueden desterrar su maldad. No son solamente los del «populacho»
los que sufren en hogares abusivos; de hecho, he visto que a menudo son los más adinerados y los más «sofisticados» los que caen
en lo más bajo. No quiero decir que los ricos son intrínsecamente
más propensos que otros a este mal; sino que la riqueza permite
que el corazón humano exprese su maldad en una forma más
completa. Cuando tu alma está saciada y puedes darte el lujo de
pagar lo que quieras, ¡ten cuidado! Ya sea que el abuso ocurra en
hogares adinerados o pobres, la devastación que inflige puede tomar proporciones indescriptibles. Una noche de primavera hace
un par de años atrás, recibí una llamada de Lucas, un muchacho
de quince años. A pesar de su corta edad, ya había intentado suicidarse varias veces.

«Tengo muchos problemas en la escuela y también muchos
problemas familiares», me contó. «Traté de suicidarme un par de
veces y simplemente no puedo estar en casa. Traté de quitarme la
vida porque no tengo amigos. Mi mamá está sola y vivo con mi
papá. Tampoco me llevo bien con mi madrastra. Nos peleamos
todo el tiempo. Mi verdadera mamá y yo nos llevamos bien pero
ella quiere que me quede con mi papá, pero él es un poco abusivo.»

Unos días antes de hablar con Lucas, recibí otra llamada de
Nueva York. Susana, una mujer divorciada que vivía con un hijo de
once años, me describió una situación espantosa bastante parecida.
«El otro día mi hijo no bajó a cenar», explicó. «Pero como a menudo
llegaba tarde, no me preocupé. Cuando no respondió a mis llamadas, subí a su cuarto... y me conmocioné. Se había enroscado un cable de teléfono en el cuello y estaba tratando de quitarse la vida.
«¿Por qué haces eso?», le pregunté. «Todos los problemas de nuestra
familia desaparecerían si yo desapareciera», respondió. «Mamá, es
mejor si me quito del medio.»

Ese es el pozo de la desesperación, que se hace doblemente más profundo por estar en medio de un hogar disfuncional. ¡Gracias a Dios que nuestro Señor sabe cómo sacarnos de ese pozo! Como dice el salmista:

> *Puse en el SEÑOR toda mi esperanza;*
> *él se inclinó hacia mí y escuchó mi clamor.*
> *Me sacó de la fosa de la muerte,*
> *del lodo y del pantano;*
> *puso mis pies sobre una roca,*
> *y me plantó en terreno firme*
> *(Salmo 40:1-2).*

Si estás pensando quitarte la vida, ven corriendo a Jesús y dile: «Jesús, estoy desesperado. Estoy tan solo. Quiero quitarme la vida. Entonces Jesús te dice:

«No te quites la vida. Ese es el plan del diablo. Di mi vida por ti en la cruz. No tienes que suicidarte. Quiero darte un corazón nuevo, una vida nueva, y un nuevo comienzo. Te amo y quiero caminar contigo, allí donde estás.»

Pero para sacarnos de la «fosa de la muerte», Jesús tiene que tomarnos de la mano. Tenemos que permitirle que nos sujete con firmeza; un simple apretón de manos no sirve.

Cuando Marie llamó a *Luis Palau Responde*, era evidente que su conciencia la estaba molestando. Marie era una madre soltera de veintidós años con dos niños, uno de dos años y otro de tres meses y me contó que seis años atrás, cuando se «juntó» con su novio (el padre de sus hijos), no creía en Dios. Él decía ser cristiano y la llevaba a la iglesia. Según ella, ahora sí creía en Dios pero le era difícil mantener la fe con su novio en la cárcel por homicidio.

—No fue él —insistió Marie—. Está preso por homicidio pero no lo hizo.

—¿Estás segura? —pregunté.

—Segura —respondió—. Estaba con él.

—Bueno, si él era de veras un cristiano comprometido —le dije—, en primer lugar, no debió haberse unido a alguien que no conoce a Jesucristo. ¿Sabes?, esa es una de las leyes de San Pablo. Él dijo: «No se casen con un incrédulo porque van a tener choques, van a tener enfrentamientos». Cristo y Satanás no pueden tener armonía. La luz y la oscuridad no se mezclan. Así que evidentemente, en algún momento, tu novio le dio la espalda a Dios. Comenzó a vivir contigo en vez de casarse como es debido y tuvo hijos contigo en vez de unirse formalmente a ti en amor y ante los ojos del Señor.

—Me pidió casamiento cuatro veces —replicó Marie.

—Y le dijiste que no —contesté—. Eres una chica dura, ¿eh?

—Mis padres han estado casados por veinticinco años y siempre fueron infelices. Tuve una niñez muy difícil y no quería casarme.

—¿En qué aspecto fue difícil tu niñez?

—Mi papá era alcohólico. Solía golpear a mi mamá. Nunca se divorció de él y siempre fue infeliz.

—¿Todavía están juntos?

—Sí y todavía se odian. No hay confíanza entre ellos y siempre hablan mal el uno del otro.

Qué vida miserable. Desde la perspectiva humana, no es difícil ver cómo fue que Marie terminó de la manera que lo hizo. Y su historia se repite miles de veces en todo este convulsionado mundo.

Pienso en Zamica, de diecinueve años, quien llamó al programa porque quería cambiar su vida. Tuvo su primer hijo a los dieciséis; dos años después, dio a luz mellizos y estaba embarazada de nuevo al momento de la llamada. Dos padres distintos estaban involucrados en el caso y ninguno de los dos se casó con ella.

Durante la conversación, confesó que a los dos y cinco años, amigos de la familia y personas que la cuidaban habían abusado sexualmente de ella.

Recuerdo a Daneta, de diecisiete años, madre de un hijo y embarazada de otro. Me contó que contrajo gonorrea del padre de sus hijos, de diecinueve años, quien negó toda responsabilidad. Vivía sola y no sabía a quién acudir.

¿Cómo se identifica Dios con todo este sufrimiento? ¿Cómo encaja un Dios amoroso en todo el dolor de su creación? ¿Dónde estaba Dios cuando María y Lucas, Susana y Marie, Zamica y Daneta se encontraron abusados, heridos y en profunda desesperación?

NUEVE PUNTOS PARA CONSIDERAR

Hay por lo menos nueve puntos que quisiera expresarle a quien se pregunta: *¿Dónde estaba Dios cuando abusaron de mí en el hogar?* No es una respuesta completa para ese interrogante y admito que hay mucho misterio sin develar, pero creo que estos nueve elementos pueden trabajar unidos para dar comprensión y esperanza.

1. La agresión no es tu culpa.

Esta fue una de las primeras frases que le dije a María cuando llamó buscando paz y sanidad. «María no eres la responsable de lo que te hicieron tus hermanos», afirmé. «No lo hiciste voluntariamente. Fuiste una víctima. Eras una niñita y no fue tu culpa.»

A menudo las víctimas de la agresión creen que de alguna manera son responsables por lo que otros les hicieron. A veces el propio agresor lo afirma. Pero es totalmente falso. El agresor es la única persona responsable por la agresión y la víctima no comparte su culpabilidad.

2. Dios nos dio libertad de elección.

No somos robots, ni prisioneros del destino. Dios nos dio el poder de elegir lo que haremos y cómo actuaremos, y tenemos la libertad de tomar decisiones morales. Creo que este libre albedrío es la mayor expresión de amor que puede darnos el Dios que todo lo sabe.

Pero es cierto que hay riesgos involucrados. Podemos observarlo en el terreno humano de ser padres. La mayoría de estos quieren que sus hijos los amen no por temor sino por elección; habría poca satisfacción si el amor fuera coercionado. Pero algunos hijos se niegan a amar a sus padres, a pesar del amor que se les demuestre. Ese es el riesgo de la libertad.

Es lo mismo pero en mayor escala, cuando se trata de la libertad de elección moral. Dios nos permite elegir lo que deseemos; pero algunos la utilizan para tomar decisiones dañinas y destructivas. Debemos estar dispuestos a aceptar las consecuencias de que otros van a usar su libertad para el mal.

El mundo cosecha lo que siembra y a veces los inocentes sufren porque los malos eligieron usar su libertad en oposición a las leyes de Dios. No podemos culpar justamente a Dios por este mal pues no quisiéramos que nos quitaran nuestra libertad de elección. Hay un orden moral; existe lo malo y lo bueno. Algunas personas le causan dolor a otros o se meten en problemas simplemente porque transgreden la ley. Podemos elegir saltar de un edificio de diez pisos pero no somos libres de elegir las consecuencias de violar la ley de la gravedad. La libertad de elección es un gran regalo pero también conlleva una gran responsabilidad. Y utilizarla para mal puede causar un tremendo dolor. Las cosas son así, por más duro que parezca.

3. El corazón humano es engañoso sobre todas las cosas e increíblemente perverso.

Pocas cosas muestran la depravación del corazón humano de manera más gráfica que el abuso en el hogar. Es difícil imaginar cómo un adulto puede practicar un comportamiento tan despreciable como golpear, aterrorizar o abusar sexualmente de un niño, pero sucede. Con demasiada frecuencia.

Y la dura verdad es que el potencial para un pecado tan vil está dentro de todos nosotros. La Biblia declara que «todos han pecado y están privados de la gloria de Dios» (Romanos 3:23). La Biblia no deja afuera a nadie; insiste que todos, sin excepción, hemos sido manchados por el pecado:

> *No hay ni un solo justo, ni siquiera uno;*
> *no hay nadie que entienda,*
> *nadie que busque a Dios.*
> *Todos se han descarriado,*
>   *a una se han corrompido.*
> *No hay nadie que haga lo bueno;*
>   *¡no hay uno solo!*
> *Su garganta es un sepulcro abierto;*
>   *con su lengua profieren engaños.*
> *¡Veneno de víbora hay en sus labios!*
> *Llena está su boca de maldiciones y de amargura.*
> *Veloces son sus pies para ir a derramar sangre;*
>   *dejan ruina y miseria en sus caminos,*
>   *y no conocen la senda de la paz.*
> *No hay temor de Dios delante de sus ojos*
> *(Romanos 3:10-18).*

Quizás la descripción más reveladora de nuestra naturaleza pecaminosa se encuentra en la traducción Reina-Valera de Jeremías 17:9, que dice: «Engañoso es el corazón más que todas las cosas, y perverso; ¿quién lo conocerá?»

Cada uno de nosotros tiene un corazón engañoso y profundamente infectado por el pecado. Ante los ojos de Dios, hasta el mejor de nosotros es «perverso». Esto resulta difícil de imaginar para la mayoría de nosotros. Consideramos que los agresores son «perversos» pero no nos vemos de ese modo. Bueno, podemos tener nuestras faltas pero no creemos merecer que nos tilden de «malos».

Sin embargo, así es como nada más y nada menos que Jesús, con toda su autoridad, nos llama: «Pues si ustedes, aun siendo malos, saben dar cosas buenas a sus hijos, ¡cuánto más su Padre que está en el cielo dará cosas buenas a los que le pidan!» (Mateo 7:11). La mayoría de nosotros nos disgustamos por tal insinuación pero eso no la hace menos cierta.

Debemos detestar los actos perversos de aquellos que agreden a otros sin olvidar que el mismo mal que acecha sus corazones también infecta el nuestro. Ninguno viene al mundo exento del lado oscuro de la naturaleza humana.

4. No culpes a Dios por el pecado de otra persona.

No se debe culpar a Dios por los pecados de otros. Una vez que admitimos que él nos ha dado libre albedrío para elegir el curso de nuestras acciones, no podemos al mismo tiempo culparlo por la forma en que algunos ejercemos ese libre albedrío. Si fue el esposo el que abusó de sus hijos, él es cien por ciento culpable. No culpes a Dios, no responsabilices a la madre del agresor, no culpes al ambiente de su juventud. Esas excusas no son válidas ni aceptables. Cada uno de nosotros es responsable por su pecado. Como escribió el profeta Ezequiel: «La persona que peque morirá» (Ezequiel 18:4).

5. Dios no es el autor del mal, pero es completamente capaz de sacar algo bueno del mal.

Es difícil encontrar en el Antiguo Testamento una familia más disfuncional que el clan de Jacob. Celos, mentiras, engaños, abuso físico, violación, homicidio, traición: todo está escrito en

Génesis, el primer libro de la Biblia. Esa familia era un lamentable desastre.

Sin embargo, fue un miembro de esa familia, un hombre que fue agredido físicamente, traicionado y vendido como esclavo por sus propios hermanos, el que más tarde pudo decirles a aquellos que tanto lo habían maltratado: «Es verdad que ustedes pensaron hacerme mal, pero Dios transformó ese mal en bien para lograr lo que hoy estamos viendo: salvar la vida de mucha gente» (Génesis 50:20). Y fue a través de este desastre de familia que Dios, siglos más tarde, trajo al mundo al Salvador, Jesucristo.

Dios no puede hacer el mal ni es tentado por él (véase Santiago 1:13) pero es especial sacando algo bueno de lo malo. Como lo escribió el apóstol Pablo: «Ahora bien, sabemos que Dios dispone todas las cosas para el bien de quienes lo aman, los que han sido llamados de acuerdo con su propósito» (Romanos 8:28).

6. *Dios puede borrar por completo los recuerdos perturbadores.*

Es incuestionable que una persona dañada por el abuso doméstico enfrente una batalla cuesta arriba para sobreponerse a las consecuencias de ese abuso. Pero no puedo estar de acuerdo con aquellos que insisten en que una víctima de abuso simplemente debe aprender a vivir con sus recuerdos perturbadores para salir adelante. Sin duda, un diagnóstico tan depresivo se aplica a aquellos que intentan encontrar alivio fuera de los recursos ilimitados de Dios; pero decir que los recuerdos lamentables deben continuar acechando a la persona por el resto de su vida, es negar el evangelio mismo. Gracias a Dios por la promesa de 2 Corintios 5:17, que afirma: «Por lo tanto, si alguno está en Cristo, es una nueva creación. ¡Lo viejo ha pasado, ha llegado ya lo nuevo!»

No quiero decir que con pronunciar las sílabas sagradas «Dios» o «Jesucristo» la persona quede liberada en forma mágica e instantánea de las enormes cicatrices emocionales del abuso familiar. Pero sí quiero decir que la sanidad verdadera es posible a través del poder de Dios en el evangelio. Y eso exactamente fue lo que le dije a María la noche que llamó.

—Quiero que entiendas lo siguiente —declaré—. Dios puede borrar los recuerdos que te paralizan de modo que parezcan una película que le ocurrió a otra persona. No tienes que vivir con esta carga el resto de tu vida, porque no puedes continuar así para siempre, ¿o puedes?

—No —respondió María.

—Quiero decirte esto —continué—, cuando Jesucristo en verdad entra en tu vida y en tu corazón, él te transforma.

Entonces le di a María la promesa de Hebreos 9:14, que dice: «Si esto es así, ¡cuánto más la sangre de Cristo, quien por medio del Espíritu eterno se ofreció sin mancha a Dios, purificará nuestra conciencia de las obras que conducen a la muerte, a fin de que sirvamos al Dios viviente!»

—Has tenido tus fracasos; has tenido dos matrimonios —agregué—. Y has pecado contra el Señor. Él te perdonará. Pero ese versículo también dice que te ayudará a olvidar los recuerdos de lo que esos dos hermanos sucios te hicieron. Dice que la sangre de Cristo limpiará tu conciencia de las obras del mal —las obras del mal que has hecho y las obras malignas que esos dos hermanos te hicieron— para que puedas dejarlas en el pasado para siempre.

»Puedes empezar de nuevo esta noche como si fueras una niña a la que nunca agredieron. Literalmente puedes comenzar de nuevo. Si le das tu vida a Cristo, será como si fueras una nueva mujer. No, no va a ser *como si fueras* una nueva mujer, *serás* una nueva mujer. Hasta tu vida mental cambiará. La Biblia dice que recibimos la mente de Cristo (1 Corintios 2:16). Podrías ser limpiada de tal forma que te convertirías en una mujer diferente.

»Jesucristo es el que lo hace. Nadie más puede hacerlo. Puedes hablar conmigo hasta el fin del mundo. Puedes buscar ayuda. Puedes tomar medicamentos recetados. Todo eso puede ayudarte un poquito: pero solo Jesucristo puede hacerte una mujer nueva. ¿Te gustaría?

—Lo intentaré —respondió María—. Pero lo he intentado muchas, muchas, muchas veces.

—Pero no se trata de lo que *tú* vas a hacer —expliqué—. Ya has tratado de ser una mujer diferente. No, es *Cristo en ti* el que va a obrar en tu corazón y en tu mente. Es Jesucristo el que hará de ti una nueva mujer.

Esto podríaparecer un cuento de hadas a quienes nunca han experimentado el poder de Dios a través de la fe en Jesucristo. Pero funciona. Es real. Lo he visto muchas veces en mis años de ministerio. No es un cuento de hadas. Es lo que la Biblia llama «Buenas Nuevas». Y está a disposición de todo aquel que le toma la palabra a Dios.

«¿Pero cómo, Luis?», quizás te preguntes.

El apóstol Juan nos dice: «Mas a cuantos lo recibieron, a los que creen en su nombre, les dio el derecho de ser hijos de Dios» (Juan 1:12).

El apóstol Pablo agrega: «La dádiva de Dios es vida eterna en Cristo Jesús, nuestro Señor» (Romanos 6:23b).

Es decir, las buenas nuevas de Dios son un regalo disponible para recibirse. Es cuestión de aceptar a su Hijo, Jesucristo, como tu propio Señor y Salvador.

¿Has recibido ya el regalo gratuito de la salvación? Si no lo has hecho, ¿por qué no te detienes ahora mismo, donde estás, y en la quietud de tu corazón le hablas a Dios? Puedes poner tu confianza en él en este mismo instante. La decisión es tuya.

Por supuesto que puedes hablarle a Dios con las palabras que desees. Te sugiero que hagas la siguiente oración de compromiso:

—Señor, vengo a ti con humildad, en medio de mi pena y mi dolor. Sí, por favor, perdona mis pecados. Te doy gracias porque Jesús murió en la cruz para limpiar mi corazón y resucitó para darme una vida nueva y eterna. Gracias porque ahora puedo disfrutar de la esperanza segura del cielo. Por favor, guarda a mi precioso pequeñito en tu cuidado amoroso. Te amo y viviré para ti todos los días de mi vida. Amén.

Si esa es tu oración, ¡felicitaciones!

¡Bienvenido a la familia de Dios![1]

Entonces...

7. Perdona a quien te lastimó.

Salvo por el poder de Jesucristo, no sé cómo alguien puede perdonar al que comete abuso familiar. Sin embargo, sí sé que el perdón es un prerrequisito para encontrar paz interior. Y también sé que Jesucristo nos da la fuerza y la resolución para perdonar de corazón a aquellos que nos han agredido, siempre y cuando estemos dispuestos a dejarlo obrar en nuestras vidas.

Bill Conard es un amigo mío que trabajó varios años como misionero. Creció en un hogar sin religión con un padre alcohólico y agresivo, un hombre que finalmente abandonó a su familia. Bill se convirtió en un muchacho lleno de ira que odiaba a su padre por abandonarlos. Cierto verano, unos amigos lo invitaron a un campamento cristiano en el que se metió en todo tipo de problemas Bill no se esforzó por esconder sus locuras ni refrenar su boca sucia.

Un día estaba caminando cerca de una cabaña donde la mayoría de los consejeros y los líderes estaban orando. Al pasar

[1] Si acabas de darle tu vida a Jesucristo, por favor, escríbeme. Me alegraría responderte y enviarte un ejemplar gratuito de mi libro *Adelante con Jesucristo*. Es gratis y solo tienes que pedirlo. O quizás quieras que oremos por ti. Siéntete en libertad de escribirme. Mi dirección es Luis Palau, P.O. Box 1173, Portland Oregon 97207, EE.UU. Correo electrónico: palau@palau.org.

por allí, oyó su nombre. «Cambia a Bill Conard», oraban los consejeros. «Señor, cambia a Bill Conard.»

La oración sobresaltó y sacudió a Bill. *¿Seré tan malo que Dios puso a estas personas a orar por mí?*, se preguntó. Esto lo mantuvo pensando, poco tiempo después Bill se convirtió a Jesús. Asistió al Instituto Bíblico Moody y luego se fue como misionero a Perú, uno de los mejores que he conocido.

Un día en el Perú, a los treinta y tantos años, Bill pensó: *Nunca perdoné a mi padre por lo que nos hizo.* Así que en su siguiente viaje a los Estados Unidos, Bill paró en el Aeropuerto Internacional JFK de Nueva York. Supuso que su padre todavía vivía en Nueva Jersey, lo encontró en el directorio telefónico e hizo la llamada.

—¿Hablo con el Sr. Conard? —dijo Bill.

—Sí, él habla —respondió la voz del otro lado del teléfono.

—Es tu hijo —dijo Bill—. Acabo de regresar del Perú y, papá, nunca te amé. Siempre te odié. Te guardé rencor todos estos años por la forma en que nos trataste a mamá y a nosotros. Pero papá, le abrí mi corazón a Cristo. Te perdono por todo lo que nos hiciste porque Dios me perdonó.

Del otro lado del teléfono, Bill solo podía oír sollozos. Por tres a cinco minutos sin interrupción, el único sonido que llegaba a través del receptor era de llanto. Finalmente Bill dijo:

—Papá, ¿estás allí?

—Estoy aquí —respondió el anciano con voz temblorosa.

—¿Puedo pasar a verte? —preguntó Bill.

—Sí —fue la respuesta.

Bill tomó un autobús, llegó a la casa de su padre y lo abrazó. Su papá lloró, se arrepintió y pidió perdón.

Eso es lo que puede pasar cuando recibes a Jesucristo como tu Salvador, aunque tu padre o tu madre te hayan agredido y tengas razón para estar enojado con él o ella. Un hombre no debe golpear ni insultar ni degradar a su esposa ni a sus hijos: es lo más ruin del mundo. Hay motivo para estar enojado, pero el Señor dice: «Que ... se perdonen si alguno tiene queja contra otro. Así como el Señor los perdonó, perdonen también ustedes» (Colosenses 3:13).

Así es como Cristo nos transforma: de adentro hacia afuera. Y todo comienza cuando recibimos a Cristo.

8. *Recuerda que un día todo el mal será juzgado.*

Nadie se escapa con nada: ni homicidio ni violación ni abuso. Dios ha prometido que pronto llegará el día en que todos los pecados que no estén cubiertos por la sangre de Jesús serán juzgados. Y de su juicio santo y justo, no habrá escapatoria ni apelación.

Jesús afirmó: «No hay nada encubierto que no llegue a revelarse, ni nada escondido que no llegue a conocerse. Así que todo lo que ustedes han dicho en la oscuridad se dará a conocer a plena luz, y lo que han susurrado a puerta cerrada se proclamará desde las azoteas» (Lucas 12:2-3). El apóstol Pablo habla sobre «el día en que, por medio de Jesucristo, Dios juzgará los secretos de toda persona» (Romanos 2:16). Y el apóstol Juan describe un cuadro del juicio venidero que llama a la reflexión:

> *Luego vi un gran trono blanco y a alguien que estaba sentado en él. De su presencia huyeron la tierra y el cielo, sin dejar rastro alguno. Vi también a los muerto, grandes y pequeños, de pie delante del trono. Se abrieron unos libros, y luego otro, que es el libro de la vida. Los muertos fueron juzgados según lo que habían hecho, conforme a lo que estaba escrito en los libros. El mar devolvió a sus muertos; la muerte y el infierno devolvieron a los suyos; y cada uno fue juzgado según lo que había hecho. La muerte y el infierno fueron arrojados al lago de fuego. Este lago de fuego es la muerte segunda. Aquel cuyo*

nombre no estaba escrito en el libro de la vida era arrojado al lago de fuego   *(Apocalipsis 20:11-15).*

¿Pero por qué Dios espera hasta ese día para emitir juicio? Sin duda, la razón principal nos la da el apóstol Pedro: «El Señor ... tiene paciencia con ustedes, porque no quiere que nadie perezca sino que todos se arrepientan» (2 Pedro 3:9). Dios no quiere que nadie muera en su pecado: ni tú, ni yo, ni aun los abusadores. Por lo tanto, detiene su juicio hasta el final.

Jesús explicó que la estrategia de Dios es como la de un granjero que descubre que un enemigo sembró hierba mala en medio de su trigo. En vez de arriesgarse a arrancar el trigo junto con la maleza, le dice a sus trabajadores que esperen hasta la cosecha. En ese momento, recogerán el trigo y lo guardarán en el granero, en cambio la hierba mala la cortarán y la quemarán. Como dice Jesús:

> *Así como se recoge la mala hierba y se quema en el fuego, ocurrirá también al fin del mundo. El Hijo del hombre enviará a sus ángeles, y arrancarán de su reino a todos los que pecan y hacen pecar. Los arrojarán al horno encendido, donde habrá llanto y rechinar de dientes. Entonces los justos brillarán en el reino de su Padre como el sol. El que tenga oídos, que oiga (Mateo 13:40-43; vease también Mateo 13:24-30, 37-39).*

9. ¿Sería bueno que un mundo rebelde disfrutara de continuo bienestar?

Creo que podemos formular otra pregunta con mucho cuidado: «¿Qué pasaría si Dios protegiera a cada rebelde de cualquier tipo de mal que pudiera tocarlo en un mundo caído? ¿Se volvería alguien a Cristo? ¿O todos moriríamos, cómodamente, en nuestro pecado?»

Me pregunto: ¿Sería algo bueno vivir como gente caída en un mundo caído, separados de Dios y a pesar de ello, disfrutar de la vida como si estuviéramos en el paraíso? ¿Alguna vez se enfrentaría alguien con su pecado? ¿O moriríamos todos sin Cristo y pasaríamos la eternidad en el infierno?

Quizás una pequeña ilustración sea útil. ¿Piensas que sería bueno tener el cuerpo plagado por una enfermedad curable pero no presentar ningún síntoma? ¿Sería bueno que te sintieras bien hasta el día de tu muerte, aun cuando la enfermedad se hubiera podido curar y vivir cincuenta años más? No lo creo. Tampoco que sería bueno vivir en un mundo caído que no presentara indicios de su enfermedad mortal.

Por favor, no me malinterpretes. *No estoy diciendo* que el abuso, de cualquier tipo que sea, es bueno. ¡No ! Es horrible, despreciable e inexcusable. Pero sucede en un mundo caído y si Dios puede redimir algo de ese dolor para guiar a alguien a Cristo, vale la pena celebrarlo. Así como el dolor del cáncer no es algo bueno en sí mismo pero puede prestar un buen servicio si conduce a la detección temprana de la enfermedad y a su erradicación, el dolor de la agresión no es algo bueno en sí mismo pero puede brindar un buen servicio si lleva a la gente a poner su fe en el Médico Divino, Jesucristo.

DIOS HABLA EN CHICAGO

No todos los que llaman a *Luis Palau Responde* llegan a hablar conmigo en el aire. Muchos conversan con consejeros capacitados y miembros del equipo. Una de estas personas habló con mi hijo Andrés.

Gloria asistió una noche a nuestra cruzada con sus padres y otros miembros de su familia. Le dijo a Andrés: «Sentí que Dios me estaba hablando. Tu papá habló de las mujeres que habían sido violadas cuando niñas, sobre quienes son agredidos cuando adolescentes y adultos. Yo pasé por los tres.»

Cuando se hizo la invitación esa noche, Gloria sintió que no podía pasar al frente a aceptar a Jesucristo porque pensaba que ofendería a algunos miembros de la familia. Pero volvió a la noche siguiente, un domingo y habló con una consejera llamada Gretchen, quien la guió a Cristo.

Gloria le contó a Andrés: «Cuando tu papá abrió la reunión esa noche, miró a la multitud de solo quinientas personas y dijo: "Nos preguntamos si debíamos tener este servicio esta noche"».

Entonces hizo una pausa y agregó con énfasis: «Dile esto, para mí, valió toda la pena».

El abuso en el hogar es un pecado horrible, despreciable e inexcusable. Pero Jesucristo es mayor que cualquier pecado y que cualquier herida. Y como es el Médico Divino, él sana a todos los que se acercan en fe.

Incluso a ti.

• La mayor parte de este capítulo está dirigida a las víctimas del abuso pero es posible que algún agresor lea estas palabras. Así que para aquellos que quieren apartarse de su pecado y recibir el perdón, ofrezco los cuatro puntos siguientes:

1. *Asume la responsabilidad total por tu pecado.*

Tú cometiste ese pecado y debes asumir toda la responsabilidad si es que quieres romper un viejo ciclo. Cuando lo haces, puede ser el principio de una solución. Pero hasta que lo hagas, continuarás viviendo en una ciénaga sicológica que te llevará a actuar en forma irracional y pecaminosa, que seguirá llenándote de culpa. Si te quedas allí, nunca experimentarás la libertad.

El primer paso hacia la libertad es admitir: «Hice esto. Soy el responsable, nadie más. Mi madre, tampoco lo es mi padre no es el responsable. Mi esposa y mis hijos no son los responsables. La sociedad. Pequé y solo yo soy culpable.

2. No culpes a los espíritus malignos o a los demonios por tu transgresión sexual.

La Biblia dice que se puede culpar a los demonios y a los espíritus malignos de muchas cosas, pero la transgresión sexual no es una de ellas. La inmoralidad sexual es un pecado de la carne, no del diablo. El diablo no sabe nada acerca de él, salvo quizás cómo hacer más fácil que caigas. Él ciega a las personas ante su pecado, y también puede ponerles tentaciones por delante. Pero no hay forma alguna de que puedas decir bíblicamente: «Tengo un espíritu de inmoralidad».

Esas ideas no son bíblicas. «Las obras de la naturaleza pecaminosa se conocen bien: inmoralidad sexual» (Gálatas 5:19). No puedes culpar al diablo por eso. Así que no lo intentes.

3. Pídele a Dios que te ayude a vencer tus impulsos pecaminosos.

Cuando Jim llamó a nuestro programa para pedir ayuda, había estado casado nueve años. Sin embargo, en los tres años anteriores, había estado separado de su mujer debido a su abuso hacia sus dos hijas. Me pregunté: «¿Qué clase de agresión?» Jim dijo que le «gritaba» a su familia y los humillaba mucho; también hubo agresión sexual. Jim tenía cincuenta y dos años y él y su esposa habían estado casados anteriormente; tenía tres hijastros y dos hijas adoptivas. Me dijo que estaba tratando de reconciliarse con su esposa pero sin mucho éxito. También dijo que su iglesia estaba involucrada en su rehabilitación y que estaba buscando ayuda pastoral.

«A veces siento que simplemente no tengo las fuerzas para ser la persona que mi esposa y mis hijas necesitan que sea», expresó Jim. «Pienso que esto ha durado mucho tiempo y que nunca vamos a estar juntos otra vez.»

Después de hablar con Jim por largo rato, le dije: «Dios tiene su propia sicoterapia, e involucra nuestro pasado, presente y futuro. En cuanto al pasado, lo que hace por nosotros es perdonar nuestros pecados y esto es fundamental, a través de la muerte de Cristo en la cruz. En cuanto al presente, nos ayuda a tener una conciencia transparente y limpia nuestras mentes y recuerdos. Aunque no borramos nuestro pasado, es tratado de tal manera que podemos dejarlo atrás. No tenemos que continuar desenterrándolo. Después nos da un futuro sin pecado, sin remordimientos y sin dolor.

Luego hablé de Gálatas 2:20: «He sido crucificado con Cristo, y ya no vivo yo sino que Cristo vive en mí. Lo que ahora vivo en el cuerpo, lo vivo por la fe en el Hijo de Dios, quien me amó y dio su vida por mí», y le dije: «Jim, tienes que luchar con la tendencia maligna que hay en ti, que parece estar orientada al sexo y a los niños. Debes confrontar esto profundamente y venir a Señor y decirle: "Dios, esto es horrible. Es muy ofensivo para ti. Es terrible. Y mi lado oscuro, Señor, dice que tengo esa inclinación desde el momento de nacer. Pero aborrezco mi corrupción y no quiero tocar a un niño nunca más con intenciones sexuales". Ahora bien, esto es algo radical. Es por eso que el apóstol Pablo expresa: «He sido crucificado con Cristo». Gálatas 5 dice: «Los que son de Cristo Jesús han crucificado la naturaleza pecaminosa.»

«En otras palabras, ante la presencia de Dios, tenemos que hacernos una cirugía radical. Dios hace la obra pero nosotros tenemos que cooperar con él. Lo que tienes que hacer —quizá con otro hombre de tu edad que sea más maduro que tú en el Señor— es orar a

Dios diciéndole: "Señor, debo lidiar en forma radical con este poder sexual que está dentro de mí. No tengo las fuerzas pero tú sí y tú vives en mi corazón. Señor, si estuviera solo probablemente volvería a caer pero no lo estoy porque Cristo vive en mí."»

La palabra «radical» es exactamente la correcta en este caso. Ninguna otra cosa es suficiente.

4. No te permitas jugar con pornografía.

La mayoría de los hombres parecen más avergonzados de la pornografía que del adulterio. La mente humana sabe que es un negocio sucio. Atrae e intriga a través de un acto sexual representado, pero es muy destructiva. Un amigo psicólogo de Washington D.C. me dijo que trata a muchos hombres, incluso líderes, que están obsesionados con la pornografía. Alquilan películas sucias y las miran por horas. El peligro, explica, es que a veces los lleva a realizar lo que ven.

La adicción a la pornografía puede llevar a formas extremas de perversión con niños o muchachitas. Muchos asesinos en serie eran adictos a la pornografía. Parece haber una conexión muy fuerte entre un amor perverso en el hogar, la pornografía, el delito y la violencia. Así que no te acerques a ella. Jamás.

5

En un abrir
y cerrar de ojos

El noticiero de la noche del 8 de noviembre de 1994 conmocionó a todo el país. Una familia de Chicago, que se dirigía a Milwaukee por la carretera interestatal 94, perdió a seis de sus nueve hijos cuando una poderosa explosión envolvió en llamas la camioneta de la familia.

La investigación conjunta de la policía de Milwaukee y los peritos de la Administración Federal para la Seguridad en las Carreteras estableció rápidamente que el accidente fatal ocurrió cuando la camioneta golpeó el guardalodos de un remolque que había caído en medio de la carretera. El objeto perforó el tanque de gasolina de la camioneta, lo que causó la explosión que mató al instante a cinco de los niños.

En una conferencia de prensa que se celebró ocho días después del accidente, el padre acongojado, Duane Willis, describió lo que sucedió.

«Manejaba alerta mirando el camino», explicó. «Nuestro bebé estaba detrás nuestro; Ben otro de los niños estaba del otro lado. En el asiento trasero estaban los otros cuatro; todos con sus cinturones de seguridad.

»Vi el objeto y pensé que era uno de esos bloques que quizás se había caído de algún camión de remolque. El auto que iba delante de mí viró bruscamente, y supe que no podría evitar golpear el objeto. Pensé que si lo golpeaba con la llanta, quizás el auto se volcaría. Fue una decisión en fracción de segundos.

»Cuando chocamos con el objeto, el tanque de gasolina explotó y el auto quedó fuera de control. Pude tomar el volante y sacar el auto de la superficie resbaladiza. Cuando estábamos deslizándonos y las llamas venían de abajo del asiento, fue una conmoción —una sorpresa—, «¿Qué es esto?» Eran simplemente llamas abrasadoras que subían por ambos lados. Gritaba que saliéramos del auto. [Mi esposa] Janet y yo tuvimos que conscientemente meter las manos en las llamas para soltar los cinturones de seguridad y alcanzar las manijas de las puertas.

«Janet cayó por la puerta mientras el auto todavía estaba en movimiento. Benny estaba en medio de las llamas; su ropa estaba prácticamente quemada cuando por fin logró salir. Los cinco niños más pequeños, que estaban dormidos, murieron al instante. Ni Janet ni yo escuchamos ningún sonido mientras luchábamos por salir de la camioneta. Un hombre desconocido se quitó la camisa para mojar las heridas de Benny y otro apagó a palmadas la ropa encendida de la espalda de Janet. Benny murió en cuidado intensivo a la medianoche.»[1]

Alrededor de todo el país y del mundo, la gente reaccionó a la historia con horror e incredulidad. ¿Cómo pudo haber pasado?

---

[1]   How Could They Make It? The Willis Family Story [¿Cómo pudieron lograrlo? La historia de la familia Willis], *Parkwood Baptist Church*, Chicago, IL, pp. 3,4.

Este tipo de accidente espantoso ocurre tan rápido que hace su obra mortal de manera completa. ¿Por qué Dios no los previene? ¿Cómo puede permitirlos? ¿Acaso nos da la espalda cuando los seres humanos se convierten en antorchas humanas?

Preguntas difíciles como esas resurgieron la mañana del 1 de diciembre de 1997 cuando el joven de catorce años Michael Carneal entró a la escuela Heath High School de Paducah, Kentucky, se puso protectores en los oídos, sacó una pistola semiautomática y comenzó a disparar al azar a los estudiantes que acababan de pronunciar el «amén» final en una sesión de oración en grupo. Tres muchachas murieron en el ataque no provocado: Nicole Hadley de catorce años; Kayce Steger de quince y Jessica James de diecisiete. Otras cinco resultaron heridas. Una de ellas, Missy Jenkins, quedó paralizada.

Más tarde, algunos estudiantes dijeron que la semana antes del ataque, Carneal les había advertido que «algo grande iba a suceder» y había instado a sus amigos a que faltaran a la reunión de oración del día fatídico. Carneal le dijo a un detective que no sabía por qué le había disparado a sus compañeros y le comentó a un maestro: «Era como si estuviera en un sueño y me despertara».[2]

Cuando la noticia de este horrendo acontecimiento corrió por el mundo, muchos comenzaron a preguntarse si Dios mismo se había quedado dormido. ¿Cómo pudo permitir esa tragedia? ¡Y justo después de una reunión de oración! ¿Qué clase de Dios puede quedarse sentado y permitir que sus hijos sean asesinados a sangre fría?

[2] "Three Kentucky High School Students Killed in Prayer Meeting Shooting" [Tres estudiantes de escuela secundaria en Kentucky muertos en balacera durante reunión de oración], *EP New Service* [Servicio de Noticias EP], Vol.46, No.49, Diciembre 5, 1997, pp. 1,2.

UN PLANETA DE TRAGEDIAS

Vivimos en un mundo trágico. No importa cuál sea tu filosofía de vida, a pesar de lo que puedas o no creer acerca de Dios, pienso que todos podemos coincidir en algo: nuestro planeta sufre a través de su dosis de tragedias.

Accidentes fatales. Homicidios sin sentido. Discapacidades permanentes impartidas en un instante. No hay que ir muy lejos para descubrir tragedias repentinas que cambian una vida para siempre.

¿Cómo se relaciona el Dios de la Biblia con estas tragedias? ¿Dónde está cuando ocurren? ¿Podemos seguir creyendo en un Dios amoroso que permite que sucedan tales catástrofes?

Estas preguntas son buenas y quisiera contestarlas proponiendo las siguientes seis respuestas:

1. Los accidentes, incluso el caos, son parte de la vida en un mundo caído.

Desde el momento que Adán y Eva desobedecieron a Dios en el jardín del Edén, trajeron el pecado al mundo los accidentes mortales y los actos homicidas pronto lo siguieron. Caín, el primer bebé, creció para convertirse en el primer homicida (véase Génesis 4:1-8). Y los accidentes han plagado la humanidad desde que esta fue echada del jardín del Edén.

Nadie está exento, ni siquiera el más santo. Dudo que alguien cuestione que el apóstol Pablo fuera uno de los obreros cristianos más eficaces y dedicados de la historia, sin embargo, su vida estuvo salpicada de serios accidentes hasta que halló su fin bajo el filo de un verdugo romano. En una de sus cartas, Pablo esbozó algunas de sus pruebas:

> *He trabajado más arduamente, he sido encarcelado más veces, he recibido los azotes más severos, he estado en peligro de muerte repetidas veces. Cinco veces recibí de los ju-*

díos los treinta y nueve azotes. Tres veces me golpearon con
varas, una vez me apedrearon, tres veces naufragué, y pasé
un día y una noche como náufrago en alta mar. Mi vida ha
sido un continuo ir y venir de un sitio a otro; en peligros de
ríos, peligros de bandidos, peligros de parte de mis compa-
triotas, peligros a manos de los gentiles, peligros de la ciu-
dad, peligros en el campo, peligros en el mar (2 Corintios
11:23b-26).

Quizás jamás lleguemos a sufrir tantos accidentes y dificultades como Pablo, sin embargo, esos nunca le quitaron la confianza
en un Dios bueno y amoroso. ¿Por qué no?

A diferencia de nosotros, Pablo no veía la tragedia como
prueba *prima facie* contra la existencia de un Padre celestial compasivo. De hecho, podía escribir: «Por eso me regocijo en debilidades, insultos, privaciones, persecuciones y dificultades que su-
fro por Cristo; porque cuando soy débil, entonces soy fuerte» (2
Corintios 12:10). No lo entiendas mal; Pablo no era masoquista.
No se regocijaba en las pruebas y los accidentes porque disfrutaba
el dolor. No, lo que quería decir era que cuando la vida lo abru-
maba, sabía que Dios iba a intervenir para ayudar. Pablo se regocijaba en sus propias «debilidades» porque le daba la oportunidad
a Dios de mostrarle al mundo Su propia fuerza irresistible. Y por
eso Pablo estaba agradecido.

Jesús también nos dijo que en esta vida esperáramos dificultades y dolor. «En este mundo afrontarán aflicciones», les advirtió a
sus discípulos en Juan 16:33. Y al público en general, les dijo lo
siguiente acerca del futuro: «Se levantará nación contra nación, y
reino contra reino. Habrá hambres y terremotos por todas partes» (Mateo 24:7). No es un pensamiento agradable pero a veces
así es la vida en este mundo caído. Podrá consternarnos pero no
debería sorprendernos.

El Rev. Don Young es el pastor de la Iglesia Bíblica Bautista de Paducah, Kentucky; iglesia a la que asistía Nicole Hadley antes de que le dispararan y muriera esa fatídica mañana en Heath High School. En el servicio conmemorativo al que asistieron más de cuatro mil personas y que millones vieron por la cadena televisiva CNN, el pastor Young le dijo a los afligidos padres de Nicole: «Hay una pregunta que implora por una respuesta y quiero hacer el intento de responderla en los próximos dos o tres minutos. La pregunta que los muchachos me hacen, los medios quieren saber y ustedes también es: *¿Por qué?*

»Primero quisiera decirles que mi Dios no orquestó la muerte de su hija. Yo perdí a mi nietecito, pero Dios no lo organizó. No puedo servir a un Dios que inflige cáncer en los niños. Nosotros no somos títeres ni Dios es el titiritero. Él nos dotó de algo que no tiene el reino animal. A ellos les dio el instinto; a nosotros el poder de elección. Él creó a Adán y a Eva, los puso en el Edén, y les dijo: «Sírvanme, si así lo quieren». Ellos eligieron desobedecer.

«El lunes pasado en la mañana, por lo menos cuarenta estudiantes de Heath High School se levantaron intencionalmente e hicieron una elección —decisión que deberían hacerla todos los niños estadounidenses— eligierón de ejercer su derecho de comunicarse con Dios. Entraron allí, ejercieron su derecho de libre elección, e inclinaron sus cabezas. Y otro joven, por alguna razón desconocida puso fin a tres de esas vidas e hirió a otras cinco. Él también ejerció su poder de elección.»

La vida sigue esas sendas oscuras en un planeta caído como este. Es trágico. Angustioso. Absurdo. Pero gracias a Dios, la historia no termina allí.

2. Dios está en control, aun cuando no lo parezca.

Los acontecimientos nunca escapan del control de Dios como si de alguna manera, él no tuviera el poder o el discernimiento para dirigir los asuntos de nuestro pequeño planeta. Por eso el apóstol Pablo, un hombre que conocía íntimamente el dolor de un mundo caído, podía decirles a los antiguos atenienses: «El Dios que hizo el mundo y todo lo que hay en él es Señor del cielo y de la tierra. No vive en templos construidos por hombres, ni se deja servir por manos humanas, como si necesitara de algo. Por el contrario, él es quien da a todos la vida, el aliento y todas las cosas. De un solo hombre hizo todas las naciones para que habitaran toda la tierra; y determinó los períodos de su historia y las fronteras de sus territorios. Esto lo hizo Dios para que todos lo busquen y, aunque sea a tientas, lo encuentren. En verdad él no está lejos de ninguno de nosotros, "puesto que en él vivimos, nos movemos y existimos." Como algunos de sus propios poetas griegos han dicho: "De él somos descendientes."» (Hechos 17:24-27).

La Biblia insiste que Dios es soberano: «Su dominio es eterno; su reino permanece para siempre ... Dios hace lo que quiere con los poderes celestiales y con los pueblos de la tierra. No hay quien se oponga a su poder ni quien le pida cuentas de sus actos» (Daniel 4:34-35). Aun cuando ocurren tragedias y vidas inocentes mueren o quedan mutiladas, Dios permanece en control absoluto. No sucede nada que no pase primero por sus amorosas manos.

Quizás no comprendamos esto por completo cuando enfrentamos tragedias dolorosas pero nuestra falta de comprensión no invalida ni disminuye su verdad. Antes de que naciéramos, Dios sabía exactamente cuánto viviríamos y cómo moriríamos. En el Salmo 139:16 Dios le dice al salmista: «Todo estaba ya escrito en tu libro; todos mis días se estaban diseñando, aunque no existía uno solo de ellos». Y esto se mantiene cierto ya sea que los días sean muchos o pocos.

3. *Dios tiene un propósito en lo que permite, aun cuando no sepamos cuál es.*

Desde nuestra perspectiva, las tragedias parecen absurdas, sin sentido y caóticas pero Dios sabe cómo tomar incluso las tragedias y sacar algo bueno de allí. Aunque no creo que Dios las causa —la Biblia señala que es incapaz de pecar—, sí creo que él tiene un propósito al permitir que ocurran acontecimientos dolorosos. Nada sucede como un accidente loco y sin sentido. Quizás no entendamos cuáles son sus propósitos pero podemos consolarnos con el hecho de que existen. Dios se especializa en tomar el mal y sacarle algo bueno.

En el servicio conmemorativo de las tres jovencitas que murieron en Paducah, el Rev. Tom Hughes, pastor de la Iglesia Bautista Kevil, le dijo a los amigos y familiares que se habían reunido allí esa tarde: «Podrán preguntarme: "Predicador, ¿de veras cree las palabras que está pronunciando? ¿Cómo es que Dios puede obrar, sacar bendiciones y algo bueno de todo esto?" Dios ya ha estado obrando, sacando bendiciones y algo bueno porque ha traído una mejor calidad de vida a por lo menos dos individuos, quienes recibieron órganos de Nicole. Dios ha estado obrando en estos días pasados; me he enterado de que hay algunos estudiantes en Heath High School que, antes de la mañana del lunes, no conocían al Señor pero hoy sí lo conocen.»

¿Acaso el Señor provocó que estas tres muchachas murieran para salvar las vidas de otras dos personas y que las almas de varias más puedan ser redimidas? No. Dios no es un asesino. Pero sí sabe cómo tomar una tragedia y sacarle algo bueno. Cuando lleguemos a nuestro hogar en el cielo, finalmente veremos sus propósitos incluso en las tragedias de la vida. Mientras tanto, debemos continuar creyendo que sí tiene un propósito con todo lo que sucede, aun cuando ahora mismo no podemos ver ni la sombra de lo que será.

4. *Las tragedias pueden servir como una llamada de alerta.*

El profesor de Oxford C.S. Lewis escribió hace años que «el dolor es el megáfono de Dios para un mundo sordo». En ese sentido, algunas tragedias pueden servir de llamada para despertar a los que están dormidos espiritualmente. Una persona que llamó a *Luis Palau Responde* pensó que eso podría explicar lo que le sucedió.

Bob, de veintiocho años, quien se confesó ladrón, mentiroso y fornicario, había sufrido un accidente en el trabajo. De alguna manera se había derramado cera caliente en el ojo y temía haber perdido la visión en forma permanente. Bob comentó: «Pienso que es un tipo de castigo o una llamada de alerta para que ponga mi vida en orden».

«Me gusta el término que usaste: que es una llamada de alerta», respondí. «La mayoría de nosotros somos tercos y parece que Dios tiene que sacudirnos para que finalmente recobremos el sentido y exclamemos: "¡Eh!, espera un minuto. ¿Qué está pasando con mi vida?" Estas cosas nos hacen pensar profundamente en los asuntos importantes de la vida. Supongo que eso fue lo que te sucedió en las últimas veinticuatro horas.»

Una sociedad terca, secular e incluso blasfema a veces solo se detendrá cuando ocurre una tragedia de alcance nacional. Cuando el horror hace que los medios de comunicación transmitan la noticia, a veces se propaga la verdad redentora. Ciertamente eso sucedió en Paducah.

De alguna manera, la «tragedia» es una gran razón para que la cruz y la crucifixión de Cristo aún cautive nuestra imaginación (incluyendo a los que rechazan el evangelio). Hay algo tan profundo en torno al Calvario que hasta aquellos cuya religión no tiene nada que ver con el cristianismo y los que rechazan a Cristo en forma intelectual y verbal, de igual modo quedan atrapados por la historia.

Quizá Dios permite la tragedia para alcanzar a la gente a través de ella. Pero qué lástima que se necesite una llamada de alerta tan horrenda para que abramos nuestros ojos somnolientos.

5. *Es posible abrazar la esperanza aun en medio de la tragedia.*
No puedo imaginarme lo que sería soportar una tragedia sin la esperanza que Dios ofrece. Sin Jesucristo, no hay esperanza. Simplemente hay un vacío eterno, negro, frío y tenaz.

El escritor Tim LaHaye describe un debate que cierta vez tuvo con un ateo. Durante dos horas en un encuentro anual de la The American Humanist Associaton [Asociación Humanista Estadounidense], LaHaye sostuvo un debate sobre la existencia de Dios con un profesor de filosofía de UCLA con cuarenta años en el magisterio. En un artículo publicado antes del debate en la revista *American Humanist*, este profesor ateo relató la trágica muerte de un nieto a raíz de un defecto de nacimiento antes de cumplir tres meses de vida. El profesor describía cómo él, parado frente a la cuna donde yacía el bebito muerto, gritó: «¡Hijito, vivirás mientras yo viva porque vivirás en mi mente!»[3]

¡Qué patético! ¿Y *eso* es esperanza?

Primero, la mayoría de nuestros recuerdos mueren al cabo de un año; con poca frecuencia recordamos algo a largo plazo. Segundo, si esa es la mejor esperanza que tenemos, significa que después de que tu familia inmediata muere, desapareciste. ¡Qué pensamiento miserable!

Los fanáticos de la franquicia de televisión «Star Trek» [Viaje a las estrellas] conocen el nombre del creador de la serie, Gene Roddenberry. Lo que quizás no saben es que el fallecido Roddenberry era ateo y sus creencias a veces tiznaban los libretos del show.

---

[3] Tim LaHaye, *The Power of the Cross* [El poder de la cruz], Multnomah Publishers, Sisters, OR, 1997, pp.79-80.

Pienso en un episodio de «Star Trek: The Next Generation» [Viaje a las estrellas: la próxima generación] en el que muere el jefe de seguridad de la nave. En un servicio conmemorativo, los miembros de la tripulación citan una antigua frase de un servicio funeral anglicano: «con la esperanza segura y cierta de la resurrección». Sin embargo, hay una gran diferencia. En el show, la frase dice: «con la esperanza segura y cierta de que ella permanecerá viva en nuestros recuerdos». Dudo haber presenciado un funeral más insípido o deprimente, ya sea actuado o real.

Cuando mis hijos mellizos estaban en la escuela secundaria, recibimos una comunicación de que se había programado la proyección en clase de varias películas sobre la muerte. Los directivos querían que los padres supieran de las películas por si deseaban ir a la escuela a verlas y luego tener algo de qué hablar con sus hijos en la casa.

Si mal no recuerdo, la película se llamaba *David Is a Memory* [David es un recuerdo]. El personaje principal muere y se convierte en un mero recuerdo.

—¿Dónde está David ahora? —pregunta un niño.

—Bueno, se fue —le responden.

—Sí, pero ¿está en algún lugar?

—No, ahora es un recuerdo. Siempre lo recordaremos y será maravilloso cada vez que pensemos en él.

La película me pareció pasmosa, patética y deprimente. ¡Qué distante de la esperanza del evangelio! Apenas la semana pasada tuve una conversación con un hombre cínico que no creía en nada. Qué forma miserable de terminar esta vida. Pienso que los incrédulos, de vez en cuando, deben desear tener la esperanza de la vida eterna y un hogar en el cielo. Pero, por supuesto, no tienen tal cosa. En cambio, tienen cinismo.

Nosotros los cristianos sufrimos cuando nuestros seres queridos se van pero no lloramos como los que no tienen esperanza.

No creemos que las personas dejan de existir (excepto como recuerdos) cuando mueren; la Biblia nos dice que veremos de nuevo a todos aquellos seres amados que pusieron su fe en Cristo. Así lo escribe el apóstol Pablo: «Hermanos, no queremos que ignoren lo que va a pasar con los que ya han muerto, para que no se entristezcan como esos otros que no tienen esperanza. ¿Acaso no creemos que Jesús murió y resucitó? Así también Dios resucitará con Jesús a los que han muerto en unión con él» (1 Tesalonicenses 4:13-14).

Gracias a Dios, algunos ateos llegan a reconocer su desesperanza y se apartan de ella. Un pariente lejano, que por casi setenta años dijo ser ateo, se me acercó un día y me dijo: «Mi padre era ateo. Siempre dije ser ateo. Pero ahora estoy leyendo la Biblia y tratando de interpretarla y, Luis, si Dios existe, quiero conocerlo. Si hay vida eterna, quiero tenerla. ¿Puedes ayudarme?» Al menos fue sincero pero esperó mucho tiempo para encontrar la esperanza que le faltaba.

A veces lo único que mueve a las personas tan escépticas a la fe en Cristo es la muerte de un ser querido o un accidente trágico. La historia de Mandy es así.

Conocí por primera vez a Mandy, un jovencito de trece años, luego de una reunión de jóvenes en las afueras de Londres. Nunca había oído acerca de Jesucristo pero cuando supo que Jesús murió en una cruz por sus pecados, resucitó y volvería para llevarla al cielo, invitó a Cristo a entrar en su corazón. En los meses siguientes, Mandy le contó a todos los que conocía lo que Jesucristo había hecho por ella. Y ponía énfasis especialmente en que se iba al cielo cuando muriera.

Tres años después de ese encuentro recibí una llamada desde Inglaterra: Mandy había muerto en un accidente automovilístico tres días antes de cumplir dieciséis años. Mandy murió al instante y sus padres me pidieron que diera el sermón en su funeral. Me dijeron: «Mandy no hablaba de otra cosa que no fuera Jesús, Luis Palau y de ir al cielo».

La muerte de Mandy sacudió a toda la familia pero en especial a su tío y a su tía. Habían sido ateos y tuvo que ocurrir esta horrible tragedia para instarlos a abandonar su ateísmo y venir a Cristo. «En toda su vida como ateo, ¿pensó alguna vez en la muerte y en la eternidad y en el sentido de la vida?», le pregunté al tío de Mandy.

«Solo dos veces», respondió. «Una vez, cuando maté un pajarito con mi rifle. Mi padre me reprendió pero no por la razón correcta ni tampoco aprendí una lección. Él me dijo: "Nunca vuelvas a matar un pajarito. ¡Mira!" Me obligó a recoger el pájaro y estaba tieso. Por un momento fugaz pensé: *¿Qué habrá pasado? Hace cinco minutos, este pajarito estaba vivo, cantando, moviendo sus alas y ahora está tieso.* Pero no encontré respuesta. Luego, un amigo murió en un accidente de motocicleta y por un momento fugaz, casi imperceptible, pensé: *Me pregunto dónde estará, si es que está en algún lugar.* Y luego lo deseché.»

No volvió a considerar la idea de la vida después de la muerte sino hasta que Mandy y en ese entonces se convirtió a Cristo.

La esperanza está al alcance de todos nosotros, aun en medio de una tragedia. Y no solo la esperanza de la vida eterna donde nos reuniremos con nuestros seres queridos. Hay esperanza *ahora mismo*, justo en medio de la tragedia, porque Dios ha prometido caminar con nosotros a través de cualquier desastre que nos alcance.

El pastor Don Young le dijo a la audiencia multitudinaria en el servicio conmemorativo de Paducah: «¿Y bien, dónde encaja Dios en este cuadro? Les diré dónde. Cuando ocurren cosas trágicas, horribles y dramáticas, Dios dice: "Yo estaré allí, junto a tí. Cuando pases por el valle, caminaré contigo. Aunque andes por el mismo valle de sombra de muerte, no debes temer mal alguno ... No tienes que atravesar la muerte solo. Me encontraré y caminaré contigo". Ahí es donde encaja Dios.»

6. *Este mundo no es nuestro hogar definitivo.*

Cuando nuestros seres queridos mueren en accidentes trágicos o a manos de hombres perversos, es bueno recordar que este mundo no es nuestro hogar definitivo. Semanas atrás, en el funeral de un buen amigo, el pastor oficiante dijo: «Él ahora no es lo que fue alguna vez; está en otro estado. Es él mismo, pero uno muy superior.»

Quería decir que mi amigo Duane ya no está sufriendo como antes. Ahora está con el Señor en el cielo y ni el dolor, el sufrimiento ni la tragedia lo pueden volver a tocar.

Fuimos creados para la eternidad y la tragedia jamás puede cambiar eso. Este es solo un periodo de transición, un preludio de lo que de veras Dios tiene pensado para nosotros. Por lo general solo miramos el presente, a menudo consideramos la muerte de alguien como prematura o fuera de tiempo. Nuestra perspectiva está enormemente limitada. Tendemos a mirar solo lo que pudo haber sido (y en nuestra mente, lo que debió ser) aquí abajo en la tierra. Pero Dios mira toda la eternidad. Si vamos a lidiar con la tragedia, debemos aprender a mirarla a través del lente de la eternidad.

En *Luis Palau Responde* Chris llamó para hablar de su hermano fallecido. Una noche que él se quedó en su casa con su hermana y tres medio-hermanos menores, su hermano murió en un accidente de auto. Dos años después, Chris aún seguía tratando con el accidente.

Nos contó: «Tengo veintiún años; mi hermano tenía diecisiete. Un chofer de taxi cruzó un semáforo en amarillo y se estrelló justo en su auto; el volante aplastó su cabeza contra el techo. Hasta entonces participábamos bastante en la iglesia; solíamos ir todos los fines de semana y uno que otro día. Mi madre dijo: "Si tu fe es lo suficientemente fuerte, quizás suceda un milagro", así que me quedé en el hospital con él toda la semana que estuvo en coma. Oraba cada noche al lado de su cama: y no pasó nada. Ahora mi fe ha desaparecido.»

Descubrí que el hermano de Chris amaba al Señor, así que me centré en la esperanza de la vida eterna que disfrutamos los cristianos.

—Si él amaba a Jesucristo y creía en él con todo su corazón, sabes que la Biblia dice que cuando murio fue al cielo —le dije—. ¿Lo crees?

—Una vez lo creí —respondió Chris con franqueza.

—El gran consuelo es este —continué—: el Señor Jesús dijo estas palabras: "Confíen en Dios y también en mí. En el hogar de mi Padre hay muchas viviendas; si no fuera así, ya se lo habría dicho a ustedes. Voy a prepararles un lugar" (Juan 14:1-3). La gran diferencia entre aquellos que creemos en Jesús y los que no, es que ellosno tienen esperanza. Los accidentes le pueden ocurrir a cualquiera de nosotros y todos vamos a morir, a menos que Cristo regrese primero. Somos parte de una humanidad caída y el castigo por la rebelión es la muerte. Todos estamos condenados a la muerte pero podemos tener vida eterna cuando ponemos nuestra fe en Jesucristo.

»Chris, puedo entender tu frustración y creo firmemente que el Señor entiende tu enojo, tu confusión y tu desesperación. Aunque todos sabemos que vamos a morir, pensamos que tenemos derecho a setenta años. Pero cuando el Señor permite que nuestra vida se corte antes, tenemos que doblar nuestras rodillas y decir: "Señor, tú eres Rey de reyes. No entiendo tus caminos, pero Señor, tú eres mi Dios".

»Sé que es duro y que no siempre entendemos los caminos de Dios, pero tu hermano está en la presencia del Señor. Y un día, si tú, o tu madre y toda la familia confían en Jesucristo, estarán juntos en la presencia del Señor en el hogar del Padre. ¡Tendremos una fiesta que nunca terminará!

»Chris, Dios tiene un plan para nosotros que nos ofrece mucho más que la vida en la tierra. Te aliento a que vuelvas al Señor y le dejes tomar el control de tu vida. Permite que la fe renazca en ti y anclala en la Biblia, la Palabra de Dios; no en la palabra de hombres, no en la mía, ni en la de nadie. Dile: "Señor, de veras quiero conocerte. *Tengo* que conocerte". La esperanza renacerá en tu corazón y comenzarás a caminar con él de nuevo. Dios te dice: "Quiero que regreses, amigo". Tal como el Señor lo expresa en el libro de Proverbios: «Dame, hijo mío, tu corazón» (Proverbios 23:26). Al Señor le encantaría recibirte de nuevo, perdonarte y restaurarte para que puedas caminar de nuevo con él y disfrutar de su comunión.

»El golpe de haber perdido a tu hermano, a quien amabas tanto, nunca va a desaparecer por completo, pero podrás decir: "¡Voy a ver a mi hermano!" Es una promesa de Dios, el que nos hizo y nos ama. Verás de nuevo a tu hermano y disfrutarás de él. Y nunca más moriremos, sufriremos o lloraremos.»

Esta esperanza del cielo sostuvo el corazón de Jessica James hasta el día en que murió. El Rev. Kelvin Denton, pastor de Jessica durante diez años en la Iglesia Bautista Kevil en Paducah, le dijo a los que asistieron a su servicio conmemorativo que apenas unos meses antes de que muriera, al final de un campamento de jóvenes, ella escribió en su diario: «10 de julio. Gracias, Señor, por esta semana. Ahora estoy lista para que vengas a buscarme. Mis maletas están empacadas; mi Biblia está en la maleta. Te amo por la eternidad, Jess».

Luego el pastor Denton miró a la audiencia y les dijo: «Si alguien estaba lista ese lunes por la mañana, era Jessica. Esta muchacha de diecisiete años entendió lo que Jesús quiso decir cuando expresó: "[Uno] tiene que negarse a sí mismo, tomar su cruz y seguirme". Y el lunes ella lo siguió hasta el cielo.»

CONFIADOS HASTA EL FINAL

Los accidentes fatales y los muertes repentinas nos retuercen el corazón y llenan nuestras almas de terror pero no deberían sacudir nuestra confianza en un Dios bueno y amoroso. Unos pocos días después de oír la terrible noticia de aquellos seis niños que murieron en la explosión de la camioneta en Milwaukee, me quedé pasmado al escuchar la reacción de los padres, Duane y Janet Willis. No fue lo que esperaba pero es exactamente la reacción que quisiera tener en circunstancias similares.

«Dios es quien da y quien quita la vida —declararon—. Debemos decir que esto nos duele y sufrimos, como ustedes, padres, lo harían por sus hijos. La profundidad del dolor es indescriptible. La Biblia expresa nuestro sentimiento de sufrimiento, pero no como los que no tienen esperanza.»

¿Y dónde encontraron esa paz? Continuaron: «Lo que nos da un fundamento firme para nuestra fe es la Biblia. La verdad de la Palabra de Dios nos asegura que Ben, Joe, Sam, Hank, Elizabeth y Peter están en el cielo con Jesucristo. Basados en la Palabra de Dios, sabemos donde están. Nuestra fuerza descansa en las escrituras. La Biblia es fiel y nos da la confianza. Todo lo que Dios promete es verdadero.»

¡Guau! Pero luego vino el remate: «Dios nos ha preparado para esta prueba. No somos personas especiales. Somos pecadores salvados por gracia. Pero no tenemos una perspectiva corta de la vida; tenemos una perspectiva larga de la vida y eso incluye la vida eterna. Nos damos cuenta de que algún día estaremos frente al Señor y que las cosas que hay aquí ya importarán muy poco. La gracia de Dios es suficiente para todos.[4]

De otros labios, esas impresionantes palabras podrían sonar trilladas y poco convincentes. Pero estas personas no están hablando de

---

[4] *How Could They Make it?* [¿Cómo pudieron lograrlo?], pp. 5,6.

una tragedia hipotética o de una catástrofe teórica. Vivieron uno de los desastres más horribles que pueden imaginarse y aun así no renunciaron a su fe en Jesucristo. Por el contrario, se apoyaron en él como nunca antes. Y hoy invitan a otros a hacer lo mismo.

¿Y qué de ti? Duane y Janet Willis publicaron un folleto sobre su experiencia titulado *How Could They Make it?* [¿Cómo pudieron lograrlo?] En él, piden a los lectores que consideren la pregunta: «¿Estoy preparado para manejar la certeza de la muerte?» Y preguntan: «Cuando estés frente a la presencia de Dios el Señor, ¿cuál será su decisión en cuanto a ti? ¿Tienes la certeza absoluta de que el cielo es tu hogar eternal? ¿Has confiado en Jesucristo como tu Salvador personal para el perdón de tus pecados?»

Son interrogantes excelentes. Me pregunto: ¿Qué responderías tú?

¿Ya le has encomendado tu vida a Jesús? Si no lo has hecho, ¿por qué no te detienes en este momento, donde estás, y en la quietud de tu corazón le hablas a Dios?

Te sugiero que hagas la siguiente oración de compromiso:

—*Señor, vengo a ti con humildad, en medio de mi pena y mi dolor. Sí, por favor, perdona mis pecados. Te doy gracias porque Jesús murió en la cruz para limpiar mi corazón y resucitó para darme una vida nueva y eterna. Gracias porque ahora puedo disfrutar de la esperanza segura del cielo. Ayúdame a compartir las buenas noticias con otros. Te amo y viviré para ti todos los días de mi vida. Amén.*

Si esa es tu oración, ¡felicitaciones!

¡Bienvenido a la familia de Dios![5]

---

[5] Si acabas de darle tu vida a Jesucristo, por favor, escríbeme. Me alegraría escribirte y enviarte un ejemplar gratuito de mi libro *Adelante con Jesucristo*. Es gratis y solo tienes que pedirlo. O quizás quieras pedir oración. Siéntete en libertad de escribirme. Mi dirección es Luis Palau, P.O. Box 1173, Portland Oregon 97207, EE.UU. Correo electrónico: palau@palau.org.

6

ME TEMO QUE TENGO
MALAS NOTICIAS...

Un par de semanas atrás, en medio de la redacción de este libro, viajé al sur de California al funeral de uno de mis mejores amigos, Duane Logsdon. Los últimos nueve años de su vida, Duane sufrió un tipo de cáncer muy extraño que le producía un dolor agudísimo en su cuerpo hasta el momento en que murió.

Duane decía que el dolor en el oído era como el rugido del motor de un jet que nunca menguaba, ni de día ni de noche. Apenas dormía.

Me comentó: «No, uno no se acostumbra. Y sí, está rugiendo como el motor de un jet. Nunca se va. Ni por un instante, jamás.»

Como a los tres años de estar en esta prueba tan horrible, me confesó: «Luis, te voy a ser franco. He pensado en el suicidio. Esto es insoportable. Pero rechacé ese plan porque sé que está mal. Aun así, estoy en agonía y es peor al saber que evidentemente no va a desaparecer.»

Duane intentó todo en su búsqueda por un poco de alivio para el dolor: se puso en contacto con todos los doctores calificados y exploró todas las técnicas nuevas que eran prometedoras. Incluso probó un procedimiento que se utiliza con los pilotos de la Fuerza Aérea de los Estados Unidos; pero nada servía. El rugido en su oído continuó durante nueve largos años hasta el instante en que dio el último respiro.

Esto te hace pensar: ¿Dónde está Dios cuando gente buena como Duane sufre un dolor tan intenso por una enfermedad atroz? ¿Está Dios en el consultorio del médico cuando oyes: «Lo lamento pero le quedan unos pocos meses de vida»? ¿O es que acaso se escapa por la puerta trasera?

Larry estaba luchando con algunas de estas preguntas cuando llamó a *Luis Palau Responde* desde San Antonio.

—Estoy en un infierno, ya no sé qué hacer —dijo a través de fuertes sollozos—. Tengo treinta y dos años, soy homosexual y me estoy muriendo de SIDA.

—Larry, quiero decirte algo, amigo —respondí—. Dios ama a los homosexuales.

—Si Dios me ama tanto, ¿por qué estoy pasando por todo este dolor? —preguntó entre lágrimas.

Es una pregunta lógica, una que todos tendemos a hacer cuando la enfermedad y las dolencias indeseables se abren paso a codazos en nuestras vidas. ¿Dónde está Dios cuando nos enteramos de que tenemos un cáncer terminal o SIDA o cualquier otra enfermedad que nos postra o nos mata? Si Dios de veras nos ama, ¿por qué permite que soportemos tanto dolor?

Los propósitos de Dios al permitir la enfermedad

Antes de dar mi respuesta a la pregunta «¿dónde estaba Dios cuando apareció esta enfermedad?», quiero recordarte que la enfermedad y la muerte siempre acecharon al género humano. Este problema no es nuevo, sin embargo, su persistencia nunca ha refutado la realidad de un Dios amoroso. A través de la mayor parte de la historia, el pueblo de Dios ha aceptado que las enfermedades y las dolencias son parte de la vida en un planeta caído. Han comprendido que, hasta el día en que Dios rehaga este mundo y destruya el pecado para siempre, la enfermedad y la muerte prematura son parte de la maldición que cayó sobre la humanidad por el pecado de Adán.

Es solo en tiempos modernos —cuando hemos acumulado el conocimiento y los recursos para combatir y prevenir las enfermedades mejor que en ningún otro momento de la historia— que la existencia de la enfermedad ha llevado a muchas personas a cuestionar la realidad de Dios. En un giro perverso de la naturaleza pecaminosa del hombre, mientras mejor estamos, ¡tanto más parecemos cuestionar el carácter amoroso de nuestro Creador!

Sea como fuere, quiero proponer cuatro respuestas a la pregunta «¿dónde estaba Dios cuando atacó esta enfermedad?»

1. La muerte y las enfermedades debilitantes pueden tocar a cualquiera.

En un mundo caído, como el nuestro, la enfermedad y las dolencias pueden atacar a cualquiera en cualquier momento. Mientras que las personas que eligen estilos de vida saludables y que agradan a Dios tienen menos probabilidades de sucumbir ante muchas aflicciones (enfermedades venéreas, cirrosis hepática, cáncer de pulmón, etc.), no existe un estilo de vida que garantice el estar exento de toda enfermedad.

Por ejemplo, uno de los héroes más grandes del Antiguo Testamento finalmente murió por una enfermedad. Después de cincuenta y cinco años de ministerio fiel, llenos del doble de milagros que en la vida de Elías, su mentor, Eliseo se enfermó y murió. La Biblia simplemente expresa: «Cuando Eliseo cayó enfermo de muerte» (2 Reyes 13:14).

Ten en cuenta que, según la Biblia, este hombre fue el instrumento para resucitar a dos personas que habían muerto (2 Reyes 4:17-37; 13:20-21). ¿Por qué permitió Dios que este profeta —a quien Dios había usado milagrosamente para sanar a otros de sus enfermedades (2 Reyes 4:19,33-34; 5:1-14)— muriera a causa de una enfermedad? Es un gran misterio. Aun así debe destacarse que Eliseo fue a su lecho de muerte con tanta confianza en Dios como la había demostrado en todo su ministerio (2 Reyes 13:14-20).

Este patrón se repite en nuestro pequeño universo enfermo, incluso hoy día. La gente en todo el mundo reconoce el nombre de Billy Graham como uno de los evangelistas cristianos más grandes de la historia. Millones han asistido a sus cruzadas y varios más lo han visto por televisión predicando fielmente el mensaje de perdón y paz con Dios a través de la fe en Jesucristo. Sin embargo, hace unos años atrás se reveló que Billy Graham padece del mal de Parkinson, un desorden crónico y progresivo que afecta el sistema nervioso y que se caracteriza por temblores, debilidad muscular y rigidez en la expresión facial. No se conocen ni el origen ni la cura de esta enfermedad y lo más que la ciencia médica puede hacer es aliviar los síntomas.

¿Dónde estaba Dios cuando al Billy Graham le diagnosticaron Parkinson? En el mismo lugar que ha estado desde que Billy Graham aceptó a Cristo en su corazón hace muchos años atrás cuando era niño: caminado a su lado a cada paso del camino, incluso en el valle de la sombra de muerte. Billy Graham predica menos en estos días a causa del mal de Parkinson pero cuando lo hace, continúa proclamando sobre el mismo inmerecido amor de Dios por los pecadores que siempre ha predicado. Su condición física ha cambiado pero él sabe que su Dios no. Como solía decir el apóstol Pablo: «Ni la muerte ni la vida, ni los ángeles ni los demonios, ni lo presente ni lo por venir, ni los poderes, ni lo alto ni lo profundo, ni cosa alguna en toda la creación, podrá apartarnos del amor que Dios nos ha manifestado en Cristo Jesús nuestro Señor» (Romanos 8:38-39).

La enfermedad y la muerte son parte del paisaje estéril de un planeta caído pero no tendrían por qué sacudir nuestra confianza en un Dios amoroso. De hecho, gran parte de la razón por la cual Jesucristo vino a la tierra fue para librarnos de los estragos de la enfermedad. El evangelio de Mateo nos dice que Jesús sanaba a los enfermos «para que se cumpliera lo dicho por el profeta Isaías: "Él cargó con nuestras enfermedades y soportó nuestros dolores"» (Mateo 8:17). Su ministerio de sanidad fue la antesala de lo que hará después de su venida, cuando «él les enjugará toda lágrima de los ojos. Ya no habrá muerte, ni llanto, ni lamento ni dolor, porque las primeras cosas han dejado de existir» (Apocalipsis 21:4).

Todavía vivimos en «las primeras cosas» y esa es la razón por la cual la enfermedad aún puede producir terror en nuestros corazones. La enfermedad y la muerte todavía son una parte de nuestro mundo, y anhelamos con grandes esperanzas aquel día, quizás cercano, cuando la muerte misma sea destruida (1 Corintios 15:26). Pero ese día aun no ha llegado.

2. Todos morimos... solo desconocemos el momento.

Hay algo sobre la vida terrenal que es seguro para todos: llega a su fin. Por más que tratemos, no podemos evitarlo. La ciencia médica ha tenido éxito en la prolongación de la expectativa de vida y en mejorar nuestra calidad de vida pero no puede evitar que la muerte gane al final. Esa certeza es bíblica: «Y así como está establecido que los seres humanos mueran una sola vez, y después venga el juicio» (Hebreos 9:27). Lo único que no sabemos con certeza es cuándo se nos acabarán los días.

Para algunos, esos días se les escapan mucho más rápido de lo que cualquiera podría esperar. Eso es lo que aprendí de niño en Argentina cuando mi padre de repente murió de neumonía. Ese día caluroso de verano aprendí por lo menos cuatro cosas:

- *La gente muere*

Normalmente, los niños no piensan mucho en la muerte. Quizá oigan de ella de vez en cuando: «Abuelita murió, tía Lily murió.» Pero en general no pueden imaginarse qué es la muerte en verdad. El día en que falleció mi padre me di cuenta de un golpe que la gente que conoces, amas y con la que cuentas en verdad mueren. Dejan de respirar y se ponen sus cuerpos fríos en la tierra.

- *Los jóvenes mueren*

Me di cuenta de que no son solamente los ancianos o los débiles los que mueren. Mi papá era un hombre joven y robusto de treinta y cuatro años cuando se enfermó y murió. Estaba en la flor de la vida. Nadie esperaba que muriera. Pero murió.

- *Los papás mueren*

Cuando uno es niño, piensa que su papá es la persona más fuerte e indestructible del planeta. No puede imaginarse una enfermedad que sea tan fuerte como para quitarle la vida a su padre. Pero alrededor pululan virus y gérmenes asquerosos y uno de ellos le arrebató la vida a mi papá.

- *Las personas quedan huérfanas y viudas.*

Cuando murió mi papá, me convertí a los diez años en el "hombre de la casa". En los años siguientes, descubrí cuán dura puede ser la vida para una viuda y sus hijos huérfanos. Llegué a conocer muy bien el hambre, la pobreza y no pasaba un día en que no extrañara a mi papá.

De haber sabido la fecha de la muerte de mi papá unos meses o unos años antes de que muriera, podríamos habernos preparado mejor para los días oscuros que nos esperaban. Sin embargo, ninguno de nosotros sabe la hora de nuestra partida de este mundo. Sabemos que nos vamos a morir; simplemente no sabemos cuándo.

Una noche en nuestro programa de televisión recibí el llamado de Mike, un hombre de veintisiete años de Missouri. Su papá era un predicador bautista del sur retirado y Mike había crecido en la iglesia. Pero a los trece años, comenzó a rebelarse y ahora la iglesia era un recuerdo lejano.

—Mi vida no concuerda con las cosas que se supone que debo hacer —me contó—. Descubrí que hay buenas probabilidades de que haya contraído el SIDA. Soy adicto al alcohol, las drogas, las relaciones sexuales y simplemente ya no puedo seguir así.

Mike se había hecho unos análisis médicos y estaba esperando los resultados.

—Estoy muy asustado —confesó.

—¿Estás dispuesto a cambiar o quieres seguir a la deriva por el camino en que estás? —le pregunté.

—Si sigo a la deriva como estoy, no voy a vivir mucho tiempo más —respondió.

—Esta crisis es seria y es la llamada de Dios a que despiertes —concordé—. Te está diciendo: "Mike, hijo mío, has estado malgastando tu vida durante catorce años; ya es hora de que regreses a mí."

Mike sabía todo acerca de Jesucristo, de Dios, de la fe y del perdón pero le costó la probabilidad de una muerte temprana tomar a Dios en serio.

La muerte no reclama solamente a los ancianos o los enfermos. Nos llega a todos y a menudo mucho antes de lo que esperamos.

3. *Tenemos que estar siempre listos para encontrarnos con nuestro Dios.*

A menudo, cuando la enfermedad y la muerte tocan a nuestra puerta, nos toman por sorpresa, pero a Dios nunca. Él ya sabe desde el principio cuánto durarán cada una de nuestras vidas. Por eso, siempre está preparado para encontrarse con nosotros en el instante en que dejamos la tierra.

La pregunta es: ¿Estamos listos nosotros para encontrarnos con él?

La muerte de mi padre me obligó a aceptar que algún día me va a tocar y tengo que estar preparado para ella. En gran parte, la muerte de mi papá me hizo el evangelista que soy. Me doy cuenta de que muchos de nosotros vamos a morir más jóvenes de lo que suponemos y que a todos nos pasará finalmente. ¿Estamos listos?

Bob, de treinta y cinco años, me llamó un par de años atrás para pedirme oración. Un año antes de su llamada le habían diagnosticado SIDA. Cuando llamó, estaba sollozando. Quería asegurarme que estaba listo para encontrarse con Dios así que le dije:

—Todos nos fuimos por nuestro camino. Nos rebelamos. Hemos sido unos tontos, pecado contra el Señor. Pero de eso se trata la cruz.

»Jesús te ama infinitamente, Bob. Él fue a una cruz por ti. Él ama a los homosexuales. Él ama a los heterosexuales. Él te ama con fervor y quiere darte vida eterna y la seguridad de ella. Tu cuerpo está infectado con el VIH por las decisiones que has hecho en cuanto a tu estilo de vida, pero el cuerpo lo enterrarán. Tu alma y tu espíritu pueden ir directamente a la presencia del Señor y un día, cuando tu cuerpo resucite, será un cuerpo nuevo, que nunca volverá a infectarse, ni a sufrir lágrimas ni dolor.

Esa noche tuve el privilegio de guiar a Bob hacia una fe vital en el Señor Jesucristo y obtuvo la seguridad de que estaba completamente listo para encontrarse con Dios. Comenzó a aprender la sabiduría de la antigua oración de David: «Una sola cosa le pido al SEÑOR, y es lo único que persigo: habitar en la casa del SEÑOR todos los días de mi vida, para contemplar la hermosura del SEÑOR y recrearme en su templo» (Salmo 27:4).

La realidad del cielo confiere perspectiva en las enfermedades graves. La enfermedad no durará pero el cielo es eterno. Desdichadamente, los cristianos modernos tienden a disminuir el énfasis que da la Biblia en el cielo. Este no es una doctrina para los ancianos solamente o para aquellos a los que no les queda mucho tiempo de vida. Y tampoco es una enseñanza ficticia concebida para quitar las aflicciones de la mente a la gente que sufre, como si fuera una especie de placebo teológico.

El cielo es un lugar real que se está preparando aun en este mismo instante para aquellos que ponen su fe en Jesucristo. Jesús mismo les prometió a sus discípulos: «En el hogar de mi Padre hay muchas viviendas; si no fuera así, ya se lo habría dicho a ustedes. Voy a prepararles un lugar. Y si me voy y se lo preparo, vendré para llevármelos conmigo. Así ustedes estarán donde yo esté» (Juan 14:2-3). El cielo no es una doctrina de escapismo; En realidad, es la realidad fundamental.

Así que piensa mucho en el cielo y estudia lo que la Biblia dice acerca de él. Las Escrituras nos hablan de esto mucho más de lo que la gente advierte. Aunque a veces utiliza un lenguaje figurado para describir nuestro hogar eterno, debemos recordar que se emplea para transmitir un hecho literal que está más allá de nuestro entendimiento actual.

El cielo es un lugar real, es maravilloso y perfecto y está preparado para aquellos que están listos para él.

¿Estás listo?

—Pero no sé cómo prepararme, Luis —quizá digas.

La mejor manera de saberlo es simplemente que te detengas ahora mismo, allí donde estás y en la quietud de tu corazón le hables a Dios.

Te sugiero que hagas la siguiente oración de compromiso:

—*Señor, vengo a ti con humildad, en medio de mi pena y mi dolor. Sí, por favor, perdona mis pecados. Te doy gracias porque Jesús murió en la cruz para limpiar mi corazón y resucitó para darme una nueva vida eterna. Gracias porque ahora puedo disfrutar de la esperanza segura del cielo. Sáname por favor. Y úsame para decir las buenas noticias a otros. Te amo y viviré para ti todos los días de mi vida. Amén.*

Si esa es tu oración, ¡felicidades!

¡Te aseguraste el cielo![1]

4. *Dios puede tener varios propósitos al permitir una enfermedad en particular.*

Las personas inteligentes siempre tratan de entender, por lo menos nebulosamente, qué propósito podría tener Dios en mente para lo que él permite que suceda. Por experiencia propia lo he visto usar la enfermedad de varias maneras.

• *Para guiar a algunos a Cristo*

Quizás esa haya sido tu experiencia al leer este capítulo. Si es así, de nuevo ¡te felicito! Es la decisión más importante que jamás podrás hacer. Cuando lo meditas, ninguna otra decisión llega a

---

[1] Si acabas de darle tu vida a Jesucristo, por favor, escríbeme. Me alegraría contestarte y enviarte un ejemplar gratuito de mi libro Adelante con Jesucristo. Solo tienes que pedirlo. O quizás quieras pedir oración por sanidad. Siéntete en libertad de escribirme. Mi dirección es Luis Palau P.O. Box 1173, Portland Oregon 97207, EE.UU. Correo electrónico: palau@palau.org

ser tan importante como recibir la vida eterna.

A veces, para despertarnos a Dios se requiere una enfermedad que puede causarnos la muerte. El salmista escribió: «Antes de sufrir anduve descarriado, pero ahora obedezco tu palabra» (Salmo 119:67) y «Me hizo bien haber sido afligido, porque así llegué a conocer tus decretos» (Salmo 119:71).

A menudo, Dios emplea las enfermedades para despertar a la gente del sueño espiritual y traerlos a la fe en Cristo. Muchos de nosotros somos tan tercos que no pensamos en Dios ni en la eternidad sino recién cuando debemos planear nuestro funeral.

En el Antiguo Testamento, Dios dijo de su pueblo rebelde: «Cuando los de Judá se enteren de todas las calamidades que pienso enviar contra ellos, tal vez abandonen su mal camino y pueda yo perdonarles su iniquidad y su pecado» (Jeremías 36:3). El dolor y la enfermedad no son el peor destino que nos puede sobrevenir. Una eternidad separados de Dios es mucho peor... y él ha hecho todo lo necesario para asegurarse de que ninguno de nosotros tenga que sufrirlo. Eso es lo que le dije a Larry la noche que llamó para confesar sus temores acerca de su batalla contra el SIDA.

Cuando se comunicó con nosotros, los productores del programa me dijeron que solo me quedaban doce minutos de tiempo. Pensé: *¿Doce minutos? Tengo que guiarlo a Cristo. Es necesario guiar a este hombre a la vida eterna.* Yo estaba orando para que él fuera sincero, y le dije:

—Larry, es tu estilo de vida lo que te causó la enfermedad, dime si tengo razón.

—Sí —confesó. No tenía deseos de discutir.

—Larry, lo que de verdad quieres es vida eterna; ¿no fue por eso que llamaste? —le pregunté—. Quieres saber si te vas a ir al cielo.

—Sí —contestó lloroso.

—Está bien, con eso te puedo ayudar —continué—. ¿Estarías dispuesto a que el Señor Jesucristo entre en tu vida esta noche?

—Sí —sollozó.

—Te ruego que lo hagas. Porque, aunque en tu fracaso y por obedecer a tus instintos te hayas metido en esto, el Señor te dice: "Larry, hijo mío, te quiero, te amo, yo morí por ti. Y quiero darte vida eterna." Larry, la eternidad es un regalo de Dios.

Guié a Larry en una oración para confesar sus pecados y reconocer su necesidad de un Salvador y antes de que terminara la transmisión, él puso su fe en el Cristo crucificado y resucitado y recibió el regalo de Dios del perdón y la paz.

—Querido amigo, tienes vida eterna —le dije—. Aunque tu cuerpo ahora se está destruyendo a causa del SIDA, esta noche el Señor te abrazó. Él te sostendrá. Creo que él escuchó nuestra oración y voy a confiar en que te quitará el dolor. Larry, lo más hermoso es que tú y yo estaremos con el Señor en el cielo por siempre. Entonces, ya no habrá más muerte, ni dolor, ni enfermedad (gracias a Dios, ni SIDA, nunca más) porque estaremos con el Señor en su presencia.

Cuatro miembros de una iglesia en San Antonio siguieron atendiendo a Larry después de nuestra conversación telefónica. Estos queridos cristianos lo llevaron al doctor, al hospital y le ministraron la Palabra de Dios hasta que murió, seis meses después. Mi diálogo con Larry esa noche me conmovió en una forma tan profunda que aun hoy, cuando miro la cinta de video, mis ojos se llenan de lágrimas. La Biblia nos dice en Lucas 15:7-10 que los ángeles en el cielo se alegran cuando una persona pone su fe en Cristo, pero a menudo yo no puedo dejar de llorar.

Fue muy similar a la ocasión en la que Michael llamó desde Kansas City. Este hombre homosexual de treinta y un años era VIH positivo, había perdido su trabajo y lo estaban desalojando de su departamento. Dijo que llamó para hallar dirección y "para saber qué hacer ahora". Hice que me acompañara en una oración sincera.

—Padre celestial —oró—, he pecado contra ti y esta noche estoy verdaderamente arrepentido. Perdóname por lastimar a otros hombres y por quebrantar tu ley moral. Señor, soy un pecador y no merezco tu misericordia. Pero caigo de rodillas, Señor Jesús, te agradezco por morir en la cruz y por llevar mis pecados y enfermedades sobre tu propio cuerpo. Esta noche, te abro mi corazón. Entra en él, dame vida eterna y la seguridad de que te veré en el cielo porque, de hoy en adelante, soy tu hijo. ¡Cristo vive en mí!

"Señor, te amo con todo mi corazón. Y no importa cuántos días me des, quiero hablar bien de Jesús y traer a algunos de mis amigos a Cristo. Señor Jesús, ayúdame ahora con mi vivienda y con mi ingreso. Señor, dame algunos amigos que no se aprovechen de mí sino que sean de bendición para mi vida. Te lo pido, oh Señor, dándote muchas gracias porque tú eres mi Salvador y mi Dios. ¡Y te veré en el cielo! En el nombre de Jesús, Amén.

Espero ver a ambos, Larry y Michael en el cielo y aunque lamento mucho que no se unieron a la familia de Dios sino hasta que contrajeron SIDA, le alabo porque él usa incluso enfermedades aterradoras para traer perdidos hacia él.

• *Para guiar a otros a Cristo.*

En los grandes propósitos de Dios a veces es su voluntad usar la enfermedad de una persona para guiar a otro a Cristo.

En Costa Rica, una noche relaté la historia de Larry en el aire y diecinueve homosexuales llamaron para darle sus vidas al Señor. En total, veintitrés homosexuales llamaron al programa esa noche y la mayoría de ellos estaban completamente quebrantados. No me alegro del dolor y del sufrimiento que causa el SIDA pero estoy agradecido porque sirvo a un Dios que sabe cómo

utilizar esas enfermedades tan espantosas para instar a los pecadores como nosotros a recibir su amor maravilloso.

En el capítulo 1, describí la batalla de mi esposa contra el cáncer, una pelea que casi perdió. ¿Por qué permitiría Dios que mi
amada Pat sufriera tanto? Su dolor debe haber tenido algún
propósito; como ya dije, un ser humano inteligente no puede evitar tratar de encontrar sentido en los momentos duros de la vida.
Sí sé que cada vez que conté la historia de Pat a diferentes audien-
cias alrededor del mundo, más de un ateo, terco y arrogante, ha
quedado sacudido lo suficiente como para replantearse su condición espiritual y rendirse a Jesucristo.

Creo que en parte es lo que el apóstol Pablo quiere decir en Colosenses 1:24, donde escribe: «Ahora me alegro en medio de mis sufrimientos por ustedes, y voy completando en mí mismo lo que falta
de las aflicciones de Cristo, en favor de su cuerpo, que es la iglesia»
(Colosenses 1:24). Nuestros sufrimientos no agregan nada a la
muerte vicaria de Cristo pero pueden ser una de las razones por la
que hombres y mujeres rebeldes se acercan a la fe en él. De ese modo
nuestros sufrimientos pueden ir «completando ... lo que falta de las
aflicciones de Cristo». Algunos solo se arrepienten cuando se enteran
de que otro sufrió un dolor y una agonía que no merecía.

En el capítulo 5 conté cómo la muerte de una jovencita inglesa
llamada Mandy contribuyó a que su tío y su tía vinieran a Cristo.
Uno de mis colegas evangelistas, Dan Owens, le hizo una entrevista
en video a la pareja y les preguntó:

—¿Qué le dirían a Mandy cuando lleguen al cielo?

Su tía respondió sin titubear:

—Lamento tanto que hayas tenido que morir tan joven para
que yo pudiera venir a Cristo.

No creo que Dios haya provocado el accidente fatal de
Mandy para que sus tíos aceptaran la oferta de salvación de Jesús
pero sí sé que él se deleita en sacar un bien muy grande de una

tragedia profunda. A veces utiliza la muerte o el sufrimiento de una persona para acercar a otra a Cristo. Eso es parte de su gloria.

• *La gente escucha con atención cuando hablan hombres o mujeres que sufren.*

Una noche en una reunión durante una cruzada en Illinois, el Rev. Kevin Krase le contó a una audiencia silenciosa cómo había descubierto que tenía cáncer terminal de colon unas pocas semanas antes. Relató que le dijo a su doctor:

—No me diga cuánto tiempo piensa que me queda de vida, porque usted no lo sabe ni yo lo sé; solo Dios lo sabe. De veras no quiero adelantarme a Dios. Quizás me dé más tiempo de lo que usted pensó, o menos. Esa noche nos exhortó:

—¿Por qué tienen que esperar a tener cáncer para hablarle a alguien del Señor? Me garantizan que voy a estar muerto dentro de pocas semanas, así que tengo más influencia. Pero ustedes también van a morir; al igual que la gente con la que trabajan. Todos vamos a morir, así que simplemente pongan las cartas sobre la mesa. Y si se enojan, es problema de ellos.

Murió unas semanas después.

¿Por qué tenemos tanto miedo de que la gente nos haga a un lado si decimos la verdad acerca del cielo y del infierno? ¿Y qué? Otros seis mil millones pueden ser nuestros amigos.

La gente escucha con gran atención cuando habla una persona que está sufriendo. La gente respeta el dolor y percibe que una persona que sufre tiene mucho que decir; cosas que una persona sana y cómoda nunca podría decir. Si estás sufriendo tienes una plataforma muy fuerte desde la cual puedes honrar a Dios y comunicar los principios profundos que una sociedad caprichosa, despreocupada y orientada a la diversión necesita escuchar. No dudes y habla cuando tengas la oportunidad de proclamar lo que has aprendido mediante tu dolor. Alza tu voz y comunica las eseñanzas que has aprendido de parte de Dios, lecciones que solo los que sufren pueden saber. Experiencias que el resto desconoce.

Uno de los propósitos de Dios al permitir tus sufrimientos puede ser darte el privilegio de que consueles y capacites a otros. El apóstol Pablo escribió: «El ... Dios de toda consolación ... nos consuela en todas nuestras tribulaciones para que con el mismo consuelo que de Dios hemos recibido, también nosotros podamos consolar a todos los que sufren ... Si sufrimos, es para que ustedes tengan consuelo y salvación» (2 Corintios 1:3,4,6). Confieso que parece un método extraño de Dios para consolar a la gente, pero es el que él eligió.

- *Dios puede tener propósitos que no podemos ver.*

A menudo me encuentro con personas cuyo sufrimiento me parece que no tiene sentido. No tengo idea de por qué deben soportar tal dolor pero confío que Dios tiene un propósito que aun no puedo ver. Estoy seguro de que en el cielo todo se aclarará y diré: «¡Ajá! Ya veo.»El apóstol Pablo escribió: «Ahora vemos de manera indirecta y velada, como en un espejo; pero entonces veremos cara a cara. Ahora conozco de manera imperfecta, pero entonces conoceré tal y como soy conocido» (1 Corintios 13:12). El «entonces» del que habla se refiere al momento cuando estemos en el cielo con Jesucristo. Muchos misterios de la vida tendrán que esperar hasta entonces para aclararse.

La parálisis de mi suegra, que describí en el capítulo 1, cae en esta categoría. Francamente no entiendo por qué Elsie tuvo que pasar tantas décadas con un cuerpo paralizado por la poliomielitis que le transmitieron por una tercera dosis de la vacuna impura. Ella es mucho más piadosa que yo pero ha estado en una silla de ruedas desde los cuarenta y cinco años.

En una época probó de todo para ser curada; a pesar de sus creencias cristianas conservadoras habría visitado a un sanador por fe si hubiera creído que eso le habría brindado la cura. Oramos por Elsie e hicimos todo lo que después se hizo con Pat, pero el Señor dijo: «No, no te voy a sanar.» No sabemos por qué pero cuando lleguemos al cielo creo que lo descubriremos. Solo entonces podremos decir: «Ahora veo la razón.»

Dios no comete errores, tampoco necesita explicarnos sus propósitos. Y muchas veces tenemos que conformarnos con eso.

¿Cómo sana Dios?

A menudo oro por los enfermos en las cruzadas. Cuento la historia de Pat y leo el Salmo 103:2-3 que dice: «Alaba, alma mía, al Señor, y no olvides ninguno de sus beneficios. Él perdona todos tus pecados y sana todas tus dolencias.» Comúnmente digo que Dios trata con las enfermedades de una de estas cuatro maneras:

1. Cada día de salud que disfrutamos es un regalo de Dios.
Deberíamos levantarnos cada mañana y agradecerle a Dios que en ese día tenemos salud. Algunos nunca hemos estado gravemente enfermos. La mayoría de nosotros vivimos día tras día, año tras año, década tras década sin estar realmente enfermos. Tenemos que darle gracias a Dios cada día por el milagro de un cuerpo fuerte y saludable.

2. A veces Dios sana mediante milagros.
He visto y he experimentado milagros, casos en las que personas fueron sanadas de las maneras más sorprendentes. La Biblia enseña que el Señor puede sanar y sana a través de milagros y los

he presenciado, especialmente en la India y en ciertas partes de México, Colombia y Perú, lugares del mundo muy pobres. He visto personas sanadas en forma total e instantánea. ¿Cómo? No porque yo haya hecho algo, créeme. Si no porque Dios es un Dios amoroso con poder para sanar.

3. Dios utiliza los médicos, los enfermeros y la medicina para sanar.

A menudo Dios sana utilizando las habilidades de los profesionales de la salud y las técnicas de la medicina moderna. Debemos recordar que fue Jesús el que dijo: «No son los sanos los que necesitan médico sino los enfermos» (Lucas 5:31). Sin embargo, no son los doctores o los enfermeros lo que sanan sino Dios. Como dice un cirujano amigo mío: «Yo opero pero Dios sana.»

Cuando mi esposa Pat tuvo cáncer, hicimos lo que la Biblia nos manda hacer en Santiago 5:14-16. Les pedimos a los ancianos de nuestra iglesia que vinieran a la casa y pusieran las manos sobre ella. Oramos, confesamos nuestros pecados, la ungieron con de aceite y la encomendaron a Dios. Luego buscamos los mejores médicos que pudiéramos hallar en el noroeste del país. Le hicieron la cirugía, se hizo quimioterapia... y el Señor la sanó. Por la misericordia y la bondad de Dios, hoy está conmigo.

4. A veces Dios decide no sanar.

Por razones que no entendemos, algunas personas nunca se sanan. Oramos, confesamos nuestros pecados, las ungimos con aceite... y finalmente mueren. No tengo respuesta para esos casos. No sé por qué Dios decide sanar a unos y a otros no.

Pero sí sé otras cosas. Sé que Dios es bueno, amoroso y quiere lo mejor para nosotros. Escucha nuestras oraciones aun cuando parece que no. Sé que es un Dios en quien se puede confiar y que se deleita en hacer el bien. He aprendido que, como Dios, tiene el derecho absoluto de elegir para nosotros el camino que considere mejor. A veces le damos tanta importancia a nuestra libertad de elección que nos olvidamos de dónde vino ese regalo: Dios mismo. El Señor con justicia ostenta el máximo poder de elección y hay veces que simplemente tenemos que aceptar sus decisiones y someternos a su voluntad, ya sea que la entendamos o no.

Nunca debemos olvidar que él es Dios y nosotros no. Cuando venimos a él con fe y entregamos nuestras vidas a él, ha prometido que caminará toda la vida a nuestro lado, tanto en lo bueno como en lo malo. Y esa es nuestra mayor esperanza.

CADA PULGADA DEL CAMINO

Una noche tomé una llamada de Rosemary, de cincuenta y tres años, madre de dos hijos ya grandes. Los médicos la habían operado para extirpar el cáncer de sus pulmones y luego descubrieron que se había extendido hasta el cerebro. Al tiempo de su llamada, tenía problemas para recordar caminar y no podía comer alimentos sólidos con facilidad.

Sin embargo, aun a pesar de la ansiedad en su voz, pude notar que tenía paz. Tanto su marido como sus dos hijos conocían al Señor y ella había caminado con él durante años.

Entonces, ¿dónde estaba Dios cuando Rosemary se enteró de que tenía cáncer?

—Él ha estado conmigo en cada pulgada de mi vida —declaró con confianza—. Aun en difíciles.

7

SIMPLEMENTE YA NO TE AMO

Helen tenía cuarenta años, era divorciada y estaba desesperanzada. Dos hombres habían entrado en su vida para luego salir de ella y no veía un futuro para sí misma o para su hijo de diez años.

—Siento que Jesús no me quiere o que en realidad no le importo —me comentó en *Luis Palau Responde*—. No tuve un padre de veras durante mi formación. Me casé a los veintiuno y estuve casada diez años pero él encontró otra mujer, se fue y punto. Tuve una hija con él pero jamás vino a vernos.

»Después conocí a otro hombre. Tuve un hijo con él pero tampoco volvió: Ahora va a tener un hijo con una mujer con la que se acaba de casar. Él va a estar allí, y yo estoy aquí sentada mirando todo esto que sucede.

»Aún estoy sola, aunque Jesús sabe que necesito y quiero tener a alguien. Pero estoy envejeciendo y no pasa nada. Me parece que no le importa. Aquí abajo hay personas que no lo van a lograr y yo solo podría ser una de ellas.

Lamentablemente, recibo muchas llamadas de mujeres como Helen. Pero no creas que las mujeres son las únicas que lidian con el dolor de perder a un compañero. También hablo con hombres como Frank, cuya esposa lo dejó a él y su hijo de diez años, tres meses antes de nuestra conversación.

—Oí que el Señor puede sanar las dolencias físicas pero ¿puede el Señor sanar matrimonios y relaciones? —me preguntó con voz llena de abatimiento.

Y también están las llamadas desesperadas de personas como Todd, de treinta y cinco años, quien aun estaba en agonía después de un divorcio no deseado. Al cabo de siete años de matrimonio, su esposa lo dejó porque según dijo no podía soportar cómo bebía. Cuando al poco tiempo comenzó a salir con el abogado que había contratado para su divorcio, Todd dijo que lo «sacó de quicio», fue hasta donde ella trabajaba armado de un cuchillo, le mostró el arma y le dijo que se iba a suicidar.

Luego Todd se subió al auto, embistió un árbol a setenta millas por hora y se quebró la cadera y la nariz. Unos minutos antes del choque dijo que había estado «sentado junto a un lago, llorando de una manera increíble. Estaba mirando al cielo y orando a Dios: "Ya voy y espero que me aceptes". No sé si se puede ser más sincero en la oración que en ese momento, justo antes de chocar contra el árbol. Pero Dios no me dejó morir.»

¿ACASO DIOS SE SALE DEL CUADRO?

El dolor de cualquier divorcio puede parecer inaguantable pero un rompimiento inesperado o no deseado puede devastar a los que se quedan detrás. A menudo, estos hombres y mujeres heridos se sienten desconcertados, atónitos, incluso perdidos. ¿Qué pudo haber pasado? ¿Cómo se pudo desintegrar su matrimonio tan rápidamente? ¿Y dónde estaba Dios cuando sus votos matrimoniales perecieron en las llamas?

Contrario a lo que muchos piensan, Dios no se sale del cuadro cuando un cónyuge infiel decide alterar el retrato familiar. Dios se duele contigo cuando este dice: «Simplemente ya no te amo» él anhela darle consuelo y sanidad a tu corazón herido. Entonces ¿dónde está Dios cuando tu cónyuge sale por la puerta para no volver? Permíteme esbozar siete principios claves para aquellos devastados por divorcios no deseados.

1. El adulterio está mal y Dios lo aborrece.

Aunque el adulterio genera un gran porcentaje de los divorcios, la sociedad parece haberse olvidado de que tener relaciones sexuales con alguien que no sea el cónyuge es un pecado terrible. La Biblia no puede ser más enfática en ese aspecto. Expresa: «Tengan todos en alta estima el matrimonio y la fidelidad conyugal, porque Dios juzgará a los adúlteros y a todos los que cometen inmoralidades sexuales» (Hebreos 13:4). También señala: «¡No se dejen engañar! Ni los fornicarios, ni los idólatras, ni los adúlteros ... heredarán el reino de Dios» (1 Corintios 6:9,10).

Cuando alguien se involucra sexualmente con una persona que no es su cónyuge no es una «aventura» o «una canita al aire» o «diversión sin importancia». Es adulterio y está mal. Dios dice que lo aborrece (véase Malaquías 2:16) y él ha prometido juzgar a todo aquel que lo practica.

¿Por qué Dios aborrece tanto el adulterio? Además del daño que deja en forma de hogares arruinados y personas marcadas, el adulterio toca la esencia del ser humano. La Biblia señala que Dios nos creó a su imagen. Es decir, reflejamos su carácter de muchas maneras. Por ejemplo, Dios es santo y eso quiere decir que dice la verdad. En segundo lugar, Dios es amoroso, por lo que se deleita en hacernos bien. Por ser creados a su imagen

fuimos diseñados para decir la verdad, amar y para hacernos
bien.

Gran parte del amor verdadero es hacer promesas y cumplirlas. La
Biblia prácticamente se puede concebir como una colección de las promesas de Dios a nosotros. En toda las escrituras, Dios hace cientos de
promesas a sus hijos y es escrupuloso en cumplirlas. Por lo tanto, cuando no cumplimos una promesa, especialmente una de las promesas
profundas como «Te amaré toda mi vida», estamos negando e incluso
despreciando al Dios a cuya imagen fuimo creados. Cuando quebran-
tamos esa promesa declaramos que somos mentirosos y sin amor.

El divorcio destruye en una forma tan completa porque significa que una persona quebrantó una promesa sagrada que su
cónyuge tomaba en serio. Cuando una persona es infiel, viola la
confianza fundamental, un compromiso diseñado para reflejar la
fidelidad de Dios mismo.

Quizás esta es la razón por la cual me encuentro con que un
gran porcentaje de las mujeres quedan totalmente conmociona-
das cuando descubren que sus esposos les fueron infieles. Esperan
que sus esposos sean fieles a sus votos y cuando descubren que no
ha sido así, al principio se niegan a creer la verdad. Mi esposa y yo
hemos observado este patrón muchas veces: descubrimiento, incredulidad, negación. Pero cuando finalmente la realidad se im-
pone, el cónyuge traicionado queda destruido.

Fuimos creados para confiar el uno en el otro y cuando esa
confianza se viola, especialmente en el matrimonio, la devastación
que se produce resulta incomprensible.

Creo que la ruina que dejan los hogares destruidos revela la
maldad del corazón humano en forma poderosa. Prácticamente,
nada desenmascara tanto el lado malvado de la naturaleza humana como esto... y nadie se escapa. Aun los seres humanos sofisticados, educados, brillantes están infectados con este virus moral
mortífero. Ni siquiera aquellos que elegimos para defender la

justicia y poner en alto lo recto están exentos del lado oscuro del alma humana no redimida.

Esta triste verdad salió en primera plana una vez más hace unos años cuando Sol Wachtler, ex presidente del tribunal de apelación del estado de Nueva York, fue arrestado por cuatro cargos de delitos mayores, desde extorsión hasta el envío de cartas con amenazas. Durante cuatro años y medio Wachtler había sostenido una «aventura» con Joy Silverman, prima lejana de su esposa y casada tres veces. Después de romper la relación, ella inició una aventura con otro hombre casado y Watchler comenzó a obsesionarse con la idea de recuperar sus afectos ilícitos. En un esfuerzo grotesco por romper la nueva relación, Watchler se hizo pasar por un investigador privado de Texas para acosar a Silverman por teléfono (utilizando un aparato para que no le reconocieran la voz) y le envió cartas extorsivas amenazándola con revelar la nueva aventura. Después de que el FBI arrestó al juez, este se declaró culpable de una acusación de gravedad reducida y el 9 de septiembre de 1993, se le impuso una pena de quince meses en una prisión federal.[1]

Meneamos la cabeza y viramos los ojos cuando leemos historias como esta, pero en realidad no deberíamos hacerlo. La Biblia dice: «pues todos han pecado y están privados de la gloria de Dios» (Romanos 3:23). Ninguno de nosotros se escapa de este «todos», ni los de «cuna noble» ni los «humildes» ni los doctores ni los que abandonaron la escuela primaria. Todos no somos adúlteros pero todos *somos* pecadores. Y si no reconocemos la situación en la que nos encontramos cuanto antes, a menudo el resultado es una gran mortandad.

Dale me llamó una noche desde un hotel. Vivía en Indiana y confesó que había cometido adulterio: una «aventura» que su esposa descubrió. He escuchado muchas confesiones de ese tipo

---

[1] Esta historia la relata en detalle Linda Wolf, "Love and Obsession" [Amor y Obsesión], *Vanity Fair*, agosto de 1994, 42-56.

por parte de hombres, pero sería ingenuo pensar que el sexo débil está libre de culpa. El otro día hablé con un hombre cuya esposa acababa de decirle: «Nos vemos, nene. Puedes quedarte con los niños. Tengo otro hombre.»

Dios ve todo esto y llora. Aborrece el adulterio y la devastación que provoca. Es un pecado terrible y no quedará sin castigo.

2. No culpes a Dios por los pecados de otras personas.

En ocasiones oigo que alguien pregunta: «¿Por qué Dios no impidió que mi esposo se acostara con esa mujerzuela?» o si no: «¿Por qué Dios no impidió que me casara con esa mujer?» Sin embargo, en un mundo donde Dios nos dio libertad de elegir cómo vamos a actuar, ambas preguntas son injustas. No es culpa de Dios si tu cónyuge te dejó por otro amante. Dios nos señaló enfáticamente en su Palabra que el adulterio está mal y nos ha dado su Espíritu Santo para que podamos vivir de una manera que le agrade.

En otras palabras, nadie puede decir: «*Tuve* que cometer adulterio.» «Yo no sabía que estaba mal.». «Dios se negó a darme la fuerza para resistir y no caer en la cama de esa persona.» No se puede culpar a Dios por las decisiones viles de personas pecadoras. La responsabilidad por el pecado recae solo en el pecador.

Siguiendo la misma línea de pensamiento, las víctimas del divorcio no deberían culparse por los errores que pudieron haber cometido al elegir a sus cónyuges. (A menos que, por supuesto, hayan elegido a su cónyuge en oposición directa a la guía de la Palabra de Dios. Por ejemplo, en 1 Corintios 7, la Biblia prohibe a los cristianos casarse con inconversos. Si de todas maneras un cristiano se casa con un inconverso y después el matrimonio se disuelve, debe tener la sinceridad de reconocer que la decisión de casarse con esa persona fue en sí misma tonta y pecaminosa.)

De vez en cuando, las víctimas del divorcio se preguntan:

«¿Cómo pude haber cometido un error así? ¿Por qué Dios no me impidió que eligiera a esta persona?» Pero somos parte de una humanidad pecaminosa y todos corremos el riesgo de estar vivos en un planeta caído. A veces uno puede tomar las decisiones más sabias posibles y aun así se da una tragedia.

De todos modos, pienso que Dios protege a su pueblo de la mayoría de los problemas que pudieran abrumarlos. Hasta que no lleguemos al cielo, no sabremos cuántas veces Dios nos libró de las decisiones desastrosas que estuvimos a punto de tomar.

3. Debemos aceptar la responsabilidad de nuestro propio pecado.

Todos somos responsables de los pecados que cometemos. Nuestro pecado no es culpa de nadie más que de nosotros mismos. Si yo cometo adulterio, no puedo culpar a mi madre. Simplemente tengo que humillarme y decir: «Cometí adulterio porque me gustaba esa mujer y quería irme a la cama con ella.» Pero no puedo culpar a mi esposa ni a mis padres ni a nadie más.

Algunos años atrás uno de mis conocidos, un profesional exitoso, trató de justificar su adulterio. Fue patético. Dijo:

—Ya no podía soportar la situación en casa. Mi esposa no me dejaba ver ciertos programas de televisión porque pensaban que eran malos.

Le contesté:

—Mira, Bill. Dime que amas a esas mujeres. Que querías llevártelas a la cama y dime que disfrutas tener relaciones sexuales con aeromozas. Dime algo así y te lo acepto. Conozco la debilidad humana. ¡Pero no culpes a tu mujer! No soy tan estúpido. Me niego a aceptar esa excusa tan barata. Fue una decisión tuya cometer adulterio, no de ella, ¿por qué no lo reconoces?

Es increíble ver con qué frecuencia tratamos de evadir la

culpa de nuestros pecados. Adán lo hizo en el Edén y desde entonces hemos seguido el ejemplo. En un programa de *Luis Palau Responde* Laurie llamó para contar que tres meses antes su esposo, con el que estuvo casada siete años, la había abandonado con sus dos niños, de dos y tres años. Se había encontrado con una antigua novia y dijo que «no pudo evitarlo».

—Las excusas que pone la gente no tienen límite cuando están tratando de explicar por qué tiraron "una canita al aire" y tuvieron "una aventura". Los ricos dicen que las riquezas los alejaron. Los pobres, que los alejó la escasez. Los famosos dicen que la fama fue demasiado para ellos. Todas son excusas pobres. El hecho es que el adulterio nace del corazón. La gente menciona todo su trasfondo cultural y sus emociones descontroladas porque no saben cómo controlar sus corazones. El adulterio está destruyendo a los Estados Unidos. Es devastador. Y los niños nunca lo llegan a entender.

»Sé que la tentación es preguntar: "¿Por qué lo permitió el Señor?" Pero el Señor no es el responsable. Es tu esposo el que cometió adulterio, el que te dejó, y el que tiene la culpa. Él es el responsable.

—Pero está tratando de hacerme sentir responsable por su abandono —respondió Laurie entre lágrimas.

—No dejes que lo haga —señalé—. Tu esposo no solo es un adúltero traicionero e infiel sino que encima de eso, los hombres a menudo tratan de hacer que la mujer sienta que es culpa suya. O no son lo suficientemente amables, no son tiernas o no saben cómo hacer el amor. Inventan cualquier historia. Ese es un truco antiguo que viene del propio demonio. No dejes que nadie te eche la culpa de su adulterio o infidelidad. Tú no eres perfecta pero esa no es excusa para que tu marido se haya ido con una antigua novia y luego te lo eche en cara.

De paso, si eres *tú* el que se fue, deberías volverte a Dios y decirle: «Dios, ¿cómo pude ser un cobarde traicionero? Perdóname, Dios. Ten misericordia de mí.» Luego tienes el deber de llamar a tu ex y decirle: «Soy un traidor. Soy un adúltero. No merezco tu perdón. Pero, por favor, ten misericordia de mí y perdóname.»

¡Nunca trates de evadir tu culpa! Ese es un truco para las amebas, no para gente con columna vertebral.

4. Dios puede aliviar el dolor del abandono y del divorcio.

Nunca pienses que Dios te abandonó al mismo tiempo que tu cónyuge lo hizo. Dios nunca nos deja, aunque a veces nosotros nos alejamos de él. Si tan solo nos acercamos a él a través de su Hijo Jesucristo, él promete quedarse con nosotros, caminar, cuidarnos y guiarnos a mayores experiencias de su amor.

El dolor del abandono y del divorcio es real y profundo pero no tiene por qué ser paralizante o desformante. El dolor no tiene por qué ser el destino de ese camino oscuro; hay consuelo, fortaleza y perdón para todos los que humildemente aceptan la invitación de Jesús.

Quizá la mejor ilustración de esto se halla en Juan 4, donde encontramos una mujer que sabía mucho del abandono y del divorcio. Cinco veces se había casado y se había divorciado y ya había renunciado a la dicha matrimonial por lo que esta vez había decidido vivir con un novio. Jesucristo se desvió de su camino para cruzarse con ella y ofrecerle sanidad para sus sentimientos dañados y su espíritu marchito.

Jesús nunca disculpó su pecado, en cambio, hizo que lo enfrentara directamente y le ofreció perdón. Inmediatamente, ella reconoció que él era el Salvador del mundo, puso su confianza en él y luego corrió a su casa para contarle a todos sobre el profeta notable que acababa de conocer. Intrigados por su relato, la gente del pueblo fue para ver por sí misma qué clase de hombre era este Jesús... y ellos también regresaron a sus hogares con una nueva fe y con vida eterna.

Esta mujer sin nombre vino a Jesús amargada, enojada, confundida, lastimada por cinco divorcios desagradables y se fue llena de esperanza y un entusiasmo vibrante. No solo halló sanidad para su propia alma destrozada sino que ayudó a traer sanidad y restauración a toda su comunidad.

Eso es lo que Jesucristo promete que hará por todos aquellos que ponen su confianza en él. A los que tienen el alma sedienta, les ofrece agua de vida y a los que tienen el espíritu hambriento, les promete el pan celestial.

Ese es el mensaje que le dí a Helen una noche, una mujer de Maine que describí al principio de este capítulo. La alenté a poner su fe en Cristo y luego involucrarse en un grupo sólido de cristianos.

—Tienes que pasar tiempo con otros creyentes para fortalecerte —le dije—. He caminado con Cristo durante cuarenta años pero parte del plan de Dios es que nos reunamos junto con otros cristianos. No solo voy a la iglesia los domingos, donde tengo muchos amigos, sino cuando estoy en casa me reúno todos los miércoles por la mañana con un grupo de ocho hombres. Son personas ocupadas, instruidas, inteligentes pero oramos los unos por los otros. Nos alentamos y sostenemos. Nos hablamos por teléfono durante la semana.

»Helen, tienes que encontrar un grupo en Maine con el que puedas reunirte; mujeres maduras, felices que conocen a Jesucristo. Algunas podrán ser casadas; otras divorciadas como tú. Pero todas deben conocer a Jesucristo y juntas pueden fortalecerse entre si. Orando unas por las otras y aconsejándose.

»Luego dedícate tú misma a enseñarle versículos de la Biblia a tu hijito. Ora con él cada mañana, por las noches y antes de las comidas. Anímalo a encontrar un buen grupo de muchachos cristianos un grupo juvenil en una iglesia fuerte y que enseñe la Biblia. Puedes guiar a tu hijo. Y tú misma puedes crecer. Ese es el camino. Es el futuro.

»Si Dios tiene un hombre para tu vida, él te lo traerá. Pero tienes que estar segura de que es un cristiano comprometido. Ya has tenido dos hombres y tienes que tener mucho cuidado de no caer en una situación mala por frustración. Tienes que decirle: "Señor, en esta etapa de mi vida, oro para encontrar un hombre bueno." No va a ser fácil, pero él puede, si en su voluntad, traer a tu vida un individuo escogido. Pero primero concéntrate en crecer espiritualmente y en criar a tu hijo en los caminos del Señor.

Tal como lo hizo en el Evangelio de Juan, aun hoy Jesús trae esperanza y sanidad a las personas lastimadas por el abandono y el divorcio. Helen hizo ese descubrimiento y tú también puedes hacerlo.

—¿Pero cómo, Luis? —quizás te estés preguntando.

¿Por qué no te detienes ahora mismo, allí donde estás y en la quietud de tu corazón hablas con Dios? Puedes poner tu confianza en él en este preciso instante.

Te sugiero que hagas la siguiente oración de compromiso:

—*Señor, vengo a ti con humildad, en medio de mi pena y mi dolor. Sí, por favor, perdona mis pecados. Te doy gracias porque Jesús murió en la cruz para limpiar mi corazón y resucitó para darme una vida nueva y eterna. Gracias porque ahora puedo disfrutar de la esperanza segura del cielo. Por favor, trae a mi ex cónyuge de nuevo a ti. Reconcilia nuestros corazones. Trae amor, gozo y paz adonde hubo amargura, tristeza y lágrimas. Te amo y viviré para ti todos los días de mi vida. Amén.*

Si esa es tu oración, ¡felicitaciones!

Bienvenido a la familia de Dios, quien te ama con amor eterno.[2]

Entonces, descubre cómo ...

5. Dios puede sanar relaciones rotas.

---

[2] Si acabas de darle tu vida a Jesucristo, por favor, escríbeme. Me alegraría carterme contigo y enviarte un ejemplar gratuito de mi libro *Adelante con Jesucristo*. Es gratis y solo tienes que pedirlo. O quizás quieras pedir oración por ti y por tu ex cónyuge. Siéntete en libertad de escribirme. Mi dirección es Luis Palau P.O. Box 1173, Portland Oregon 97207, EE.UU. Correo electrónico: palau@palau.org

El divorcio es desagradable y siempre deja heridas dolorosas, pero Jesucristo es experto en traer reconciliación a las partes beligerantes. Aun cuando el matrimonio no se pueda salvar ni restaurar, la reconciliación personal puede tener lugar a través del poder de la cruz de Cristo. Solo el cielo sabe cuántos matrimonios malos se han rescatado mediante la fe en Jesucristo resucitado, el Hijo de Dios.

Un par de meses atrás, una pareja de unos treinta años con problemas vino a nuestra cruzada en Kansas City, Missouri. Esa noche después del mensaje el esposo le tomó la mano a su esposa y la guió hasta el piso de la arena, donde ambos recibieron a Cristo y su matrimonio tambaleante recibió un nuevo fundamento. La esposa, Jo Ellen, llamó a nuestro programa esa noche para contar el cambio que ya había comenzado a operarse en su matrimonio.

—Nuestro matrimonio ha estado bastante inestable este último año y nos habíamos alejado bastante de nuestro compromiso mutuo —confesó—. Vivíamos con mucha ira y frustración.

Cuando me contó de la decisión que habían tomado esa noche, me emocioné tanto que no quería que cortaran. Con gozo rebosante en mi corazón guié al esposo, Mark, en una oración allí mismo, por medio del teléfono: «Padre nuestro, qué noche maravillosa. Mi esposa y yo nos reconciliamos. Pero aun más porque nos reconciliamos contigo, oh Dios. Bendice nuestro hogar, permite que seamos parte de tu familia. Bendice a nuestra hijita y haznos una luz para nuestra comunidad. Bendice a mis amigos en el trabajo, que vean el cambio en mi vida y algunos vengan a Cristo. Gracias, Padre querido. ¡Soy tuyo para siempre! En el nombre de Jesús, Amén.»

6. Dios puede ser tu esposo.

A veces la historia intermedia hace que la restauración del matrimonio destrozado resulte imposible. Pero aun en esos casos, Dios ofrece esperanza a través de la fe en su Hijo. Así lo escribió el antiguo profeta Isaías: «Porque el que te hizo es tu esposo; su nombre es el Señor Todopoderoso. Tu Redentor es el Santo de Israel; ¡Dios de toda la tierra es su nombre! El Señor te llamará como a esposa abandonada; como a mujer angustiada de espíritu, como a esposa que se casó joven tan solo para ser rechazada» (Isaías 54:5-6).

Estas no son meras palabras, simples frases poéticas que suenan muy bellas pero que te dejan un vacío. Dios lo que dice lo dice en serio y anhela darte el gozo y el contentamiento que tu matrimonio fracasado nunca pudo darte. Él te ama y nunca te rechazará. Solo te pide que le des tu corazón, tan roto como esté.

7. *Rechaza la amargura perdonando a quien te lastimó.*

Sé que el divorcio causa un dolor increíble y que si no se trata se transforma en amargura. También sé que esto no se da en los cónyuges rechazados solamente; los hijos del divorcio pueden sentir el aguijón de la amargura con la misma intensidad que los adultos.

Jared, un muchacho de once años que cursa cuarto grado en El Paso, Texas, me llamó durante una de nuestras transmisiones. Sus papás estaban separados y me dijo que su padre se había llevado al burro mascota.

—¿Cómo te sientes por eso? —le pregunté a Jared.

—No muy bien —respondió.

—¿Se te hace difícil perdonarlo? —inquirí.

—Sí —afirmó—. Mi papá se fue cuatro años atrás. Y no me hace muy bien que haya abandonado a mi mamá, a mis dos hermanos y a mi.

—Es muy triste cuando el papá abandona a su familia —le

dije—. No solo eso, tienes derecho a estar enojado. Está mal que el papá se vaya. En la Biblia se llama pecado. Es uno de los peores pecados. Dios odia el divorcio. Él no odia a la gente que se divorcia pero odia el divorcio porque lastima a los niños y lastima a la esposa. Este es como una enfermedad que daña a todo el mundo. Estoy seguro de que tu mamá llora mucho cuando piensa en él. Tu papá debería estar cuidándote en vez de salir corriendo y abandonarte.

»Pero debes perdonar a tu papá, Jared. Te va a hacer mucho bien y hasta le puede hacer algo de bien a él.

¿Pero *cómo* te puede beneficiar a ti perdonar al que causó el daño? Eso es lo que traté de explicarle a Sandy una noche.

—Llamo porque estoy muy deprimida —me contó Sandy—. Estoy pasando por un divorcio. Dejé a mi esposo por un tiempo y tuve que regresar por motivos financieros. Mi esposo tenía una relación continua con otra mujer. Yo duermo en el piso de abajo y él en el de arriba. El lunes veo al abogado. Todavía estamos con la parte legal. Nuestros hijos son grandes y están en la universidad. No quiero ser mala con él porque es un buen hombre; simplemente tiene debilidad por otras mujeres. Yo no fui infiel.

»Es muy doloroso y estoy asustada. Necesito sabiduría y dirección. No sé como lidiar con mis sentimientos. Tengo mucha amargura aunque no es esa mi intención pero es algo que se escurre dentro de mí y me siento muy mal.

—Por supuesto, cuando un hombre ha sido traicionero e infiel y quebrantó sus promesas, el respeto por esa persona se va por la alcantarilla —respondí—. No es que seamos perfectos pero una cosa es no ser perfecto y otra distinta es cometer adulterio. Él prometió amarte en el altar. Prometió serte fiel. Él es el padre de tus hijos... y luego te abandona. Es doloroso y, francamente, tienes derecho a estar enojada. Hay un enojo apropiado, pero la amargura es algo distinto. Y el Señor puede arrancarla de raíz.

—Lo necesito —imploró Sandy—. No quiero ser mala. La

amargura me ha transformado en una persona desagradable que no me gusta.

—Cristo tiene más poder que tu amargura —le aseguré—. Lo que tienes es que invitarlo a entrar en tu corazón. Yo no puedo hacer nada por ti, pero Jesús sí. Quiero acercarlos a los dos y luego me voy. Él te dice: «Sandy, nunca te voy a dejar. No voy a abandonarte. Yo estoy contigo siempre, incluso hasta el fin del mundo.»

Es esta seguridad la que necesitan con urgencia las personas destrozadas como Sandy o como Patricia, otra televidente. Patricia estuvo casada cuatro años, tiene un hijo pero a los veinticuatro años, ya hacía tiempo que su esposo se había ido.

—Mi problema es que mi esposo me engañó —dijo—. Sé que tengo que perdonar pero me ha resultado muy difícil.

—¿Cómo supiste que tu esposo te engañaba? —le pregunté.

—Leí una carta de la mujer con la que salía —respondió.

—¿Fue solo una caída o era una relación continua con esta mujer?

—Era continua porque ahora ella tiene una niñita.

—¿Cuánto hace que te fuiste?

—Casi tres años.

—¿Entonces, inmediatamente después que se casaron él comenzó con su aventura?

—Sí.

—Todavía te duele y lloras, ¿no es así?

—Sí.

—No te culpo. Tengo amigos y familiares que fueron engañados, al igual que tú. Pienso que el adulterio es una traición. Es pecado. Es quebrantar la palabra. Es deshacer todo lo que Dios quería en el hombre y en la mujer. Tienes razón al estar enojada y triste. Dios odia el divorcio y la separación porque daña mucho a todos. Dios ama a la persona divorciada pero odia la acción.

»Patricia, Dios te ama y por eso no puedes seguir así. Eres

una mujer joven y tienes cincuenta años por delante. No puedes seguir lamentándote por un hombre que no se merece ni un recuerdo. No sigas viviendo en el pasado. Lo bello de Jesucristo es que él vino al mundo para tratar a personas heridas como tú.

En ese momento de su vida, Patricia estaba lista para aceptar la vida eterna que Cristo ofrece y después de guiarla a la fe en él, le expliqué que tenía trabajo por delante.

—Ahora, el próximo paso es grande, no es fácil, pero tampoco lo fue para Cristo morir en la cruz para perdonarnos a ti y a mí —señalé—. Todavía tienes el problema de tu ex marido. Vas pensar en él a menudo pero con la ayuda del Señor lo vas a hacer cada vez menos.

»Tienes que perdonarlo. No es fácil. No se lo merece. Di en voz alta: "Lo he perdonado. Es parte del pasado. Como Dios me perdonó a través de Cristo, lo he perdonado". Solo entonces serás libre porque hasta que no lo perdones, seguirás encadenada a ese tipo que te hizo tanto daño, que te traicionó. Hasta que esto no suceda, él seguirá mandando en tu vida a cada momento. Pero cuando lo perdones, podrás limpiar tu conciencia, liberar tu mente y volverás a ser Patricia, no la ex esposa de un mal tipo que te engañó.

Al perdonar al que te dañó, te liberas de la prisión del odio. Uno de los escritores del Nuevo Testamento lo expresa de la siguiente manera: «Asegúrense de que nadie deje de alcanzar la gracia de Dios; de que ninguna raíz amarga brote y cause dificultades y corrompa a muchos» (Hebreos 12:15).

Creo que una de las mejores maneras para prevenir la amargura es dedicarse a servir a los demás. No dejes que tu experiencia traumática te consuma. Permite que Dios redima tu dolor compadeciéndote de otras personas que están transitando por el mismo camino difícil que tú atravesaste. Los divorciados que le permiten a Dios usar sus experiencias para sanar a otros a menudo son los mejores consejeros y los más sensibles. Aportan una gran nota de humildad a la condición humana. Y Dios los usa en gran manera.

ESPERANZA AL ALCANCE DE
TU MANO

El mundo puede ser mucho mejor si contrajéramos matrimonio con la determinación de que el divorcio jamás formará parte de nuestro modo de pensar (ni de actuar). La Biblia podrá permitir el divorcio pero no es bueno. Definitivamente no es nada para celebrar, como algunos líderes proponen hoy día.

Frank, el hombre que mencioné anteriormente, lo sabe muy bien. Sin embargo, cuando su esposa lo dejó, Dios sí comenzó a sacar algo bueno de lo malo.

—En ese momento intenté recurrir a la oración y al Señor de veras por primera vez en mi vida —confesó ante la teleaudiencia nacional.

»Me entristece, pero a la vez me alienta que hayas dicho con sinceridad: "Hasta ahora no había pensado mucho en Dios" —respondí—. Cuarenta años he predicado alrededor del mundo y parece que la mayoría de nosotros no tomamos a Dios en serio hasta que enfrentamos una crisis. La razón es que somos bastante tercos. Creemos que somos autosuficientes y pensamos: "¡Eh!, yo puedo manejar mi vida. No necesito a Dios. No necesito a Jesucristo". Nos damos cuenta demasiado tarde de que la naturaleza humana es frágil y que somos imperfectos y pecadores. En tu caso, fue que tu esposa te abandonara de un día para otro.

»Conocí a un muchacho de doce años de otro país cuya mamá había abandonado a su papá cuando él tenía ocho años, como tu caso. Vino al estadio a hablar con nosotros. Un consejero se sentó y le preguntó: "¿Qué te hizo venir?" Él respondió: "Estaba en el parque y alguien me dio un folleto que decía que Luis Palau iba a hablar de cómo tener un hogar feliz. Tengo doce años y mi hogar es muy infeliz. Es más, odio a las mujeres".

»El consejero le preguntó: "¿Por qué odias a las mujeres?" Él contestó: "Porque mi mamá nos abandonó cuando yo tenía ocho años y nos dejó solos a mi papá y a mí. Cuando dijeron que iban a hablar de un hogar feliz, quise escucharlo. Así que vine, lo escuché y aunque solo tengo doce años, quiero darle mi corazón a Cristo". Ese muchacho recibió a Cristo veintidós años atrás y ahora es un gran líder cristiano, casado, feliz, con hijos maravillosos.

Cuando le pregunté a Frank si estaba listo para tener un encuentro personal con Cristo, él contestó:

—Lo haría... pero ¿puede ayudarme el Señor a reunir a mi familia?

—Él puede y lo hará, siempre que tú, en primer lugar y luego tu esposa se sometan a Jesucristo y ambos se reúnan entorno a la persona de Cristo —respondí—. Pero tiene que empezar por ti, esta noche, al darle al Señor tu pecado, tu mala conducta, todo lo que has hecho y que ofende a Dios, lo que te ha dejado en esta situación.

»No puedo garantizarte que tu esposa va a regresar o que será tan sincera como tú y dirá: "Sí, lo arruiné todo. Me equivoqué. Perdóname. Quiero reconciliarme con Frank". Si recibes a Cristo, él te dará más gracia y bondad y un espíritu de perdón para hablar con ella y traerla a ti; aunque primero debe venir a Cristo. Quizás el Señor te use para traer a tu esposa a él y luego a ti. Pero el primer paso es poner tu fe en Jesucristo. Entonces estarás en paz y luego podrás guiar a tu hijo en las cosas de Dios. Tu vida cambiará con la intervención de Dios, lo he visto muchas veces. Hay parejas que se reconcilian.

»Pero te insto a que primero arregles tu vida con Dios. Permítele que sea tu Señor y Dios. Entonces podrás comenzar con tu esposa.

Frank estaba intrigado pero no convencido.

—Simplemente oí del poder de Dios en mi vida y he tenido que buscarlo y ver cómo se puede sentir su presencia en esta situación —respondió—. Hasta ahora no he visto que haya resultado nada en mi vida. Como dicen que es tan poderoso, esperaba y rogaba que se pudiera manifestar en mi situación.

Frank no estaba listo para entregarle su vida a Jesucristo esa noche pero sí quiso un librito titulado *¿Eres cristiano sí o no?* [3] Espero que lo haya leído y se haya dado cuenta de que la única esperanza para su matrimonio quebrantado se halla en Jesucristo.

Jesucristo tiene las herramientas para traerle sanidad y una vida nueva a todo el que le pide ayuda; pero esa es la llave. Tienes que pedirla. De lo contrario, las herramientas se quedan en la caja. Estando encerradas no pueden hacer muchos milagros.

[3] Cualquiera que esté interesado en recibir este folleto puede ponerse en contacto con nosotros en la Asociación Evangelística Luis Palau, P.O. Box 1173, Portland, Oregon, 97207, EE.UU. Teléfono (503) 614-1500. Es gratis. Solo tienes que solicitarlo.

8

LA VIOLACIÓN MÁS PERVERSA

ecibí la llamada durante una de mis giras de conferencias fuera del país. Indira, una mujer de veintitrés años, había leído uno de mis libros y tenía algunas preguntas.

—Unas semanas antes de que usted llegara —explicó—, me fui con uno de los empleados de la oficina que es casado, con otra chica y otro empleado casado. Nos fuimos a San Pedro Sula diciendo que era por asuntos de negocios... pero todos sabíamos que solo íbamos de juerga y para acostarnos juntos. Pero en un momento determinado me acordé de su libro y de pronto sentí que lo que hacía estaba mal, así que los dejé.

Indira confesó que había tenido relaciones sexuales con varios hombres casados; dijo que lo disfrutaba y en especial le encantaba la intimidad que sentía con ellos. Le dije que esos hombres no la amaban de verdad, que lo único que querían era tener relaciones sexuales. Contestó que podría ser así pero no estaba dispuesta a cortar esas relaciones ilícitas. Simplemente no podía renunciar a la atención y a los sentimientos de amor que recibía de parte de esos hombres.

—Ellos *no* te aman —repetí—. Solo quieren usar tu cuerpo por placer. Indira, si sigues en ese camino, es muy probable que a los cuarenta años seas una mujer amargada con muchos hombres en su pasado pero ninguno en su presente.

Cambió de tema rápidamente.

—Me gusta usar faldas cortas —respondió petulantemente.

—¿Y qué opina tu familia de que te vistas de esa manera tan provocativa?

—No tengo familia —respondió en un tono más humilde... y luego se quebrantó.

Entre sollozos, su historia triste comenzó a develarse. Su madre no la quiso y la arrojó a la calle junto con sus hermanos cuando tenía cinco años. La adoptó otra familia pero sus cuatro hermanos adoptivos la agredieron sexualmente durante varios años. Estas violaciones repetidas la empujaron a vivir según la filosofía del *qué será, será,* y a partir de la adolescencia comenzó a vestirse de manera provocativa y a salir con hombres casados. Pero su estilo de vida había comenzado a pesarle.

Me pregunto cuántas muchachas que fueron violadas cuando eran niñas terminan como Indira. Muchas sufren en silencio durante años y nunca se atreven a contarle a nadie la violación que las sigue atormentando muchos años después. Aquellas que sí lo hacen cuentan cómo les arrancaron la inocencia en un acto abominable de violencia física, un acto que les cambió la vida para siempre.

Y muchas se preguntan: *¿Dónde estaba Dios cuando me agredieron?*

Esa pregunta no es fácil de responder. Esta me resulta aun más difícil cuando la víctima es una niña o un niño. Ese crimen es incalificable, inconcebible, inimaginable. Sin embargo, sucede con una frecuencia repulsiva.

Conozco a varias mujeres (y un hombre) que los violaron de pequeños. La esposa de un amigo, cuando era niña fue violada varias
veces por sus hermanos. Y un muchacho que conocí en el internado
en Argentina, débil, que no podía defenderse, lo agredieron sexualmente varias veces por unos cuantos canallas agresivos que hacían
víctimas a sus compañeros más indefensos. Hasta donde sé, la escuela nunca se enteró de los incidentes; al menos nuestros maestros
nunca hicieron nada por detenerlos. Al resto, los ataques nos causa-
ban repulsión pero nunca nadie se atrevió a hablar del tema.

Cuatro respuestas para considerar

¿Dónde está Dios cuando la agresión sexual se perpetra en
víctimas inocentes? ¿Por qué parece quedarse callado? ¿Por qué
no produce un ataque al corazón en los agresores? ¿Dónde está
cuando hay una violación?

La respuesta a esta difícil pregunta podría ocupar todo un libro pero quiero sugerir por lo menos cuatro puntos que hay que
tener en cuenta en la búsqueda de soluciones.

1. La violación no es tu culpa.

En una violación hay un solo culpable: el violador. A la víctima
nunca se debe culpar. El cien por ciento de la responsabilidad le
corresponde al atacante.

A veces las víctimas ven el incidente en retrospectiva y dicen algo
así: «Haberme vestido más recatada»; o «Podría haber tenido más cuidado al cerrar la puerta de mi cuarto»; o «Tendría que haber gritado»;
o incluso «Quizás en un rincón de mi alma había un pequeño dejo de
deseo». De todos modos, aunque todo eso fuera cierto, el ataque sigue
sin ser culpa tuya. La parte responsable no eres tú. El violador sí. Y no
debes sentirte culpable por el ataque.

Míralo de este modo: ¿Te sentirías culpable si alguien te diera
una golpiza y te arrancara dos dientes? Supón que un idiota te da
un puñetazo en la boca cuando menos te lo esperabas. ¿Qué culpa

tienes? ¿Tendrías que decir: «Ese día tendría que haber usado un protector bucal» o «Quizá, en lo profundo de mi ser, de veras quería saber qué se siente tener la boca llena de sangre»? Por supuesto que no. Nadie piensa así. Sin embargo, cuando se trata de una violación, es exactamente lo que algunos piensan. Pero no es válido y está mal. No se puede hacer responsable a la víctima por el ataque. La responsabilidad total recae en los que eligieron perpetrarlo.

La palabra «eligieron» en la oración anterior es crucial. En este mundo Dios nos permite elegir cómo comportarnos. Él nos dice lo que espera y nos da los recursos para actuar en forma moral y recta. Pero tenemos el poder de elegir conductas perversas y dañinas si así lo deseamos. Solo contadas veces Dios parece decir: «¡Ya basta! Esta conducta se termina ahora mismo.» (Véanse ejemplos en Daniel 4:28-33; 5:1-30; y Hechos 12:19-23.) Él toma en serio nuestra libertad de elección y a veces eso conlleva que gente inocente sufra en manos de los malvados.

Sin embargo, no pienses ni por un instante que este orden de cosas le pasó por alto o que sus seguidores a lo largo de la historia han permanecido ciegos ante tragedias como esta. La Biblia es inconmovible cuando observa el comportamiento humano y a menudo registra los pecados más abominables de una persona contra otra. Un ejemplo claro se halla en 2 Samuel 13:1-29.

El pasaje relata la violación de una joven bella llamada Tamar perpetrada por un joven llamado Amnón, hijo del rey David. Amnón le tendió una trampa sutil a Tamar y cuando ella se dio cuenta de sus malas intenciones exclamó: «¡No, hermano mío! No me humilles, que esto no se hace en Israel. ¡No cometas esta infamia!» Sin embargo, sus ruegos desesperados se toparon con oídos sordos por lo que el pasaje consigna: «Pero Amnón no le hizo caso sino que, aprovechándose de su fuerza, se acostó con ella y la violó.» Esa violación llevó a un homicidio y a partir de allí la historia se degenera.

¿Por qué Dios no intervino para detener a Amnón y que no violara a Tamar? No lo sé; la Biblia no lo dice. Pero Amnón tenía la libertad dada por Dios para elegir sus acciones y utilizó esa libertad para actuar de una manera violenta y pecaminosa. ¿Tamar tuvo culpa de su violación? Rotundamente no. La Biblia deja claro como el agua que Amnón y solo él fue responsable del ataque.

La violación es un acto violento perpetrado por personas pecadoras contra víctimas que no lo merecen, y esas víctimas pueden ser las personas más santas que haya. Hace muchos años, uno de mis héroes era Helen Roseveare, quien era misionera en lo que entonces se llamaba el Congo Belga. Estuvo dispuesta a dejar con gusto sus deseos personales por responder al llamado espiritual. Sin embargo, un día siniestro, tropas que andaban al acecho, entraron al pueblo africano en donde Helen ministraba con tanta fidelidad y durante varios días la violaron en grupo y la sometieron a atrocidades de las cuales es mejor no dar detalles.

¿Dónde estaba Dios cuando sucedió *eso*? ¿Acaso no es una razón irrefutable para *no* creer en un Dios amoroso?

No, si le vas a creer a la propia Helen. Después de recuperarse de las heridas físicas y emocionales, regresó a esa zona, amó al pueblo y no demostró odio por los que la atacaron. La he escuchado hablar en público acerca de ese incidente grotesco y su percepción de la naturaleza humana y su amor por Dios me han dejado atónitos. Ella entiende con mayor profundidad que muchos que Dios envió a su Hijo a morir por gente *pecadora*, precisamente para transformarlas en hombres y mujeres que aborrecen el pecado y se deleitan en honrar a Dios. Y Helen comprende que su violación no fue su culpa.

2. No tienes por qué vivir en el pasado.

La violación hiere en forma tan profunda el cuerpo y el espíritu humano que muchos profesionales de la salud seculares le dan a la víctima pocas esperanzas de que se cure por completo.

Hablan acerca de cicatrices que no desaparecen nunca, heridas que no sanan y un sangramiento que no termina jamás. Con demasiada frecuencia escucho declaraciones como esta: «Esto es tan horroroso que vas a necesitar terapia el resto de tu vida. Nunca volverá a ser lo que era antes. Debes aprender a soportarlo pero no puedes albergar la esperanza de que algún día te vas a recuperar por completo de esta herida. Simplemente es demasiado profunda.»

Podrá ser cierto para las terapias que dejan de lado a Jesucristo, pero definitivamente *no* es cierto según la perspectiva bíblica. La Biblia hace hincapié en que no tienes que vivir atado a los recuerdos espantosos, incluidos los de un ataque violento como la violación. He visto con mis propios ojos muchos ejemplos de personas reales que viven esta verdad que proclaman las Escrituras.

Conozco a una mujer cuyo tío la violó cuando tenía doce años. Casi un año y medio después del ataque al caminar en una gran ciudad pasó por delante de un teatro. Escuchó gente cantando y entró para ver qué sucedía. Alguien estaba predicando sobre Hebreos 9:14 («¡Cuánto más la sangre de Cristo, quien por medio del Espíritu eterno se ofreció sin mancha a Dios, purificará nuestra conciencia de las obras que conducen a la muerte, a fin de que sirvamos al Dios viviente!») y aunque nunca había oído acerca de la Biblia ni había ido a una iglesia, clamó al Señor y le pidió perdón por sus pecados y libertad del peso emocional de la violación. Dijo: «¡Señor, limpia mi conciencia y mi memoria para que ya no piense más en ello!»

Y él lo hizo. Hoy me comenta: «Ni bien hice esa oración, fue como si nunca hubiera sucedido. De repente desapareció.» Por supuesto que no lo olvidó; después de todo, nos lo contó. Pero explicó: «Hubo un clic, como al levantar un interruptor o girar una llave, y los recuerdos se apagaron. Ya no me persiguen. Dejaron de pasar frente a mí como una película que no podía detener o como un video que tenía que ver una y otra vez. Simplemente desaparecieron.»

Mi esposa y yo consideramos a esta mujer uno de los seres humanos más maduros, piadosos, completos e integrados que conocemos. *No* la persiguen los recuerdos del ataque y *no* está atada a su pasado sin esperanza de hallar libertad. Y Jesucristo fue quien la hizo libre.

Hoy día muchas personas piensan que esa «teología» no importa, que no es más que una reliquia de una época pasada e irrelevante. ¡Qué error más dañino! Lo que los seres humanos por sí solos no pueden lograr, Dios sí. Cuando muchos profesionales seculares de la salud dicen: «Tendrás que aprender a vivir con este trauma por el resto de tu vida», Jesús afirma: «Vengan a mí todos ustedes que están cansados y agobiados, y yo les daré descanso» (Mateo 11:28).

Cuando era niño solía sentarme en el primer banco de la iglesia y escuchar a los predicadores decir que el cristiano está «crucificado con Cristo», «enterrado con Cristo», «resucitado con Cristo», «ascendido con Cristo» y «sentado con Cristo a la derecha». Nunca pude comprender qué querían decir con que el creyente «se identificaba con Cristo». Hoy todavía indago las profundidades de esta doctrina pero por lo menos puedo apreciar cómo puede transformar nuestras vidas en forma radical aquí y ahora.

Un día estaba aconsejando a una mujer sobre una experiencia traumática de su vida y ella seguía repitiendo:

—Pero todavía lo recuerdo. No me puedo deshacer de eso. Tampoco sacármelo de la mente y no sé qué hacer.

—Déjalo atrás —le dije—. Cuando Cristo fue crucificado se llevó toda tu culpa. Cristo te redimió de la maldición de la ley haciéndose maldito por ti. Fuiste crucificada con Cristo. Moriste con él.

»Esto es lo grandioso: fuiste sepultada con Cristo. Eso quiere decir que puedes dejar todo atrás y no volver a tocarlo nunca. Asimismo has resucitado con Cristo. Todos los recuerdos, la basura, el mal que has hecho y aun el mal que otros te han hecho puedes dejarlos en la tumba. ¡Así que deja de desenterrar cadáveres! No sigas volviendo atrás y sacando cosas a la luz; es tonto, dañino, malo y una ofensa contra Jesucristo.

Corrie ten Boom, la mujer holandesa ya fallecida que relató sus experiencias de la Segunda Guerra Mundial de manera memorable en el film *El refugio secreto*, solía decir: «Dios toma todo nuestro pecado y nuestra culpa y los arroja a lo más profundo del mar y luego pone un cartel que dice: "Prohibido pescar".» Si quieres ir pescar, adelante. Pero es tonto y no tienes por qué hacerlo. De todos modos, solo pescarás trozos en descomposición de carne putrefacta que matará al que los come.

No tienes por qué vivir con recuerdos dolorosos, si permites que Jesucristo tome el control de tu vida y estás dispuesto a confiar en él y a obedecerle.

Alguno de ustedes podrá acotar: «Pero Luis, usted no entiende. Nunca lo podrá entender porque nunca lo violaron.» Es verdad. No puedo entender esa experiencia porque jamás pasé por eso. Pero sé lo que Dios dice y lo que dicen tantos amigos y conocidos. La violación es un delito despreciable; pero Jesucristo puede liberar aun a las víctimas de violación de las ataduras a sus recuerdos de pesadilla.

Hace unos años, después de hablar en un almuerzo de damas y de contar algunas historias de mujeres que pudieron sobreponerse a un pasado doloroso a través del poder de Cristo, alguien me sacó aparte y me dijo: «Quizás quiera contar mi historia alguna vez.»

Esta mujer había sufrido agresión sexual por parte de uno de sus hermanos. Sin embargo, hoy día es sociable, atractiva, gran madre y una cristiana activa en su iglesia. Es una de las personas más felices, alegres y equilibradas que conozco. Tuvo una niñez trágica, espantosa. Sin embargo, en la universidad le entregó su vida a Jesucristo. De inmediato se le quitó un gran peso de encima. Pudo perdonar a su hermano, algo que solo Cristo puede ayudarnos a hacer. Con la ayuda del Señor, se rehusa a vivir en el pasado. Hoy esta mujer joven es una persona vibrante, un ejemplo de primera de lo que Cristo puede hacer en la vida de una persona que confía en él.

3. *La violación no tiene por qué arruinar el goce sexual con tu cónyuge.*

Si de veras experimentaste el perdón, la sepultura y la resurrección de Cristo no hay razón por la que debas seguir atada a los recuerdos dolorosos. Si de alguna manera, tu mente comienza a reproducir el episodio viejo como una especie de película inoportuna, de inmediato di: «Señor Jesús, quítamelo.» Y él va a intervenir. No es necesario ni sabio ni correcto reproducir el incidente, así que recházalo. Concéntrate en tu cónyuge y disfruta; deléitate en proveerle goce.

Otra amiga mía que violaron cuando era joven lleva muchos años de casada. Ella y su esposo han disfrutado el vivir libres, felices y satisfechos en el aspecto sexual. Aunque son muy chapados a la antigua, a menudo dan a entender lo bien que la pasan y sabemos que se refieren a las relaciones sexuales. La violación no dañó en forma permanente su goce de la intimidad. Es un testimonio viviente del poder de Cristo para superar aun el trauma de la violación.

Ese poder puede obrar de la misma manera en los demás. Y no solo en las mujeres; algunos estudios recientes indican que hay un veinte y cinco por ciento de niños (varones), que han sufrido agresión o maltrato sexual. El poder de Cristo también puede obrar en sus vidas.

Hace poco mi hermana Matil, la historiadora de la familia, se encontró con mi ex compañero del internado al que habían violado. Matil no sabía nada de lo que había sucedido tantos años atrás por lo que se quedó intrigada cuando este viejo amigo le dijo: «Dile a Luis que soy cristiano, que tengo tres hijas preciosas y una esposa maravillosa. Él me va a entender.» Cuando vi a Matil, me dijo: «Tu amigo me pidió que te dijera eso pero no sé por qué. Dijo que lo ibas a entender.»

Lo entiendo. Y si tú permites que el poder de Cristo gobierne tu vida, también lo entenderás.

4. No divulgues la noticia de la violación a todo el mundo.

La mayoría de las víctimas no necesitan un consejo para que sean cautelosos en cuanto a cómo contarle a alguien el ataque y si deben hacerlo pero mi consejo es el siguiente: solo unos pocos tienen que saberlo. Sí, definitivamente haz la denuncia de la violación a las autoridades pertinentes. Asegúrate de hacer lo que puedas para que otras personas no queden expuestas a un posible peligro innecesariamente. Pero no creo que sacar a la luz experiencias tristes y malas puede ayudar a nadie.

El mundo dice: «Cuéntale todo tu caso a todo el mundo.» Sin embargo, creo que la divulgación indiscriminada puede resultar más destructiva que constructiva. Por algo la Biblia expresa: «porque da vergüenza aun mencionar lo que los desobedientes hacen en secreto» (Efesios 5:12). La sabiduría nos aconseja que tengamos mucho cuidado con la forma de contar el caso y con quien lo comentamos.

Conozco una mujer que de joven salió con un muchacho de la iglesia. Un día él le dijo:

—Vayamos a tal lugar, un lugar turístico en la montaña a tomar un café.

Ella accedió pero cuando llegaron, resultó evidente que él le había mentido. El lugar no era un lugar turístico sino un motel barato en una zona aislada. Y allí la violó.

Ahora ella tiene unos cincuenta y tantos años y nos enteramos del incidente hace poco. Le dije:

—Espero que no se lo hayas contado a mucha gente. No tiene sentido. Despierta una curiosidad malsana.

Probablemente cometió un error al decírselo a su esposo y eso le trajo muchos problemas. De todos modos, siguieron casados y tienen varios hijos que hoy trabajan a tiempo completo en el ministerio cristiano. Pero su matrimonio se habría ahorrado mucha pena si ella hubiera sido más cautelosa al contar esa terrible historia.

Según mi parecer, pocas personas necesitan saber lo que sucedió. Repite la historia solamente tiempo después si es que resulta redentora y apropiada como herramienta de consejería para alguien que sufrió algo parecido. He sabido de casos en los que la víctima repetía: «Está bien, pero no lo entiendes.» Al fin y al cabo los amigos o los consejeros dijeron: «Sí lo entiendo. A mí me violaron y lo manejé de esta manera. Sé lo que Cristo puede hacer en estos casos. Lo que la consejería a menudo no puede hacer, lo que la psiquiatría a menudo tampoco, definitivamente Cristo sí lo puede hacer.»

Si quieres destacar la gracia de Dios, el poder del perdón y de la sangre de Cristo y la nueva dirección que él provee para la vida, habla. pero con cautela. La violación es horrible pero no es el fin del mundo. Hay redención en Cristo. Él puede ayudarte a enterrar los recuerdos desagradables y dejarlos en el pasado.

Me enteré de la violación de una de nuestras amigas cuando nos dio pautas para aconsejar a quienes fueron agredidos. Nuestro trasfondo hacía hincapié en que la violación y la agresión *eran* el fin del mundo y que no se podían ofrecer muchas esperanzas de una recuperación completa. Ella dijo: «Miren, esto es lo que me sucedió a mí», y entonces nos contó su historia. Nos quedamos completamente sorprendidos porque la conocíamos de muchos años y nunca supimos nada al respecto. Nunca se nos cruzó por la cabeza que hubiera sufrido algún trauma en el pasado que pudiera haberle provocado daños emocionales que la paralizaran, aun en la forma más sutil. Ella es un modelo de la mujer cristiana, maravillosa, apacible, santa y madura.

Sin embargo, esta mujer no divulgó su historia por todos lados sino que la mencionó en forma breve cuando al hacerlo estaba ayudando a otro. Creo que es un método práctico excelente. Como dice la Biblia: «Eviten toda conversación obscena. Por el contrario, que sus palabras contribuyan a la necesaria edificación y sean de bendición para quienes escuchan» (Efesios 4:29).

Un nombre nuevo... y una vida nueva

Tengo que contarte qué sucedió con mi conversación con Indira. En el transcurso de los treinta minutos de diálogo en televisión en vivo le dije a Indira que Cristo la amaba y que ella podía pertenecer a él y ser parte de su familia. Comenzó a llorar y a decir que nadie la amaba pero que por lo menos cuando estaba con esos hombres casados, se sentía amada. Traté de afirmar tiernamente que un hombre que la amara de veras no tendría relaciones sexuales sin casarse con ella y que el sentirse amada no iba a transformar esas relaciones en amor verdadero. Le dije que ella era preciosa para Dios, que él la amaba en forma genuina y que quería que Indira fuera su hija.

—Dios tiene un plan para ti. No eres un accidente aunque seas el resultado de solo una noche de pasión —le dije—. Aun así es el propósito de Dios que estés aquí. No es lo peor que pudo haber pasado; lo peor es que nunca hubieras nacido y que supieras lo que es vivir. Indira, puedes encontrar sentido, propósito y dirección a través de Cristo. Puedes dejar atrás el pasado. Por más terribles que sean tus experiencias no son nada al compararlas con lo que tienes por delante si eliges caminar con el Señor. Es necesario que des un giro de ciento ochenta grados en tu vida y hacer de ella algo bello y redentor.

Insté a Indira a que le abriera su corazón a Cristo para que la limpiara y la transformara en una persona nueva. Y en vivo, por televisión, entre lágrimas, Indira oró para recibir a Cristo. La invité a la campaña en el estadio al día siguiente y vino. Una joven parada a su lado descubrió que Indira vivía cerca de su iglesia y la invitó a que fuera a la reunión del domingo al día siguiente. El pastor de esa iglesia de inmediato puso a Indira en contacto con Lorena, una mujer soltera, cristiana y madura y comenzó el proceso de discipulado. De inmediato enviaron a Indira a un campamento bíblico de verano, donde se fortaleció en su fe. Al regresar del campamento, se unió a un grupo de muchachas que tenían un estudio Bíblico y comenzó a crecer. Desde entonces, se ha bautizado y dejó su trabajo, donde sentía la presión constante del joven casado con el que había sostenido la relación inmoral.

Uno de sus primeros pasos luego de convertirse a la fe en Cristo fue dejar de usar ropa provocativa. También se cambió el nombre porque su caso llegó a conocerse en todo el país. Se inscribió en la universidad local para obtener un título y un par de semanas atrás recibí una carta de su pastor que decía: «¿Se acuerda de Indira? Se está convirtiendo en una de las personas más fieles de nuestra iglesia.»

La violación es un crimen que tiene consecuencias terribles y a menudo perdurables pero su poder devastador no es rival alguno para el poder irresistible de Jesucristo. Indira y muchos de mis amigos son testimonios vivientes de su poder, un poder que él anhela ejercer a tu favor. El cual está a tu alcance en este momento. Para romper las cadenas de los recuerdos espantosos y liberarte para que así disfrutes la vida de una manera que no creías que era posible.

Así lo escribió el apóstol Pablo: «Porque el reino de Dios no es cuestión de palabras sino de poder» (1 Corintios 4:20). Y el propio Jesucristo afirmó: «Se me ha dado toda autoridad en el cielo y en la tierra» (Mateo 28:18).

Si lo quieres, es tuyo. Solo se necesita una oración.

«Pero Luis ¿qué quieres decir?», quizá te preguntes.

El apóstol Pablo dice: «Por lo tanto, si alguno está en Cristo, es una nueva creación. ¡Lo viejo ha pasado, ha llegado ya lo nuevo!» (2 Corintios 5:17).

¿Quieres ser una nueva creación en Cristo? Si es así, ¿por qué no te detienes ahora mismo, donde estás, y en la quietud de tu corazón le hablas a Dios? Puedes poner tu confianza en él en este mismo instante. La decisión es tuya.

Por supuesto que puedes hablarle a Dios con las palabras que quieras. Te sugiero que hagas la siguiente oración de compromiso:

—Señor, vengo a ti con humildad, en medio de mi pena y mi dolor. Sí, por favor, perdona mis pecados. Te doy gracias porque Jesús murió en la cruz para limpiar mi corazón y resucitó para darme una vida nueva y eterna. Gracias porque ahora puedo disfrutar de la esperanza segura del cielo. Por favor, sana las heridas de mi vida. Borra los recuerdos dolorosos. Hazme una persona nueva. Te amo, Señor, y viviré para ti todos los días de mi vida. Amén.

Si esa es tu oración, ¡felicitaciones!

¡Eres el nuevo miembro de a la familia de Dios![1]

---

[1] Si acabas de darle tu vida a Jesucristo, por favor, escríbeme. Me alegraría contestarte y enviarte un ejemplar gratuito de mi libro *Adelante con Jesucristo*. Es gratis y solo tienes que pedirlo. O quizás quieras más consejos y pedir oración. Siéntete en libertad de escribirme. Mi dirección es Luis Palau P.O. Box 1173, Portland Oregon 97207, EE.UU. Correo electrónico: palau@palau.org

9

EL FETO DESAPARECIÓ... PERO,
¿POR QUÉ ME SIENTO ASÍ?

Kim sollozaba desde que llamó a *Luis Palau Responde*. Kim, de veintiocho años, madre de cuatro hijos ya no podía más. Con lágrimas ardientes explicó que se estaba divorciando de su esposo abusivo que bebía mucho. A pesar de eso tan doloroso, el motivo de su llamado era otro. ¿Por qué quería hablar conmigo?

—Tengo un gran sentimiento de culpa porque me hice un aborto —confesó.

En años, he recibido varias llamadas de mujeres como Kim. Mujeres que descubrieron que estaban embarazadas y que se hallaban confundidas y en circunstancias desesperadas. Que le creyeron a alguien que les aseguró que el aborto era una forma segura, moral y rápida de resolver por lo menos uno de sus problemas. Mujeres que llegaron hasta una clínica de salud donde le quitaron la vida a su bebé. Y después sintieron una culpa abrumadora que no podían explicar o remediar.

Inevitablemente, estas mujeres afligidas tienen muchos interrogantes. Si Dios de veras a ama «a todos los niños del mundo» como promete una antigua canción, ¿dónde estaba él cuando se planteaban con desesperación qué hacer ante un embarazo no planificado? ¿Es posible que Dios las perdone? ¿Por qué Dios no les impidió que se hicieran el aborto? ¿Es de veras un Dios bueno, como dice la Biblia? ¿O solo es bueno para crear una culpa abrumadora?

Más cada año

Cada año millones de mujeres se hacen abortos y la cifra mundial sigue aumentando. Muchas lo ven simplemente como otro método de control de la natalidad, una forma conveniente de evitar tener que alimentar otra boca hambrienta. Un caso de estudio que escuché ilustra esta actitud predominante.

Un día, un profesor universitario miró a la numerosa clase y les dijo:

—Les voy a contar una historia. Hace trescientos años vivió una señora pobre. Es una campesina. Tiene seis hijos a los que a duras penas puede vestir y alimentar. Entonces, descubre que está esperando a su séptimo hijo. Si viviera hoy, ¿qué le recomendarían?

Casi al unísono sus estudiantes alzaron las manos y respondieron:

—El aborto.

—Bien —contestó el profesor—. Acaban de matar a Juan Sebastián Bach.

A grandes rasgos, nuestra cultura moderna simplemente no ve el aborto como una cuestión moral. Sin embargo... es un hecho que si bien hoy día el aborto es un procedimiento quirúrgico mucho más común que el transplante de corazón o la reconstrucción del colon, estos últimos nunca dan por resultado pacientes abrumados por la culpa mientras que los primeros agobian a un sinnúmero de mujeres (y muchos hombres) con remordimientos, vergüenza y culpa implacables.

¿Por qué? ¿Será porque nuestra sociedad acepta los transplantes de corazón y las reconstrucciones de colon pero rechaza el aborto? No lo creo, al menos, no la sociedad en la que vivo. Nuestra cultura parece hacer malabares para llamar al aborto un procedimiento quirúrgico sencillo, la extracción de un cuerpo extraño, la remoción de un tejido no deseado. Los consejeros sobre el aborto se esfuerzan por convencer a las mujeres de que en el aspecto moral el «procedimiento» no solo es defendible sino correcto.

Sin embargo, esas mujeres atormentadas siguen llamando a nuestro programa de televisión, tal como lo hizo María.

—El año pasado tuve un problema —me dijo María— cuando estaba embarazada de mi segundo hijo, me dijeron que había un sesenta por ciento de probabilidades de que fuera un embarazo de alto riesgo, un sesenta por ciento de probabilidades de tener un bebé con síntomas graves: problemas de corazón o de riñón. El embarazo llegó a término y mi hijita nació muy saludable. Pero tres meses después quedé embarazada de nuevo y tenía mucho miedo de lo que el doctor me había dicho antes. Así que hice algo que nunca quise hacer: me hice un aborto. Desde entonces no he ido a la iglesia porque pienso que no me merezco ir nunca más.

—¿Alguno de tu familia sabe que te hiciste el aborto? —le pregunté.

—Solo mi esposo y yo —respondió María.

—¿Te apoyó él para que te hicieras el aborto?

—Al principio no. Teníamos muchos problemas; de dinero y como pareja, así que fue mi decisión. Él no quería pero me dijo que si yo lo hacía estaba bien.

María y yo seguimos conversando y finalmente tratamos el tema del aborto en sí.

—Hacerse un aborto es algo serio —observé.

—Sí, lo sé —respondió.

—Es algo serio porque es matar una vida que Dios puso en tu cuerpo —agregué.

—Lo sé.

—Aunque es un pecado serio contra el Señor, Dios te ama. ¿Lo crees, María?

—Supongo que sí pero...

—¿Te resulta difícil de aceptar?

—Sí, porque sé que siempre estuve en contra y no sé por qué lo hice, pero lo hice. A veces pienso que ni siquiera merezco orarle a Dios. Que él ni siquiera escucharía mis plegarias.

—María, me alegra que lo tomes con tanta seriedad porque eso demuestra que tienes un corazón sincero y que de veras tienes temor de Dios. ¿No es así?

—Sí, así es.

—María, quiero que creas esto. El apóstol Pablo dice estas palabras: "Cuando todavía éramos pecadores, Cristo murió por nosotros" (Romanos 5:8). Jesucristo no murió por los santitos. Murió por nosotros, los pecadores. Es triste que te hayas hecho un aborto pero el Señor es un Dios bueno y te ama.

—¿Pero usted cree que él alguna vez me perdonará por lo que hice?

—Él te perdonará. Cuando Jesucristo fue crucificado, ¿recuerdas que había dos ladrones a cada lado?

—Sí.

—Al principio, los dos se burlaron de Jesucristo. Pero esa tarde, en un momento uno de ellos se arrepintió. Estaba por morir en unas horas, en unos minutos, pero se arrepintió y le dijo: "Jesús, acuérdate de mí cuando vengas en tu reino." Y Jesús le contestó: "Te aseguro que hoy estarás conmigo en el paraíso" (Lucas 23:43). Este hombre había pecado abiertamente pero por su arrepentimiento, Jesús le dijo que en unos momentos estaría en el cielo. La Biblia afirma: "la sangre de su Hijo Jesucristo nos limpia de todo pecado" (1 Juan 1:7). ¿No es maravilloso?

—Sí.

—En primer lugar, cuando te acercas a Jesucristo en fe, a causa de la cruz, él te declara perdonada. Te dice: "María, te amo porque yo te hice." Si, estás tan arrepentida y sientes que no mereces nada. Yo puedo perdonarte." Escucha lo que dice la Biblia en Hebreos 10: "Y nunca más me acordaré de sus pecados y maldades." ¿Lo crees?

—Sí.

—María, estas no son palabras de Luis Palau. Es la Palabra de Dios. ¿Quieres darle tu corazón a Jesús?

—Sí.

—¿Puedes creer que él te perdonará gracias a la cruz?

—Sí.

—Déjame citarte otro versículo para calmar tu conciencia y para que puedas saber cuán profunda es la obra que Cristo hizo en la cruz. San Pablo expresa unas palabras preciosas y sorprendentes: "Cristo nos rescató de la maldición" (Gálatas 3:13). Te sientes maldita, ¿no es así?

—Sí.

—En cierto sentido tienes razón; todos estamos malditos. Sí, te hiciste un aborto. Yo no me hice un aborto. Mi esposa tampo. Pero hemos hecho otras cosas pecaminosas. Todos estamos bajo una maldición. Pero Pablo anuncia: "Cristo nos rescató de la maldición de la ley al hacerse maldición por nosotros" (Gálatas 3:13). Por lo tanto, Cristo murió en la cruz en tu lugar para quitar tu culpa por el aborto. Pero hay más. El aborto es solo uno de tus pecados. Tienes otros pecados, ¿no es así? María, todos los tenemos. Pero el Señor Jesús te dice: "María, yo morí en tu lugar. Quité tu pecado. Te amo. Nunca serás maldita porque yo fui maldito en tu lugar." ¿No es maravilloso?

—Sí.

—Eso se llama "la muerte vicaria de Cristo". Quiere decir que en la cruz él fue tu sustituto y el mío. Tenías razón al decir que habías pecado y que mereces morir por tu pecado. Pero Jesús te dice: "¡No, no! Yo moriré en lugar de María." Y lo hizo. María, ¿puedes descansar en eso?

—Sí.

—Bien. María, primero tienes que invitar al Señor Jesús a tu vida y pedirle que entre en tu corazón, te perdone y te dé paz.

—Lo hice pero, como dije, creo que no lo merezco.

—No, tienes razón. No lo mereces.

—No, ya lo sé.

—Pero María, yo tampoco lo merezco. Sin embargo, cuando era adolescente le entregué mi vida a Cristo. No lo merezco. Créeme, tengo sesenta y cuatro años y cada día le agradezco a Jesús que haya entrado en mi vida cuando era adolescente. Me encantaría que pudieras reposar tu conciencia en la promesa de Dios. Tenemos paz con Dios a través del Señor Jesucristo. Necesitas paz.

—Sí, la necesito.

—La única forma de que la obtengas es si tienes a Jesús en tu corazón. Es bueno ir a la iglesia pero no puedes obtenerla si hace eso simplemente. Tienes que recibirlo. Te voy a guiar en una oración y luego deja que él tome el control. Comienza a estudiar poco a poco lo que dice la Biblia y serás una María nueva. Vas a cambiar, María.

—Sí, eso es lo que quiero.

—Tu vida comenzará a cambiar y serás libre de nuevo. Vas a disfrutar de la vida aun mucho más que antes porque tendrás el Espíritu de Dios en tu corazón.

María es como tantas otras mujeres que siguen llamando a *Luis Palau Responde* o que nos escriben[1] pidiéndonos ayuda, ansiosas de arrojar la culpa que las carcome como una plaga en todo momento de sus vidas. En un instante de desesperación esas apreciadas mujeres hicieron una elección que al poco tiempo lamentaron profundamente y no saben adónde ir. Quieren perdón, quieren paz, quieren libertad; pero temen profundamente que nunca más sabrán lo que son esas cosas buenas.

DE MALAS NOTICIAS A BUENAS NOTICIAS

La buena noticia es que el perdón, la paz y la libertad están a nuestra entera disposición si de veras lo deseamos, sin importar lo que hayamos hecho y a pesar de la carga agobiante de la culpa que podamos sentir. Sin embargo, para entender completamente las buenas noticias y apreciarlas, es crucial que primero aceptemos las malas. Pienso que tenemos que empezar por allí.

1. El aborto es un pecado contra Dios.

Ante la ley occidental, el aborto es aceptable e incluso «un derecho»; pero la mayoría de nosotros sabemos instintivamente que se trata de un asunto serio. El sexto mandamiento ordena: «No mates» (Éxodo 20:13). Matar a un bebé que no ha nacido es un pecado. Este es una ofensa grave a la vida humana y al Dios que la creó. El aborto es un delito infame a los ojos de Dios.

Un aborto no se parece en nada a los demás procedimientos quirúrgicos. No se puede comparar con la extracción de un tumor canceroso o de un apéndice perforado. ¿Por qué? Porque el aborto es matar a un ser humano. Es un pecado terrible y Dios lo aborrece.

---

[1] Por favor, siéntete en libertad de escribirle al autor, la dirección es P.O. Box 1173 Portland OR 97207, EE.UU. Correo electrónico: palau@palau.org

¿Entonces por qué las mujeres se lo practican? Muchas desconocen sus consecuencias morales. Algunas se sienten atrapadas en un embarazo no deseado y piensan que no hay otra salida. Otras están en una situación de pobreza desesperada y no ven la forma de alimentar otra boca hambrienta. Otro porcentaje creen que simplemente cometieron un error y deciden deshacerse del bebé por lo que consideran razones prácticas. Pueden pensar: *No quiero que mi cuerpo se deforme, estoy demasiado ocupada con mi carrera* o *me esto y divirtiendo demasiado como para quedar atada a un bebé*. Otro grupo cree que el aborto es una forma de continuar con un estilo de vida promiscuo y de poca moral.

Cualquiera sea la razón para elegir el aborto, el acto en sí es trágico y pecaminoso. Está mal y es moralmente indefendible.

A menudo me pregunto por qué la pérdida de un hijo (en forma prematura, como solemos considerarlo) nos hace enojar tanto con el Creador y nos lleva a cuestionar su existencia, amor y su poder mientras que con toda libertad le quitamos la vida a un niño que no ha nacido. ¿Por qué nos apresuramos a acusar a Dios por la muerte repentina de un niño y luego estamos de acuerdo con la masacre sistemática de millones de bebés mediante el aborto? ¿Cómo puede ser que nuestra ira contra un Dios que permite que un hijo o una hija muera por el SMSI no tenga límites cuando alentamos a las mujeres en todo el mundo a que le pongan fin a un embarazo no deseado desmembrando a sus bebés no nacidos?

Podemos hacerlo porque pertenecemos a una raza caída que se rebela contra Dios abiertamente.

2. *Toda inmoralidad sexual es pecado contra Dios.*

Antes de dar las buenas noticias, permíteme empeorar las malas noticias. El verdadero asunto no es el aborto; generalmente es la inmoralidad sexual. La Biblia dice: «Tengan todos en alta estima el matrimonio y la fidelidad conyugal, porque Dios juzgará a los adúlteros y a todos los que cometen inmoralidades sexuales» (Hebreos 13:4). También señala: «¿No saben que los malvados no heredarán el reino de Dios? ¡No se dejen engañar! Ni los fornicarios, ni los idólatras, ni los adúlteros, ni los sodomitas, ni los pervertidos sexuales ... heredarán el reino de Dios» (1 Corintios 6:9-10) y «Huyan de la inmoralidad sexual. Todos los demás pecados que una persona comete quedan fuera de su cuerpo; pero el que comete inmoralidades sexuales peca contra su propio cuerpo» (1 Corintios 6:18).

Nuestra sociedad podrá hacer hincapié en que la actividad sexual entre «adultos que dan su consentimiento» es aceptable y aun normal pero las normas de Dios no varían con cada cambio de la corriente cultural. Dios dice que la actividad sexual fuera de los lazos del matrimonio de un hombre y una mujer es mala. Además declara que aquellos que eligen hacer caso omiso de sus normas y quebrantar sus leyes no disfrutarán de la vida eterna ni hallarán un hogar en el cielo. Esto es algo serio.

Empleé la palabra «elegir» muy a propósito. Dios nos deja hacer nuestras propias elecciones morales; tú y yo somos libres de elegir las acciones que deseamos. Dios no ejerce coerción sobre nosotros para que optemos por tal o cual elección, por lo común, tampoco nos impide tomar decisiones tontas o perversas. Se nos confiere el poder de decidir por cuenta propia lo que haremos en una determinada situación. Es uno de los regalos más grandes que Dios le dio a la humanidad. «Elijan ustedes mismos a quiénes van a servir» (Josué 24:15), fue el desafío de Josué a los antiguos israelitas y esa elección se nos presenta hoy.

Por eso no es justo culpar a Dios por no impedirnos tomar una decisión pobre o pecaminosa. «¿Por qué Dios no me detuvo...?» es una pregunta ilegítima. Él nos dio el poder de elegir y no nos quita ese regalo cada vez que estamos a punto de hacer una mala decisión. No tenemos derecho a culpar a Dios por nuestras decisiones pobres cuando nuestro deseo principal es hacer lo que nos place. Jesús dijo que uno puede estar «dispuesto a hacer la voluntad de Dios» (Juan 7:17). Pedro afirma: «Pues ya basta con el tiempo que han desperdiciado haciendo lo que agrada a los incrédulos, entregados al desenfreno, pasiones, borracheras, orgías, parrandas y a las idolatrías abominables ... Pero ellos tendrán que rendirle cuentas a aquel que está preparado para juzgar a los vivos y a los muertos» (1 Pedro 4:3,5).

De hecho Dios no nos deja solo a la deriva en un mar decisiones difíciles. Si nuestro objetivo principal es agradarle, él nos prometió muchas veces que nos guiará para que tomemos las mejores decisiones. El salmista lo dejó muy en claro:

SEÑOR, hazme conocer tus caminos; muéstrame tus sendas. Encamíname en tu verdad, ¡enséñame! Tú eres mi Dios y Salvador; ¡en ti pongo mi esperanza todo el día!... Bueno y justo es el SEÑOR; por eso les muestra a los pecadores el camino ... Él dirige en la justicia a los humildes, y les enseña su camino ... ¿Quién es el hombre que teme al SEÑOR? Será instruido en el mejor de los camino ... El SEÑOR brinda su amistad a quienes le honran, y les da a conocer su pacto (Salmo 25:4-5,8-9,12,14).

Jesús mismo lo expresó de la siguiente manera: «Más bien, busquen primeramente el reino de Dios y su justicia y todas estas cosas les serán añadidas» (Mateo 6:33). Eso no quiere decir que las decisiones difíciles van a desaparecer pero sí quiere decir que Dios quiere guiarnos en el camino que es mejor para nosotros. Podemos depender de su Espíritu para obtener la fuerza para *hacer* lo que es mejor. Pero todo comienza con nuestra elección de alinearnos con Dios poniendo nuestra fe en Jesucristo.

3. Jesús anhela perdonar a quienes se hicieron abortos.

¡Por fin llegamos a las buenas noticias! Aunque el aborto es un pecado terrible, Jesucristo murió en la cruz para perdonar a quienes se lo hicieron abortos. Nadie quiere vivir con la culpa del aborto. ¡Jesús ha preparado la salida!

El antiguo profeta Isaías vislumbró a través de los siglos el ministerio de Jesucristo y escribió: «Todos andábamos perdidos, como ovejas; cada uno seguía su propio camino, pero el SEÑOR hizo recaer sobre él [Jesús] la iniquidad de todos nosotros» (Isaías 53:6). También escribió: «Él fue traspasado por nuestras rebeliones, y molido por nuestras iniquidades; sobre él recayó el castigo, precio de nuestra paz, y gracias a sus heridas fuimos sanados» (Isaías 53:5).

Cientos de años después, el apóstol Pablo mirando en retrospectiva el ministerio de Jesús escribió: «en Cristo, Dios estaba reconciliando al mundo consigo mismo, no tomándole en cuenta sus pecados ... Al que no cometió pecado alguno, por nosotros Dios lo trató como pecador, para que en él recibiéramos la justicia de Dios» (2 Corintios 5:19,21).

Nadie tiene las manos limpias. Ni tú ni yo. Por eso Cristo dejó el cielo para venir a la tierra, vivió una vida sin pecado y luego murió en la cruz para pagar la pena por tus pecados y los míos. Cuando resucitó de entre los muertos tres días después, Dios estaba dando testimonio al mundo de que su Hijo tenía el poder y la autoridad para perdonar los pecados de cualquier persona que pusiera su fe en él. Y cuando Jesucristo perdona a alguien, se paga y se quita todo el pecado y la culpa de esa persona... aun el del aborto. Cristo pagó el castigo completo, no queda nada pendiente.

¿Recuerdas a Kim, al principio de este capítulo? Estas son las buenas noticias que pude trasmitirle a ella.

—Cuando Jesús murió dos mil años atrás en una cruz, fuera de Jerusalén —le dije—, él estaba pensando en ti y estaba pensando en el pequeño bebito que mataste. Kim, Él murió por ti y Jesús dijo: "Conozco a Kim, y estoy muriendo por ella, de allí de Illinois." Él te ama, Kim. Si le pides que te perdone, él te va a perdonar.

Yo encontré ese mismo perdón cuando era adolescente y crecía en la Argentina. Durante nuestra cruzada en Chicago un periodista joven me preguntó en una entrevista radial:

—¿Cómo puede evitar hacerse el fariseo al hablar de Jesucristo?

—Le diré como hago —respondí—. Lo puedo hacer porque tengo una opinión muy pobre de mí mismo. No soy digno. Soy malo y un pecador. Yo no encontré la verdad; la verdad me encontró a mí. Yo iba en la dirección contraria y un día Dios envió a un joven que me hizo sentar y me puso los puntos sobre las íes. Me dijo: «Luis, si te mueres esta noche, ¿sabes adónde te vas?» Dije: «Absolutamente sí.» y sabía que era al infierno. Me preguntó: «¿Quieres ir allí?» «No», le contesté. Me dijo: «¿Entonces por qué vas allí?» Le respondí: «No lo sé.» A su vez preguntó: «¿Quieres cambiar de dirección?» «Sí», contesté. «¿Quieres hacerlo ahora?», me dijo. «Sí», fue mi respuesta. Entonces me leyó un pasaje del Nuevo Testamento donde el apóstol Pablo escribe: «si confiesas con tu boca que Jesús es el Señor, y crees en tu corazón que Dios lo levantó de entre los muertos, serás salvo.»

»Luego me preguntó: "Luis, ¿crees en tu corazón que Dios lo levantó de entre los muertos?" "Sí", contesté. "Entonces, ¿qué más tienes que hacer?", me preguntó. Leí el pasaje de nuevo y respondí: "Confesarlo con mi boca." Estaba comenzando a llover, allí en las montañas de Argentina, entonces me rodeó con el brazo y me preguntó: "¿Estás dispuesto a confesar con tu boca que Jesús es el Señor?" "Sí", contesté y él dijo: "Muy bien, oremos." Y oramos.

»Fue rápido, apuradamente. Él quería regresar a la carpa porque estaba lloviendo y yo invité a Jesús a entrar en mi corazón. En ese momento recibí la vida eterna. Y mírenme, tantos años después, sé que tengo vida eterna porque Dios me perdonó esa noche en el sur de Argentina. Él vino a mi corazón. Así es como evito hacerme el fariseo cuando predico el evangelio.

Jesús anhela perdonarte, al igual que perdonó a Kim y al igual que me perdonó a mí. ¿Has experimentado de veras su perdón? Según las promesas de Dios y creyendo en la crucifixión y la resurrección de su Hijo, ¿sabes que tus pecados han sido perdonados?

La Biblia señala: «Les digo que este es el momento propicio de Dios; ¡hoy es el día de salvación!» (2 Corintios 2:6b). Puedes recibir la vida eterna ahora mismo tan solo con poner tu fe en Jesucristo.

—¿Pero cómo, Luis? —quizá te estés preguntando.

¿Por qué no te detienes ahora mismo, allí donde estás y en la quietud de tu corazón le hablas a Dios? Por supuesto que puedes hablarle con las palabras que desees.

Te sugiero que hagas la siguiente oración de compromiso:

—*Señor, vengo a ti con humildad, en medio de mi pena y mi dolor. Sí, por favor, perdona mis pecados, aun el pecado del aborto. Te doy gracias porque Jesús murió en la cruz para limpiar mi corazón y resucitó para darme una vida nueva y eterna. Gracias porque ahora puedo disfrutar de la esperanza segura del cielo. Te amo y viviré para ti todos los días de mi vida. Amén.*

Si esa es tu oración, ¡felicitaciones!

¡Bienvenido a la familia de Dios![2]

Ahora puedes descubrir por tu cuenta que ...

---

[2] Si acabas de darle tu vida a Jesucristo, por favor, escríbeme. Me alegraría contestarte y enviarte un ejemplar gratuito de mi libro *Adelante con Jesucristo*. Es gratis y solo tienes que pedirlo. O quizás quieras más consejos y pedir oración. Siéntete en libertad de escribirme. Mi dirección es Luis Palau P.O. Box 1173, Portland Oregon 97207, EE.UU. Correo electrónico: palau@palau.org

4. El Señor Jesucristo quiere que disfrutemos de una paz profunda.

Uno de los mejores aspectos de ser cristiano es la profunda paz que Dios pone en nuestros corazones. No solo nos perdona, sino que nos da un nuevo corazón: limpio, libre de culpa y de vergüenza de una conciencia sucia.

Cuando hablo con mujeres que están luchando con la culpa del aborto me encanta citar Hebreos 9:14, un versículo del Nuevo Testamento que da una promesa maravillosa. Dice así: «¡Cuánto más la sangre de Cristo, quien por medio del Espíritu eterno se ofreció sin mancha a Dios, purificará nuestra conciencia de las obras que conducen a la muerte, a fin de que sirvamos al Dios viviente!»

Le cité ese versículo a Kim y le dije: «El Señor va a limpiar tu conciencia de todos estos recuerdos tristes y ante los ojos de Dios serás tan limpia y pura como cuando eras una niñita de cinco años, sin una mancha ante los ojos de Dios.» ¡Y creyó en la promesa de Dios!

Un erudito del Nuevo Testamento, C.H. Dodd, cierta vez observó que la palabra que se tradujo como «purificará»[3] en realidad también se puede verter como «desinfectará» de modo que el versículo se lea: «la sangre de Cristo nos desinfectará de todo pecado.» ¡Qué pensamiento grandioso!

Cuando somos perdonados por fe mediante la sangre de Cristo, somos purificados y desinfectados de *todo* pecado. Debemos descansar en la obra completa de Cristo, en su crucifixión,

---

[3] Nota del traductor.: En la versión inglesa, la palabra utilizada es «cleanse» que equivale a «limpiar», esta última es el término empleado en la versión Reina Valera. La Nueva Versión Internacional lo empleó «purificará», lo cual apoya la observación de C.H. Dodd.

sepultura y resurrección. Tus pecados y culpa están clavados en la cruz y sepultados en la tumba con Cristo. Debes dejarlos atrás.

Muchas personas siguen luchando con esto. Pueden creer que Dios los perdona cuando ponen su fe en Cristo pero permiten que sus pecados perdonados aun los acechen. Precisamente este era el problema de una mujer que buscó a la escritora cristiana Rebecca Manley Pippert. Becky relató la siguiente historia varios años atrás:

Hace algunos año, una mujer se me acercó durante una de mis conferencias. Era encantadora, piadosa ... y estaba muy atormentada. No dejaba de sollozar y de llorar. Apenas si podía contar su historia.

Por fin comenzó a contarme que muchos años atrás ella y su esposo (que en ese entonces era su prometido) habían sido líderes de jóvenes en una iglesia evangélica muy conservadora. Se iban a casar en el mes de julio. Sin embargo, antes de la boda comenzaron a tener relaciones sexuales y quedó embarazada. La idea de lo que esto haría a la iglesia fue mucho más de lo que pudo soportar. Sabía que la iglesia no iba a poder soportarlo. Pero dijo: «También sabía que mi propio orgullo no lo iba a poder soportar... allí estábamos, aconsejando a todos esos jóvenes pero nosotros no éramos ejemplo.» Así que no le dijeron nada a nadie que se había hecho un aborto.

—Becky —me dijo—, creo con todo el corazón que he asesinado a un inocente. Hemos tenido un matrimonio maravilloso, involucrados en el ministerio, tenemos cuatro hijos preciosos. Pero vivo cada día con la culpa de que he matado una vida. No sé cómo pude haber matado a un bebé inocente ...

Mientras escuchaba sus sollozos y veía su tormento, me vino un pensamiento a la mente pero no dije nada. Pensé: «Esto no puede ser del Señor, la destruiría.»

—*Becky* —continuó—, *no puedo creer que alguna vez haya podido matar a un inocente.*

Y así siguió por algún tiempo. Finalmente, le dije, esperando que fuera de Dios:

—*No sé por qué estás tan sorprendida. Porque este no es tu primer asesinato. Es el segundo.*

Me miró boquiabierta. Proseguí:

—*La cruz nos muestra que todos somos los crucificadores. Los que abortan y los que no, los religiosos y los que no lo son. Todos quedamos como crucificadores cuando miramos hacia la cruz. Todos tuvimos parte al matar al único inocente que existió. Nuestros pecados son precisamente lo que lo llevó hasta allí. Y pareces sorprenderte más de que hayas podido matar a tu propio hijo, cuando ya mataste al Hijo de Dios.*

Dejó de llorar y me miró.

—*Es verdad* —observó—. *Tienes razón. En realidad, me he sentido más culpable por matar a mi propio hijo que al Hijo de Dios. Lo que quieres decir es que he hecho algo peor que lo que estoy confesando. Antes no podía imaginarme algo más terrrible que lo que había hecho. Pero me estás diciendo que la cruz me muestra que soy peor de lo que pensaba.*

Continuó:

—*Becky, si la cruz me revela que soy peor de lo que pensaba, también revela que lo malo que alguien pueda hacer ya fue perdonado. Becky, la cruz me muestra que la maldad del mundo ya ha sido absorbida y perdonada. Y si eso ha sido perdonado, ¿cómo no será perdonada mi confesión de este pecado?*

Entonces me miró, comenzó a llorar de alegría y me dijo:

—*¡Ay, Becky, qué gracia tan sublime!*

Luego Becky se dirigió a la audiencia directamente y expresó:

—He visto a alguien penetrar en el centro del misterio de la cruz. Que por una comprensión adecuada del sacrificio de Cristo ha sido literalmente transformado. Solo sucedió cuando llevó su pecado y su dolor a la cruz, que insiste en resaltar nuestra maldad para que no nos quede absolutamente ninguna duda de que hemos sido perdonados.

»Esa mujer reconoció en forma intuitiva que Dios obra según la ley psicológica más profunda de aceptación, que para que creamos verdaderamente que somos recibidos tenemos que saber que nos han acogido en nuestra peor condición. Esto es precisamente lo que hace la cruz y la razón por la cual podemos enfrentarnos a nuestro lado oscuro, porque la solución de Dios es maravillosa. Eso es lo que nos da la confianza para no tener temor. Llegamos a la cruz y nos damos cuenta de que nunca nadie nos amará como Jesús.

¿Quieres paz? ¿Quieres la confianza para no tener temor? En verdad nunca nadie nos amará como Jesús. Él te invita a que vengas a él y a que por la fe recibas su perdón y su paz. Te insto a que aceptes su invitación.

5. Cuéntale a otros de la misericordia de Dios hacia ti.

Una vez que has puesto tu fe en Jesucristo, te ha perdonado y te ha dado su paz, hazte el propósito de decirle abiertamente a Dios y a los demás: «Estoy en deuda con el Señor. Los pecados que me perdonó eran tan horrendos, que no puedo repetirlos.»

Cuando el rey David en el Antiguo Testamento finalmente admitió su adulterio con Betsabé, se sentó y le escribió a Dios estas bellas palabras: «Devuélveme la alegría de tu salvación; que un espíritu obediente me sostenga. Así enseñaré a los transgresores tus caminos, y los pecadores se volverán a ti. Dios mío, Dios de mi salvación, líbrame de derramar sangre, y mi lengua alabará tu justicia. Abre, Señor, mis labios, y mi boca proclamará tu alabanza» (Salmo 51:12-15). Nunca olvides lo que Dios ha hecho por ti y alábalo siempre por su misericordia.

Sin embargo, te doy un consejo: emplea tu experiencia en forma discreta y cuando cuentes tu historia, cuéntala con humildad genuina. No tienes que dar detalles y seguir insistiendo con ella. Fue algo horrible y si sientes que puedes contar tu caso para ayudar a alguien, haz hincapié en que fue algo terrible y que solo por la misericordia de Dios estás perdonada y libre de la culpa y los recuerdos que lo acompañan. Y luego déjalo así.

Asimismo, si tienes (o vas a tener) otros hijos, atesóralos. Alégrate y da gracias por los que Dios pone a tu cuidado. Con la ayuda de él puedes ser una madre excelente. Con tu vida redimida, muéstrale a tus hijos que Dios los ama y quiere que pertenezcan a su familia.

6. Verás a tu pequeñito en el cielo.

Finalmente, te diré algo que te sacudirá y que te hará bien: ¡un día verás a tu bebé en la presencia de Dios! Jesús dijo: «Dejen que los niños vengan a mí, y no se lo impidan, porque el reino de los cielos es de quienes son como ellos» (Mateo 19:14). Tu hijo está en el cielo y si has puesto tu fe en el Cristo crucificado y resucitado, también vas camino al cielo. ¡Qué pensamiento emocionante! Es la bendición más inesperada e inmerecida. Fue precisamente lo que le dije a María, la mujer sobre la que hablé antes en este capítulo.

—Ahora eres una hija de Dios —le dije a María después de que aceptó a Cristo—. Cuando mueras, te irás al cielo. ¿Lo crees?

—Sí.

—En el cielo vas a ver al bebito que abortaste. Y sabrás quién era porque era una persona. Ese bebé está con Jesús y lo vas a ver, sea varón o mujer. Pero no será un bebé sino un humano desarrollado y verás tú misma a esa persona. ¿No es bueno el Señor? No solo te perdona sino que un día conocerás a tu hijo. ¡Qué fiesta va a haber allá arriba!

¡Una fiesta que voy a disfrutar!

GOZO DURADERO

No puedo finalizar este capítulo sin volver a Kim una vez más, la mamá de cuatro hijos que se sentía agobiada por su aborto. Llamó a nuestro programa durante Semana Santa, a pocas horas del Viernes Santo. Pude guiarla a Jesús y ella recibió encantada la misericordia, el perdón y la paz de Dios.

Tres días después de nuestra conversación, recibí muy buenas noticias de parte de la madre de Kim.

—Gracias —dijo muy animada—. Nunca había visto a mi hija disfrutar un día como las últimas veinticuatro horas. ¡Ahora tiene tanta paz porque sabe que ha sido perdonada!

Esta también puede ser tu experiencia. Tú puedes gozar veinticuatro horas como esas: cada día por el resto de tu vida. Solo hace falta aceptar la oferta maravillosa que Jesús te hace ahora mismo. Kim está contenta de haberla aceptado y tú también lo estarás.

10

Boletas rosas
y ojos rojos

Has escalado la escalera corporativa, has ganado el nivel de vida que siempre soñaste y vas en camino a un retiro cómodo. Sin embargo, cinco años antes de tu fiesta de despedida, tu supervisor te entrega una boleta rosa, sin disculpas ni explicaciones. De pronto tu futuro dorado se desploma y se hace polvo.

Se pueden ver escenas así aunque la economía de un país bombee a alta velocidad. El desempleo puede atacar de repente, sin previo aviso. En el transcurso de las semanas pasadas, mientras estaba escribiendo este libro, otros dos gigantes industriales anunciaron la reducción de miles de empleos. ¿Quién hubiera imaginado que estas compañías de la lista *Fortune* 500 se verían forzadas a anunciar una reducción de personal de tales dimensiones? Sin embargo, sucede a cada momento.

Perder el trabajo en forma inesperada le puede pasar a cualquiera un momento iniesperado. Un amigo había trabajado veinticinco años en una compañía como ejecutivo cuando se enteró de que sus servicios ya no eran necesarios.

Otro, presidente de una compañía importante, perdió su trabajo cuando decidió reducir las ganancias de la compañía para salvar los puestos de siete mil empleados. La junta de directores lo despidió por sus esfuerzos y le quitó la pensión generosa que esperaba recibir, lo cual lo obligó a mudarse al norte de California para administrar una compañía minúscula hasta que tomó un retiro temprano.

Pocos conocen la verdadera historia de este hombre. Los ex empleados lo consideraban un hombre cruel y duro pero yo sé que no es así. Oré con él cada semana de esos últimos días y a menudo lloraba al ver lo que le esperaba. Lo considero un héroe, como un hombre en el Titanic que dio su vida para salvar la de otro. Sin embargo, cuando lo despidieron, fue al único que culparon por las siete mil boletas rosas que se enviaron de inmediato.

A menudo me encuentro con hombres desempleados de más de cuarenta o casi cincuenta años que pierden la esperanza de alguna vez hallar trabajo. Una y otra vez se estrellan contra la pared porque los consideran demasiado viejos o porque sus antiguos salarios parecen demasiado altos. Estos hombres les dicen a sus posibles empleadores:

—No se preocupe si el salario parece muy bajo, lo acepto.

Pero los rechazan con un parco:

—Sí, lo acepta pero estará ofendido cuando se dé cuenta de que nunca va a ganar tanto como antes. Entonces comenzará a pensar: *Esta gente se está aprovechando de mí; no me pagan lo que merezco o lo que exige mi experiencia.* No, lo lamentamos. Usted no es la persona que estamos buscando. Pero gracias por venir. Otros hombres y mujeres pierden sus trabajos cuando las economías locales cambian de una industria predominante a otra, o a ninguna. Esto sucedió aquí en Oregon con la industria del aluminio y de la madera. Cuando un hombre que ha trabajado en los aserraderos desde la escuela secundaria de repente se encuentra con que ya no hay trabajo, no puede simplemente pasarse a la informática. Son tiempos de desesperación.

Varios años atrás, me encontraba en una serie de reuniones en Glasgow, Escocia, y la BBC me desafió acerca del cuadro local de desempleo.

—Tenemos un veinticuatro por ciento de desempleo —me dijeron—. Probablemente un cuarto de su audiencia son desempleados. ¿Qué les dice a ellos?

—Nunca lo pensé —respondí.

—Bueno, será mejor que lo haga —acotaron— porque esta gente está desesperada.

Su desafío me obligó a considerar qué les diría a hombres y mujeres a quienes el desempleo los llevó a la desesperación. Mi mente se remontó varias décadas atrás a mi propia experiencia después de la muerte de mi padre. Mi mamá, mis hermanas y yo vivíamos de mi pobre salario. Pero durante un paro de noventa días no tuve trabajo. Los sindicatos no nos dieron ni un centavo y esos tres meses me enseñaron mucho acerca del desempleo y la pobreza. ¿Qué hicimos entonces? Los siguientes nueve principios reflejan no solo lo que hice sino lo que ahora pienso que debí haber hecho.

Nueve principios para los desempleados

1. Primero, pon tu confianza en Dios.

Si ya has depositado tu confianza en Dios al poner tu fe en la muerte y resurrección de Jesucristo, ¡fantástico! Si no es así, pregúntate: «¿Qué está tratando de hacer Dios en mi vida en medio de mi desempleo? ¿Y cómo quiere que reaccione?»

La Biblia dice: «Confía en el SEÑOR de todo corazón, y no en tu propia inteligencia. Reconócelo en todos tus caminos, y él allanará tus sendas» (Proverbios 3:5-6).

Entonces lo primero que debes hacer es clamar a Dios. Reconoce tu situación en oración. En realidad es mucho más desesperada de lo que piensas. La Biblia dice: «pues todos han pecado y están privados de la gloria de Dios» (Romanos 3:23). La Biblia también afirma: «Porque la paga del pecado es muerte ... » Esa es la mala noticia.

La buena noticia es: «mientras que la dádiva de Dios es vida eterna en Cristo Jesús, nuestro Señor» (Romanos 6:23). ¿Es Cristo tu Señor? Si no es así, ¿por qué no confías hoy en él?

—¿Pero cómo, Luis? —quizá estés pensando.

El apóstol Pedro nos dice: «De hecho, [salvo por Jesucristo] en ningún otro hay salvación, porque no hay bajo el cielo otro nombre dado a los hombres mediante el cual podamos ser salvos» (Hechos 4:12).

¿Le has pedido a Jesús que te salve? Si no lo has hecho, ¿por qué no te detienes ahora mismo y allí donde estás, en la quietud de tu corazón le hablas a Dios? Puedes poner tu confianza en él en este mismo instante. La elección es tuya.

Por supuesto que puedes hablar con Dios con las palabras que desees. Te sugiero que hagas la siguiente oración de compromiso:

—*Señor, vengo a ti con humildad, en medio de mi pena y mi dolor. Sí, por favor, perdona mis pecados. Te doy gracias porque Jesús murió en la cruz para limpiar mi corazón y resucitó para darme una vida nueva y eterna. Gracias porque ahora puedo disfrutar de la esperanza segura del cielo. Por favor, guíame a un nuevo trabajo donde pueda contarle a otros de ti. Te amo, Señor, y viviré para ti todos los días de mi vida. Amén.*

Si esa es tu oración, ¡felicitaciones!

Nunca tomarás otra decisión tan importante.

Entonces ...

2. No culpes a otros por tu desempleo; tómalo como algo de Dios mismo.

Un seguidor de Jesús genuino que de repente queda «reestructurado», suspendido o despedido debería considerar ese incidente como proveniente de Dios y no de una tercera persona. Cuando me dirigí a la audiencia de Glasgow varios años atrás, insté a los presentes a que no culparan a Margaret Thatcher o al gobierno por el aprieto en el que se encontraban.

—Olvídense de los intermediarios —les dije—. Terceras partes pueden tener responsabilidad pero que les echen la culpa es un error fútil que produce amargura.

En cambio, insté a los queridos oyentes que estaban sin trabajo a considerar sus circunstancias como provenientes de la mano de Dios mismo. Observa que no dije *«échenle la culpa* a Dios» sino *«acepten su situación* como si viniera de Dios». Hay una gran diferencia.

Este patrón lo vemos varias veces en los Salmos. Los hombres fieles pueden sufrir el ataque de sus enemigos o el embate de los elementos naturales pero la constante es que ven a Dios como el soberano del universo que permitió que esas pruebas se cruzaran en su camino. «Nos hiciste retroceder ante el enemigo; nos han saqueado nuestros adversarios», clama el salmista. «Cual si fuéramos ovejas nos has entregado para que nos devoren, nos has dispersado entre las naciones. Has vendido a tu pueblo muy barato, y nada has ganado con su venta ... Todo esto nos ha sucedido, a pesar de que nunca te olvidamos ni faltamos jamás a tu pacto» (Salmo 44:10-12,17). «Has sometido a tu pueblo a duras pruebas; nos diste a beber un vino embriagador», escribe (Salmo 60:3). «Tú, oh Dios, nos has puesto a prueba; nos has purificado como a la plata», declara (Salmo 66:10). «Me has echado en el foso más profundo, en el más tenebroso de los abismos», le dice a Dios. «El peso de tu enojo ha recaído sobre mí; me has abrumado con tus olas» (Salmo 88:6-7).

Amós, profeta del Antiguo Testamento, sigue un razonamiento similar cuando escribe: «¿Ocurrirá en la ciudad alguna desgracia que el Señor no haya provocado?» (Amós 3:6). El patrón continúa en el Nuevo Testamento. «Lo que soportan es para su disciplina», nos anima el autor de Hebreos, «pues Dios los está tratando como a hijos. ¿Qué hijo hay a quien el padre no disciplina? Si a ustedes se les deja sin la disciplina que todos reciben, entonces son bastardos y no hijos legítimos ... pero Dios lo hace para nuestro bien, a fin de que participemos de su santidad» (Hebreos 12:7-8,10).

No pierdas el tiempo culpando a los intermediarios por estar sin trabajo. Algún superior puede tener la responsabilidad de tu apuro pero si eres un creyente en Cristo, no te sucede nada que no pase primero por las manos de Dios. No importa cuál sea la prueba; considérala parte de su disciplina para ayudarte a ser más como Jesucristo.

3. *Trata de hallar el propósito de Dios para tu falta de trabajo.*

«Gloria de Dios es ocultar un asunto, y gloria de los reyes el investigarlo», dice Proverbios 25:2 y según el Nuevo Testamento, los creyentes son reyes y sacerdotes. Por lo tanto, es nuestra «gloria» tratar de entender lo que Dios está haciendo en nuestras vidas. Todos ansiamos una respuesta racional a nuestras circunstancias y dado que sabemos que Dios no es irracional, creemos que nuestras experiencias en la vida tienen algún significado. Queremos entenderlas si podemos.

Estoy seguro de que uno de los héroes del Antiguo Testamento pasó mucho tiempo «investigando» la razón que estaba detrás de todas las penurias brutales de su vida. La historia de José ocupa casi un tercio del libro de Génesis, lo cual indica que es de gran importancia. Los capítulos 37 al 50 describen a una familia disfuncional en la que un cóctel mortal de celos, amargura y enojo finalmente llega al punto de ebullición y termina en traición y por poco en homicidio. Los hermanos de José lo venden como esclavo y durante varios años le sobreviene una calamidad tras otra. Lo acusan falsamente de violación y lo meten preso injustamente, donde languidece por un tiempo.

José debe haber pensado: *Dios ¿qué estás haciendo? ¿Por qué me abandonaste? ¿Qué te traes entre manos?* Para los espectadores, sin duda Dios había abandonado a José, se había olvidado de él, lo había desechado. Sin embargo, a su tiempo, el Señor usó las circunstancias adversas de este joven para un gran propósito. El propio José finalmente llegó a verlo después de que Dios lo elevó al poder en la tierra de su cautiverio. Cuando sus hermanos traicioneros (y temerosos) volvieron a él años después, les dijo: «Es verdad que ustedes pensaron hacerme mal, pero Dios transformó ese mal en bien» (Génesis 50:20). El salmista nos ofrece una reflexión más profunda acerca de los propósitos de Dios cuando escribe: «Pero envió delante de ellos a un hombre: a José, vendido como esclavo. Le sujetaron los pies con grilletes, entre hierros le aprisionaron el cuello hasta que se cumplió lo que él predijo y la palabra del SEÑOR probó que él era veraz» (Salmo 105:17-19).

Dios puede estar haciendo muchas cosas en nuestra vida al permitir que perdamos un trabajo. Pero una cosa es segura: como un padre con su hijo, Dios está moldeando nuestro carácter. Entonces tenemos que preguntarnos: «¿Qué parte de mi carácter necesita trabajo?»

Los que sirven al Señor Jesucristo pueden descansar en la seguridad de que Dios nunca va a malgastar sus sufrimientos ni permitir que sufran sin sentido alguno. Creo que hay un propósito detrás de todo lo que toca nuestras vidas y nuestra tarea es hallar ese propósito en lo posible. Si de repente nos despiden, podemos decir: «Creía que era un buen trabajo, pero Dios sabe lo que más conviene. Debe haber algo mejor para que yo haga en vez de trabajar para esta compañía. Ahora debo descubrirlo.»

¿Recuerdas a mi amigo que perdió su puesto ejecutivo después de trabajar veinticinco años para la compañía? Dios tenía un mejor propósito para él: un ministerio fabuloso que jamás había previsto. Cuando perdió su trabajo, pensó: *Iré a las Filipinas de misionero como mi hermano*; pero una visita allí dejó en claro que el papel de misionero no era para él. Encontró otro trabajo por un salario mucho menor pero aun se sentía inquieto. Un día la iglesia le propuso un puesto para trabajar con los ancianos. La iglesia nunca pensó proponérselo cuando él tenía un «puesto importante» pero ese parecía ser el momento justo. ¡Y lo era! Sintió que había llegado al cielo cuando la iglesia le abrió las puertas para ministrarle a los ancianos. Nunca había vislumbrado una carrera tan placentera cuando dejó el mundo de los negocios a los cincuenta y tres años.

Muchos años atrás, antes de fundar la Asociación Evangelística Luis Palau, a mí también me despidieron y perdí un puesto ejecutivo. Gracias a Dios, para ese entonces ya había aprendido estos principios y de inmediato traté de ponerlos en práctica. Durante casi tres meses, a menudo me sentaba en una mecedora tratando de resolver: *¿Por qué Dios permitió que pasara esto? Tiene que haber una razón.* Mientras tanto tuve que seguir adelante, e íbamos dando tumbos de un lado a otro tratando de construir el equipo desde cero. Pero seguía pensando: *Dios está tratando conmigo y con mi alma en medio de todo esto. Está tratando de enseñarme algo que no hubiera aprendido de ninguna otra manera. Él no lo haría simplemente porque le dio la gana. Él no estaba mirando para otro lado cuando esto sucedió. Creo que Dios tiene un propósito y tengo que saber cuál es.*

Esa experiencia no solo condujo a la organización de nuestro equipo sino que también hizo que me diera cuenta de que tenía que caminar más humilde con mi Dios. Me sacudió y demolió todo orgullo por mis habilidades, mi gracia o capacidad para ganarme a la gente. Dios *sí* tenía un propósito en lo que permitió que sucediera… y él quería que lo descubriera.

4. Pasa tiempo a solas con Dios.

Muchos de nosotros decimos que no tenemos tiempo para orar; pero el desempleo lo cambia todo. De pronto tenemos todo el tiempo del mundo.

Si estás sin trabajo, te recomiendo que dividas tu día en distintos segmentos. En el primer segmento, pasa dos horas a solas con Dios de rodillas. Lee y estudia su Palabra, ora y alábale. Recuerda lo que el apóstol Pablo decía acerca de la Escritura: «De hecho, todo lo que se escribió en el pasado se escribió para enseñarnos, a fin de que, alentados por las Escrituras, perseveremos en mantener nuestra esperanza» (Romanos 15:4).

Emplea ese tiempo para desarrollar un corazón para Dios, para nutrir una relación tierna y sensible con él. El sufrimiento puede amargarte y alejarte de Dios o acercarte a él permitiéndole entender mejor su mente y su corazón. Así que escucha a Dios y si es necesario, llega al exceso con la Biblia, la oración, un cuaderno y nada más. Desecha todos los demás libros (incluso este) y propónte pasar tiempo a solas con Dios. Dile: «Señor, creo que tienes un propósito para mí. Dime cuál es. ¿Qué debo aprender de todo esto? ¿Qué estás tratando de enseñarme? Estoy atento; la antena está lo más alto posible.»

Este no es el momento de protestar contra Dios. Los tiempos de crisis deberían ponernos de cara al piso y movernos a confesar: «Señor, aquí hay algún aprendizaje, estoy escuchando con atención. Soy un esclavo humilde. Quiero aprender todo lo que necesito porque no quiero pasar de nuevo por esto.» En vez de quejarte, discutir o protestar, cierra la boca. Como dijo

David: «Vigilaré mi conducta, me abstendré de pecar con la lengua, me pondré una mordaza en la boca» (Salmo 39:1).

Al pasar tiempo a solas con Dios a través de su Palabra, mantén tu corazón abierto y deja que el Espíritu Santo te señale los ámbitos que necesitan trabajo o los nuevos rumbos que quiera que tomes. Ante todo, mantente abierto a las «cosas nuevas» que él quiera que hagas en tu vida. El no hacerlo puede dar por resultado largos años de tristeza y de dolor innecesario.

Un hombre construyó un estilo de vida acomodado para él y para su familia trabajando un territorio de ventas rentable de tres estados. Era dueño de varios automóviles de lujo y de un avión privado. Al tiempo comenzó a considerar el territorio como de su propiedad y a ser negligente con su trabajo. Su esposa le advertía: «Te estás volviendo descuidado, no le estás dando seguimiento a las llamadas.» Pero él no le hacía caso.

Un día la compañía se vendió y el nuevo supervisor del hombre lo citó en el aeropuerto para una reunión de veinte minutos mientras esperaba su siguiente vuelo. «Estás acabado», le dijo sin ceremonias. «No hay lugar a protestas. No has cumplido con las expectativas, ni has ampliado tu territorio y tus ventas tampoco subieron. Terminaste y ya le di tu trabajo a otro.»

El hombre se amargó por su despido y se volvió tan melancólico que su esposa temía que se quitara la vida. Rehusó buscar trabajo y comenzó a gastar las reservas y las inversiones. Primero vendió el avión y después un auto. Su esposa tomó un trabajo de baja remuneración y finalmente él comenzó a trabajar como administrador de una pequeña organización. Su espíritu amargado y enojado aun se dejaba entrever y una nube negra lo seguía a todas partes. De nuevo se volvió descuidado en este trabajo y también fue despedido.

El segundo despido lo amargó tanto que se alejó de la iglesia y prácticamente se olvidó de Dios y del cristianismo. En vez de aprender una lección, humillarse y decir: «Señor, ¿qué estás tratando de enseñarme?», se enojó y la amargura saltaba de su boca. Antiguos amigos ya no querían hablarle; de todos modos no los escuchaba.

Este hombre se rehusó a descubrir y a aplicar los principios de Dios. En veinte años no aprendió nada y en realidad retrocedió. Es una lección sobre lo negativo que ilustra lo que puede suceder si elegimos ser tercos.

5. *Trabaja de voluntario en la iglesia o en una organización de servicio.*

Dedica cinco horas de tu día a trabajar como voluntario en tu iglesia o en una organización de servicio a la comunidad. Averigua quién necesita ayuda con la casa o con el jardín o un trabajo de pintura o reparaciones eléctricas. Las viudas y los ancianos siempre necesitan una mano amiga; ¿por qué no se la das?

Cultiva una actitud de siervo y busca formas de ayudar a otros. Como dijo el apóstol Pablo: «Ayúdense unos a otros a llevar sus cargas, y así cumplirán la ley de Cristo» (Gálatas 6:2), y «En efecto, al recibir esta demostración de servicio, ellos alabarán a Dios por la obediencia con que ustedes acompañan la confesión del evangelio de Cristo, y por su generosa solidaridad con ellos y con todos» (2 Corintios 9:13).

¡No dejes de trabajar solo porque no te pagan!

6. *Únete a un equipo para evangelizar a tu comunidad.*

En vez de sentarte en tu casa esperando que te llame un posible empleador, ¿por qué no empleas parte de tu tiempo para llevarles el evangelio a los que todavía no conocen a Cristo? Reúne un equipo de tu iglesia y planeen una estrategia para evangelizar su comunidad. Si es verano, desarrollen un club de Biblia en el patio de una casa y presénteles a Jesús a los niños del barrio. Tu iglesia puede ayudarte a conseguir los materiales necesarios. Organiza un torneo de baloncesto de tres contra tres. O propón una fiesta en la calle para la gente del barrio. Emplea tu tiempo con creatividad para llevar las Buenas Noticias de Jesucristo a los hombres, mujeres, niños y niñas de tu manzana que todavía no han hecho un compromiso de fe con el Señor.

No pierdas el tiempo; ¡úsalo en una forma creativa para el reino de Dios!

7. Comienza un nuevo negocio.

Si pasas dos horas de rodillas con Dios y cuatro más con ahínco para ayudar a otros, te recomiendo que también pases otras cuatro horas por día buscando trabajo o planeando un nuevo negocio.

Hazte una evaluación sincera. ¿Qué tipo de retiro necesitas? ¿En qué eres bueno? ¿Qué es lo que te gusta? ¿Qué necesidades sin cubrir ves a tu alrededor? ¿Con quién puedes hablar que te dé ideas creativas?

Si me hallara sin trabajo, estoy muy seguro de que reuniría dos o tres personas más y les diría: «Comencemos algo nuevo. ¿Qué recursos tenemos? ¿Qué necesita la gente? ¿Cómo podemos suplir esa necesidad?» Adelante. Tú también puedes hacerlo.

8. Planta algo y cultívalo.

Si tienes una parcela de tierra, no importa cuán pequeña sea, planta algo: ya sean tomates, lechuga, papa, frijoles, etc. Si no tienes un pedazo de tierra pídelo prestado. Muchas personas estarían dispuestas a permitirte usar una parcela si tan solo le explicas tus motivos. Diles: «Mire, estoy sin trabajo. Quiero plantar algunos vegetales. ¿Podría usar una esquina de su parcela?»

En Suiza, el país más rico del mundo en ingresos per capita, prácticamente cada pedazo de tierra que no está reservado para caminar o para la vida silvestre está cultivado. En todos lados se ven pequeñas parcelas de seis por seis en las que alguien ha sembrado algo. La mayoría de los suizos no lo necesitan (tienen más dinero para guardar que nadie en el mundo) pero si los ricos pueden hacerlo, ¿por qué los pobres no? Busca una parcela abierta y cultívala. Y en poco tiempo no solo tendrás algo para comer sino la satisfacción que solo conocen los granjeros.

9. Ni se te ocurra ir de bar, en bar ni apostar ni salir de parranda.

En Belfast, Irlanda, muchos años atrás estaba visitando la casa de una señora cuyo esposo y su hijo estaban sin trabajo. Cuando el padre apareció, lo saludé y hablamos un rato. Se quejaba de que tenía que vivir de la pensión de desempleo y refunfuñaba que el estipendio del gobierno era muy poco para su familia. Luego desapareció. Al poco rato volvió vestido de punta en blanco.

—Hasta luego —saludó.

—¿Adónde vas? —le pregunté.

—Me voy al hipódromo —respondió. ¡Lo poco que tenía lo iba a gastar en los caballos!

Mucha gente hace eso. En vez invertir su dinero en forma creativa, lo malgastan en apuestas. Otros van a los bares y se sientan allí durante horas, ahogando sus penas en alcohol y finalmente salen más pobres de lo que entraron.

El desempleo no es divertido pero no tienes por qué empeorar la situación malgastando tus recursos limitados en apuestas, bebidas y juergas. Recuerda lo que escribió el apóstol Pedro: «Pues ya basta con el tiempo que han desperdiciado haciendo lo que agrada a los incrédulos, entregados al desenfreno, pasiones, borracheras, orgías, parrandas y a las idolatrías abominables. A ellos les parece extraño que ustedes ya no corran con ellos en ese mismo desbordamiento de inmoralidad, y por eso los insultan. Pero ellos tendrán que rendirle cuentas a aquel que está preparado para juzgar a los vivos y a los muertos» (1 Pedro 4:3-5).

Un día deberemos comparecer ante el tribunal de Cristo y él estará interesado en ver qué hicimos con nuestro tiempo y con nuestros recursos. Emplea tu tiempo con sabiduría durante esta temporada de desempleo para que puedas presentar un buen informe.

Un gran ejemplo

La revista *Parade* publicó un artículo acerca de Herman Cain en el ejemplar del 13 de octubre de 1996. El mismo se titulaba «I *Chose* to Change My Life» [*Elegí* cambiar mi vida] y relataba cómo Cain salió de la pobreza y llegó a convertirse en el presidente de la junta de Godfather's Pizza.

Sin embargo, todo no fue color de rosa para Herman Cain. De niño dormía con su hermano en un catre plegable en la cocina de una casa de tres habitaciones en Atlanta, Georgia. Su padre nunca buscó limosnas sino que tenía tres trabajos para sostener a su familia: era chofer de medio tiempo en Coca Cola, conserje de una panadería en el turno de noche y barbero. Mientras tanto, su madre le hablaba de Dios. «Me enseñó que el éxito no es una función de lo que tienes para empezar en lo material sino en lo espiritual», comentó Cain.

Cain terminó la escuela secundaria con el segundo mejor promedio y luego fue a Morehouse College. Para ayudar a pagar su educación, trabajaba después de la escuela y durante el verano. Lustraba zapatos, enceraba automóviles, era asistente de laboratorio en Coca Cola y dependiente de un almacén que tenía su padre en ese entonces. Después de la graduación universitaria Cain trabajó como matemático civil para la Marina de los Estados Unidos. Luego obtuvo una maestría en informática de

Perdue University y consiguió trabajo en Coca Cola como analista. Pocos años después siguió a un supervisor a Pillsbury y a los treinta y cuatro años se convirtió en vicepresidente de sistemas y servicios corporativos. Sin embargo, al cabo de dos años se aburrió y comenzó a buscar otro desafío.

Lo siguiente que hizo ilustra muchos de los principios de este capítulo. Cain se dio cuenta de que la única forma de escalar posiciones era comenzar desde abajo así que renunció a su cargo, al auto de la compañía y a su elegante oficina, sacrificó paquetes accionarios y se anotó en el programa de capacitación operativa de la división Burger King de Pillsbury. Aprendió el negocio desde abajo cocinando hamburguesas. «Preparaba las papas fritas», explicó Cain. «Limpiaba los baños. Fue una experiencia humillante pero mis comienzos modestos me ayudaron a mantener el ego bajo control.»

Cain también sabía que estaba encaminado en la dirección correcta porque «Como lo hacía con cada decisión clave en su vida, Cain recurrió a la oración en busca de ayuda. Se arrodilló: "Señor ¿qué quieres que haga?" Cuando su esposa lo vio sumido en la reflexión y en la meditación, le dijo: "No te preocupes, sé que puedes lograrlo". Él aceptó sus palabras como una señal de Dios de que estaba tomando la decisión correcta.»

Cain también sabía que el trabajo honrado no "rebaja" al hombre o a la mujer, no importa su estatura o su capacitación. Terminó el programa de capacitación de dos años en nueve meses y lo nombraron vicepresidente de la región de Filadelfia, una de las regiones de peor desempeño en la compañía. En el transcurso de cuatro años la transformó en la región con mejor crecimiento, ventas y ganancias. En 1986 fue nombrado presidente de Godfather's Pizza, que se encontraba en problemas. La compañía salió adelante bajo su dirección y dos años después él y su vicepresidente, Ronald Gartlan, encabezaron un equipo que le compró Godfather's a Pillsbury por cincuenta millones de dólares.

«Una de las claves del éxito en los negocios es estar feliz con lo que uno hace, sin importar lo que uno gane», afirma Cain. «El éxito no es la llave de la felicidad. La felicidad es la llave del éxito. Si amas lo que haces, tendrás éxito.

»Y darle la gloria a Dios. A lo largo de mi vida, le he pedido a Dios que me guíe pero él no habla por medio de una carta o por teléfono. Tu espíritu tiene que estar atento a su voz. A menudo me ha guiado a través de mi esposa, mi madre, mis hijos, mis amigos, mis experiencias o un sermón del domingo.»

Herman Cain sabe qué es pasar horas a solas con Dios. Sabe qué es buscar el propósito de Dios en su vida. Se dedicó a suplir las necesidades de otros y a darle la gloria a Dios por las cosas buenas de su vida. Dudo mucho que haya perdido el tiempo en las tabernas y los casinos.

Que Herman Cain sea tu ejemplo. Quizás seas pobre pero no tienes que quedarte en esa condición. A la mejor la gente te lastimó o se aprovechó de ti pero no tienes por qué dejar que su pie te siga pisando la cabeza. Es probable que no tengas trabajo pero si eres creyente en Cristo, oportunidades no te faltarán. Asóciate con Dios, haz un plan, trabaja en él y observa qué perspectivas pueden abrirse para ti.

¿Qué puedes perder?[1]

---

[1] Si acabas de darle tu vida a Jesucristo, por favor, escríbeme. Me alegraría contestarte y enviarte un ejemplar gratuito de mi libro *Adelante con Jesucristo*. Es gratis y solo tienes que pedirlo. O quizás quieras más consejos y pedir oración por trabajo. Siéntete en libertad de escribirme. Mi dirección es Luis Palau P.O. Box 1173, Portland Oregon 97207, EE.UU. Correo electrónico: palau@palau.org

11

¿QUÉ TIENEN DE DIVINO LOS CASOS DE «FUERZA MAYOR»?

S i hubieras planeado una boda para el verano de 1816, habrías sufrido una gran decepción. Ese año vio el invierno, la primavera, el otoño y de nuevo el invierno.

¿La razón? En 1815 el volcán Tambora en Sumbawa, Indonesia, hizo erupción, quizá la explosión más grande registrada en la historia. Antes de la erupción el volcán tenía trece mil pies de altura; después se rebajó a casi cuatro mil pies más cerca del suelo. La explosión mató a cincuenta mil isleños y destruyó los hogares de otros treinta y cinco mil mientras que los restos de la erupción oscurecieron los cielos del planeta durante varios meses y provocaron un enfriamiento global que hizo de 1816 «el año sin verano».

Por supuesto que Tambora no es la erupción volcánica más famosa de la historia. Con perdón del acontecimiento del volcán Saint Helens en mayo de 1980, esa distinción probablemente recae en la de Krakatoa. En 1883, la isla de Krakatoa, ubicada en el estrecho que se extiende entre Java y Sumatra, voló su cumbre. Su caldera de cuatro millas de ancho se desplomó y provocó una ola marina gigante que alcanzó los ciento veinte pies y le quitó la vida a treinta y seis mil personas cuando azotó Java y Sumatra. Las explosiones de Krakatoa se escucharon a dos mil doscientas millas de distancia en Australia y la erupción arrojó al aire casi cinco millas cúbicas de fragmentos rocosos. Masas gruesas de pumita flotante cerca del volcán detuvieron la navegación. Las cenizas alcanzaron cincuenta millas de alto y se dispersaron sobre un área de trescientas mil millas cuadradas sumiendo la región circundante en oscuridad durante dos días y medio.

Esto, mis amigos, es lo que las agencias de seguros denominan «caso de fuerza mayor» u «obra de Dios».

Los desastres naturales vienen en varias formas: erupciones volcánicas, inundaciones, incendios, huracanes, tornados, terremotos. Uno de los peores terremotos de la historia ocurrió en 1556 en la provincia de Shaanxi, China. Cuando la tierra dejó de estremecerse, ochocientas mil personas habían perdido la vida. En 1693 otro en Sicilia mató cien mil residentes mientras que en 1737, un cismo en Calcuta, India, cobró la vida de trescientas mil personas.

Una pregunta que muchas personas se hacen cuando leen acerca de tales desastres inimaginables (o los viven) es: «¿Dónde estaba Dios... ?»

Una pregunta poco común

Si bien pocas veces recibo llamadas en *Luis Palau Responde* de personas que necesitan relacionar los desastres naturales con un Dios amoroso, de todos modos la pregunta tiene que plantearse en cualquier acontecimiento. ¿Dónde estaba Dios en 1976 cuando un terremoto devastador cobró miles de vidas en Guatemala? ¿Dónde estaba Dios cuando las inundaciones azotaron el centro de los Estados Unidos en 1997? ¿Dónde está Dios cuando los volcanes hacen erupción y borran del mapa ciudades enteras, los incendios forestales queman vecindades enteras, los huracanes o tornados apagan las vidas de víctimas incontables, o cuando las tormentas de nieves paralizan o matan a los conductores extraviados que iban camino a la iglesia?

Si Dios en verdad es el «Dios de toda la tierra», ¿por qué parece estar ausente tan a menudo de los puntos más turbulentos?

Hace poco regresé de una visita a la Argentina, que estaba sufriendo terribles inundaciones. Cuando nos acercábamos a Buenos Aires nuestro piloto sobrevoló mi pueblo natal para que pudiera ver el lugar donde crecí.

Sin embargo no había mucho que ver. Todo estaba bajo las aguas. Al virar el avión y dirigirse al aeropuerto, el piloto señaló: «Allí está la iglesia; allá el mercado; allí está esto y allí lo otro.» Como él vivía en el pueblo conocía bien la zona. En mis tiempos, no era más que un grupo de pequeños poblados, pero ahora el lugar está lleno de elegantes casas de fin de semana. Sin embargo, sus sótanos y los pisos inferiores estaban cubiertos por las aguas. Me sorprendió ver tantos hogares y edificios inundados, los sueños de tanta gente destruidos.

Esa no era la primera vez que veía un desastre natural de cerca.

DESASTRE EN GUATEMALA

En 1976 Guatemala sufrió un terremoto violento y destructivo. Amo a a esa gente y quería llegar allí cuanto antes para ver qué podía hacer para ayudar. Antes había visitado el país muchas veces para varias cruzadas, a menudo estábamos en la

televisión guatemalteca y miles de habitantes se habían converti-
do en mis «hijos espirituales» al entregar sus vidas a Jesucristo a
través de nuestro ministerio.

De inmediato enviamos dos miembros del equipo, Jaime Mi-
rón y Marcelino Ortiz, de la oficina de México a Guatemala. Yo
llegué un día y medio después. Jaime me dijo que la noche en que
él y Marcelino se habían hospedado en un hotel céntrico llegaron
repercusiones severas. Los dos tomaron su dinero y sus pasaportes y a las cuatro de la mañana salieron corriendo del hotel en
ropa interior. Marcelino, un mejicano con un magnífico sentido
del humor, se paró en el medio de la calle destrozada, alzó la vista
al cielo y exclamó: «Señor, si vas a matar a estos paganos, ¡mira,
soy mexicano!»

Las repercusiones continuaron durante varios días. Una noche dormimos en una escuela pero no muy bien. Nos parábamos
de un salto cada vez que la tierra comenzaba a temblar. Al final
decidimos dormir afuera.

Estando allí nos enteramos de que Billy Graham quería traer
ayuda inmediata al país. Unos amigos suyos relacionados con
grandes compañías elaboradoras de pan en Dallas estaban haciendo los arreglos para llevar varios aviones con comida. El propio Billy iba a viajar para evaluar los daños y nos dispusimos a hacer los arreglos necesarios.

Queríamos que hablara con el presidente, con el embajador es-
tadounidense y con pastores; que visitara algunas de las áreas devastadas y que diera un mensaje breve por televisión nacional. Hicimos
todas las diligencias y conseguimos casi todo lo que queríamos.

Toda la infraestructura de comunicaciones del país no resultaba, por lo cual los arreglos se hacían difíciles. Billy Graham iba a
llegar desde Acapulco en un jet privado y corrimos al aeropuerto
para recibirlo. Qué cuadro más extraño. El aeropuerto estaba desierto: no habían funcionarios de inmigración, nadie acuñando los

pasaportes, ni siquiera en la torre de control. Era una desolación total, como en una guerra.

Justo antes de que aterrizara el avión de Billy Graham, llegamos al aeropuerto, condujimos hasta la cerca, saltamos del auto y corrimos por la pista. No había nadie para detenernos. En un extremo del aeropuerto vimos algo de movimiento y unos soldados, así que corrimos hasta allá; y nos encontramos con el presidente de Guatemala. A pesar de nuestros mejores esfuerzos, no habíamos podido localizarlo. Y allí estaba, en persona.

—¿Cómo está, Sr. Presidente? —lo saludé.

Me reconoció por la televisión y me dijo:

—Palau, ¡bienvenido a nuestro país! ¿Vino para orar por nosotros?

Después de un emotivo intercambio de saludos, nos dijo:

—¿Qué puedo hacer por ustedes?

—Nada, Sr. Presidente —respondí—. Solo vinimos a tratar de ayudar.

—¿Quieren ir con mi hijo en un helicóptero para ver algunas de las áreas más afectadas del país? —ofreció.

—Vea, Sr. Presidente —respondí—, estamos aquí porque en unos minutos llega Billy Graham. Quiere traer algunas provisiones y hacer lo que pueda para ayudar.

—¡Ah, Billy Graham! —exclamó—. Cuando estaba estudiando en Fort Benning, Georgia, él vino y le habló a la tropa. Lo escuché. Respeto a Billy Graham. Incluso fui a su cruzada en Tulsa, Oklahoma.

—Pues bien, está a punto de llegar —reiteré.

—¿Puedo hacer algo por Billy Graham? —preguntó.

La sincronización no pudo haber sido más fantástica. Casi en ese momento el jet de Billy Graham aterrizó y el piloto encontró un lugar sin daños donde detener el avión. Corrí hasta el jet y estaba esperando que se detuviera por completo. Cuando Billy Graham bajó, le dije:

—¡Hola! ¿Cómo estás? Aquí viene el presidente de la nación para saludarte.

Billy Graham y su esposa, Ruth, estaban de pie en el medio de la pista de aterrizaje cuando el presidente se detuvo a saludarlo.

—Mi hijo, que también se llama Luis los llevará en un helicóptero para ver los daños —explicó el presidente. De inmediato abordamos un Huey y volamos sobre los pueblos devastados. En cierto punto, aterrizamos en el medio de un pueblo que, salvo por algunas iglesias evangélicas, había sido demolido. Todo el mundo le daba mucha trascendencia a ese hecho. En la mayoría de los pueblos las iglesias grandes quedaron destruidas porque se habían construido en los viejos tiempos del ladrillo y mezcla mientras que las iglesias evangélicas estaban hechas de hierro y materiales prefabricados que no se desintegran con tanta facilidad.

Todas las personas con las que nos encontrábamos parecían estar en shock; miradas aturdidas acechaban todos los rostros. Era como si una bomba atómica hubiera explotado. Qué devastador era ver todas las casas demolidas y esas expresiones apagadas casi catatónicas. Hicimos un recorrido corto por la población, oramos y hablamos con los residentes, tomamos algunas fotos y volvimos a despegar.

Cuando regresamos al aeropuerto condujimos a Billy Graham a la ciudad y le dijimos:

—Billy, nos vamos a reunir con mil quinientos pastores en una iglesia presbiteriana en el centro y quisiéramos que les hablaras.

El terremoto había dañado severamente el edificio y cuando llegamos el cielorraso aun estaba inestable (se cayó al día siguiente). En medio del mensaje de Billy Graham, se sintió otra gran repercusión. La mitad de la audiencia se puso de pie pero Billy Graham siguió gritando su sermón mientras yo interpretaba. Al mismo tiempo miré para todos lados buscando una salida por si el edificio se venía abajo. Sin embargo, enseguida la tierra se calmó, así que terminamos y nos fuimos.

En el auto le dije a Billy Graham:

—Billy, ¿no sentiste la repercusión?

—¡No! —respondió—. ¿Cuándo fue?

—Estabas gritando.

—No me di cuenta —reiteró.

—¿Pero no viste que la mitad de la audiencia se puso de pie y alzaron los brazos? —le pregunté.

—Sí —contestó—, ¡pero pensé que eran los pentecostales que estaban celebrando algo!

Luego llevamos a Billy Graham al único estudio que estaba funcionado donde podíamos grabar un programa de televisión para transmitirlo en el ámbito nacional. Todas las estaciones de televisión estaban inoperantes pero creían que podrían restablecer la transmisión en uno o dos días. Fuera de un hotel, un equipo de noticias de ABC estaba esperando para grabar la opinión de Billy Graham acerca del desastre; NBC y CBS aparecieron poco después al igual que la BBC de Londres.

Billy pensó que éramos unos genios: lo entrevistan equipos de noticias internacionales, el presidente de la nación lo recibe, lo llevan en helicóptero a recorrer el área de desastre y predica ante mil quinientos pastores. No sabía que nosotros tuvimos muy poco que ver. ¡Dios es el único que pudo haber orquestado algo así!

Nunca me olvidaré de esa experiencia. Cuando llegué primero al aeropuerto en un avión que lo ocupaban algunas provisiones y yo, todo estaba cerrado. Todos los ventanales de la terminal estaban rotos; los restos estaban esparcidos por todos lados.

Muchas personas me reconocían por los programas de televisión que solíamos pasar con frecuencia en Guatemala y me preguntaban:

—Sr. Palau, ¿usted cree que Dios nos está castigando? ¿Piensa que Guatemala es más malvada que otras naciones? ¿Por qué nos pasa esto?

El presidente hizo las mismas preguntas. Lo que les dije entonces a estas personas afligidas es lo que les diría hoy.

¿Por qué permitirlo?

¿Dónde estaba Dios cuando el terremoto de 1976 devastó Guatemala? ¿Por qué Dios permitió que sucediera? ¿Cómo un Dios bueno y amoroso pudo permitir una catástrofe así? Creo que podemos dar varias respuestas bíblicas.

1. Somos parte de un mundo caído y la maldición nos afecta a todos.

Cuando Adán y Eva desobedecieron a Dios en el jardín del Edén y el Señor respondió a su pecado diciendo: «¡Maldita será la tierra por tu culpa!» (Génesis 3:17), sucedió mucho más que la introducción de algunos espinos y malezas. Cuando el Dios Todopoderoso maldice, ¡no es algo insignificante!

El Evangelio de Marcos nos presenta un recordatorio eficaz. Un día Jesús tuvo hambre y buscó algunos higos en un árbol con hojas pero cuando no halló fruto en él le dijo: «¡Nadie vuelva jamás a comer fruto de ti!» Al día siguiente, los discípulos encontraron la higuera seca de raíz y Pedro le comentó a Jesús: «¡Rabí, mira, se ha secado la higuera que maldijiste!» (Marcos 11:14,20-21).

Sin embargo no fue una sorpresa para Jesús. Él sabía lo que pasaba cuando Dios maldecía una cosa: muere. Y nuestro mundo es un mundo que agoniza. Los cismo son meramente el sonido de la muerte de un planeta maldito. Los terremotos y otros desastres naturales ocurren porque vivimos en un mundo maldito por el pecado.

Esto quiere decir que debemos regoc¡jarnos en cada día bueno que recibimos, porque en una creación caída, las cosas podrían ser peores de lo que ahora son.

2. Dios puede elegir utilizar los desastres naturales para castigar a un país en particular.

En la Biblia a veces Dios utiliza los desastres naturales para llamarle la atención a un país en particular y castigarlo por su conducta. No todos las «obras de Dios» son indiscriminados.

Por ejemplo, aparentemente fue mediante un desastre natural que Dios destruyó las antiguas ciudades de Sodoma y Gomorra. La Biblia dice: «Entonces el SEÑOR hizo que cayera del cielo una lluvia de fuego y azufre sobre Sodoma y Gomorra» (Génesis 19:24), y las exploraciones modernas del lugar revelan que era rico en azufre y alquitrán; quizás una antigua erupción lanzó estos materiales al aire, los encendió y destruyeron las ciudades tal como se describe.

La Biblia también describe un incidente futuro en el que ejércitos que invaden Israel serán destruidos:

De repente, en un instante, vendrá contra ti el SEÑOR Todopoderoso; vendrá con truenos, terremotos y gran estruendo, vendrá con una violenta tormenta y con devoradoras llamas de fuego. La multitud de todas las naciones que batallan contra Ariel [Israel], todos los que luchan contra ella y contra su fortaleza, aquellos que la asedian, serán como un sueño, como una visión nocturna (Isaías 29:5b-7).

Un acontecimiento similar se describe en el libro del profeta Ezequiel:

En el ardor de mi ira, declaro que en aquel momento ha-

> *brá un gran terremoto en la tierra de Israel. Ante mí tem-*
> *blarán los peces del mar, las aves del cielo, las bestias del*
> *campo, los reptiles que se arrastran, y toda la gente que hay*
> *sobre la faz de la tierra. Se derrumbarán los montes, se des-*
> *plomarán las pendientes escarpadas, y todos los muros se*
> *vendrán abajo (Ezequiel 38:19-20).*

En estos casos está claro que Dios usa lo que denominamos desastres naturales para castigar a naciones en particular. Sin embargo, es una pirueta alegar que hoy día podemos saber cuando algunos desastres similares llevan las marcas del castigo divino. A menos que Dios haya revelado los detalles en su Palabra, no podemos dar por sentado que una catástrofe específica tenga conexión con un pecado nacional específico; simplemente, no lo sabemos. Por lo tanto, aunque la Biblia enseña que en algunos casos Dios juzga a las naciones mediante desastres naturales, sin una declaración bíblica específica nunca podemos decir que tal o cual terremoto es un castigo divino por tal o cual pecado nacional.

En el caso de Guatemala, por ejemplo, dudo que ese país sea más perverso o pecador que muchos otros. Es más, creo que su récord es mucho mejor que el de muchos otros países que no han tenido terremotos.

3. Debido a que somos tercos, Dios tiene que revelar su poder en forma asombrosa, aterrorizadora y a veces destructiva.

En septiembre de 1985 un terremoto devastador sacudió la Ciudad México y dejó un saldo de miles de muertos y treinta mil mexicanos sin hogar. Nuestra oficina allí sufrió por la catástrofe. En realidad, quería usar algunas de las cartas que habíamos recibido de personas que habían sufrido por desastres naturales pero toda la correspondencia sobre este asunto (hasta 1985) se perdió a causa de ese terremoto. Las cartas que habíamos recibido de los sobrevivientes del terremoto en Nicaragua ɔ de una oleada en Honduras y de otros incidentes más estaban guardadas en la oficina de Ciudad México. El terremoto había dañado tanto la oficina que determinamos que era demasiado arriesgado salvar la correspondencia. Todas las cartas se perdieron cuando el edificio destruido fue arrasado. ¡Así que toda nuestra correspondencia sobre los desastres naturales fue arrasada por un desastre natural!

El terremoto de México sacudió a muchas personas, hasta los editores de un diario marxista. Este, que representaba oficialmente una filosofía atea, resumió el desastre en un titular poco común. En la primera plana, con letras de casi tres pulgadas, exclamaba: ¡OH DIOS!

Simplemente es increíble que un terremoto pudiera mover a un diario que no reconoce a Dios a publicar en su primera plana esta frase de tal magnitud: «¡Oh Dios!» Si los editores no tenían a Dios en mente, el *último* pensamiento en cruzárseles por la cabeza cuando sucede una tragedia sería Dios. Sin embargo, fue lo primero que se les cruzó por la mente.

Pienso que esa es la razón por la que Dios permite que ocurran los desastres naturales. Los seres humanos somos tan tercos que a veces una crisis es lo único que puede movernos a doblar nuestras rodillas, humillarnos y clamar: ¡Oh Dios!

No lo estoy suponiendo. En el Evangelio de Lucas se nos da lo que creo constituye la enseñanza más clara sobre este asunto en todas las Escrituras. En el caítulo 13, Jesús hace un comentario acerca de un desastre natural que cobró las vidas de unos «espectadores inocentes». «¿O piensan que aquellos dieciocho que fueron aplastados por la torre de Siloé eran más culpables que todos los demás habitantes de Jerusalén? ¡Les digo que no! De la misma manera, todos ustedes perecerán, a menos que se arrepientan» (Lucas 13:4-5).

Jesús no dice que Dios causó ese desastre, pero sí permite

el hecho para despertar de una cachetada a una audiencia que estaba dormida espiritualmente. Jesús parece decir: «Esas personas no murieron porque eran más malvadas que otras. Fácilmente le podría haber sucedido a cualquiera de ustedes. Ninguno sabe cuándo lo alcanzará un desastre como ese. La pregunta es: ¿Estás listo? Si tu vida fuera a terminar esta noche con un terremoto, ¿estás listo para encontrarte con Dios? Si no es así, ¡tienes que arrepentirte y prepararte!»

Jesús empleó ese incidente para recordarle a sus oyentes que la muerte no es el peor de los males que hay que enfrentar sino la muerte sin Dios. Los desastres naturales nos recuerdan nuestra mortalidad y nuestra necesidad de arreglar cuentas con el Señor. Nota cómo el salmista declara precisamente este mismo punto:

> *Y así como el fuego consume los bosques*
> *y las llamas incendian las montañas,*
> *así persíguelos con tus tormentas y*
> *aterrorízalos con tus tempestades.*
> *SEÑOR, cúbreles el rostro de ignominia,*
> *para que busquen tu nombre (Salmo 82:14-16).*

Los desastres naturales son horripilantes. Dejan una estela de destrucción y corazones rotos a su paso. Sin embargo, pueden ser una de las herramientas de evangelización de Dios más severas. Si somos tan tercos que no nos acordamos de él cuando la vida es buena, quizás clamemos «¡Oh Dios!» cuando se derrumben las paredes.

4. Dios gobierna el mundo, pase lo que pase.

No debemos nunca olvidar que Dios gobierna el mundo que creó y que no hay ningún terremoto, huracán, inundación u otro desastre natural que lo tome por sorpresa.

Cuando llegué a Guatemala después del terremoto de 1976,

les cité el Salmo 46:1-3 a los damnificados:

> *Dios es nuestro amparo y nuestra fortaleza,*
> *nuestra ayuda segura en momentos de angustia.*
> *Por eso, no temeremos*
> *aunque se desmorone la tierra*
> *y las montañas se hundan en el fondo del mar;*
> *aunque rujan y se encrespen sus aguas,*
> *y ante su furia retiemblen los montes.*

Y aunque no lo cité, también hubiera sido apropiado recitar el versículo 8 del mismo salmo: «Vengan y vean los portentos del SEÑOR; él ha traído desolación sobre la tierra.» Y podría haber concluido con el versículo 10: «Quédense quietos, reconozcan que yo soy Dios. ¡Yo seré exaltado entre las naciones! ¡Yo seré enaltecido en la tierra!»

A menudo Dios utiliza el poder de la naturaleza para mostrar su dominio del planeta Tierra. Con el profeta Elías empleó el fuego, un terremoto y un viento recio que partió las montañas e hizo añicos las rocas para demostrar su dominio absoluto y su omnipotencia (1 Reyes 19:11). En los Evangelios utilizó un terremoto para anunciar la muerte y la resurrección de Jesucristo (Mateo 27:54; 28:2). En el libro de Hechos usó otro para abrir el corazón de un carcelero al evangelio (Hechos 16:26).

Dios reina y puede usar aun los terremotos, tormentas y los incendios para mostrar su control absoluto del universo.

Un último punto: Dios también tiene el poder para escudar a su pueblo de todos los terrores de cualquier desastre natural. Como dice Isaías 43:1-2:

> *Pero ahora, así dice el SEÑOR,*

el que te creó, Jacob,
el que te formó, Israel:
«No temas, que yo te he redimido;
te he llamado por tu nombre; tú eres mío.
Cuando cruces las aguas,
yo estaré contigo;
cuando cruces los ríos,
no te cubrirán sus aguas;
cuando camines por el fuego,
no te quemarás ni te abrasarán las llamas.

¡Ese es el Dios al que puedo servir con todo mi corazón!

UNA OBSERVACIÓN SORPRENDENTE

Parece extraño, pero cuando sucede un desastre natural pocas personas tienden a culpar a Dios. Me parece algo sorprendente. La gente tiende más a culpar a Dios en los casos en los que el hombre es inhumano con el hombre. Estuve en muchos lugares que sufrieron inundaciones o terremotos mortíferos. En el Perú me encontré en medio de uno. Sin embargo, rara vez oigo a la gente cuestionar: «¿Por qué Dios lo permite?» Por el contrario, parecen decirle: «¡Ayúdanos, protégenos, cuídanos!»

¿Por qué? Mi opinión es que cuando uno está a punto de morir, si no consigue ayuda, probablemente no va a preguntar: «¿Por qué?» sino «¿Dónde puedo encontrar ayuda?» A veces la gente hace esas preguntas después pero no muy a menudo.

De todos modos, cuando sí la hacen, hay una respuesta que se puede dar con seguridad: que aunque estamos limitados en nuestro conocimiento de «dónde estaba Dios cuando...», debemos reconocer que la Biblia ya nos dijo todo que en verdad tenemos que saber acerca de la vida y la eternidad.

Nunca sabremos todas las respuestas pero tampoco necesitamos hacerlo; podemos conocer al único que sí las sabe y confiar en él.

—Pero Luis, ¿cómo puedo conocer a Dios? —quizá te preguntes.

Jesús promete: «Ciertamente les aseguro que el que oye mi palabra y cree al que me envió [Dios Padre], tiene vida eterna y no será juzgado, sino que ha pasado de la muerte a la vida (Juan 5:24).

¿Has escuchado a Jesús hablando a tu corazón? ¿Quieres recibir su regalo de vida eterna? Si es así, ¿por qué no te detienes ahora mismo, allí donde estás, y en la quietud de tu corazón le hablas a Dios? Puedes poner tu confianza en él en este mismo instante.

La elección es tuya.

Te sugiero que hagas la siguiente oración de compromiso:

«Señor, vengo a ti con humildad, en medio de mi pena y mi dolor. Sí, por favor, perdona mis pecados. Te doy gracias porque Jesús murió en la cruz para limpiar mi corazón y resucitó para darme una vida nueva y eterna. Gracias porque ahora puedo disfrutar de la esperanza segura del cielo. Quiero contarles a otros estas Buenas Noticias. Te amo, Señor, y viviré para ti todos los días de mi vida. Amén.»

Si esa es tu oración, ¡felicitaciones!

¡Bienvenido a la familia de Dios![1]

---

[1] Si acabas de darle tu vida a Jesucristo, por favor, escríbeme. Me alegraría contestarte y enviarte un ejemplar gratuito de mi libro *Adelante con Jesucristo*. Es gratis y solo tienes que pedirlo. O quizás aun tengas algunos interrogantes. Siéntete en libertad de escribirme. Mi dirección es Luis Palau P.O. Box 1173, Portland Oregon 97207, EE.UU. Correo electrónico: palau@palau.org

12

Soy culpable,
su Señoría

Rudyard Kipling lo expresó bien: «Nada queda definido hasta que se define bien.»

Sin embargo, nada parece más *in*definido que el asunto de arreglar las cosas entre nosotros, Dios y los demás.

Abundan los conceptos erróneos acerca del pecado, la culpa y el perdón. «¿Hoy quién cree en el *pecado*?» «¿Por qué no desaparece esta culpa que siento?» Vivimos en una sociedad en la cual la culpa y la vergüenza se consideran ilegítima pero eso no las erradica a ninguna de las dos. En realidad, los estudios muestran como constante que el ochenta por ciento de los pacientes que buscan ayuda psiquiátrica lo hacen debido a una culpa no resuelta. Sus problemas no son causados por una enfermedad congénita o por un desequilibrio químico ni por una contusión en la cabeza. Por el contrario, una conciencia culpable es lo que los lleva al consultorio del psiquiatra.

Creo que la culpa también es la razón por la cual muchas personas le dan la espalda a Dios. Algo que hicieron genera en su psiquis un sentimiento de culpa sobrecogedor. A medida que ese sentimiento se encona y crece, las personas que sufren acosadas por esta finalmente termina por guardar un resentimiento profundo contra Dios. La desesperación finalmente ahoga cualquier otra emoción y culpan a Dios por su sentimiento de desdicha absoluta.

Por supuesto que el patrón no siempre es este. La gente no todo el tiempo rechaza a Dios en una forma tan directa. A veces Dios termina quedándose atrás con todo lo demás a medida que la culpa no resuelta de la persona la asfixia hasta quitarle la vida.

En uno de sus libros el escritor y psiquiatra William Glasser relata cómo lo llamaron para trabajar con una paciente con perturbaciones mentales llamada Mary. La mujer provenía de una familia acomodada, era casada con hijos, muy instruida y respetada en la comunidad. En cierto momento comenzó a actuar en una forma extraña y a pesar de la ayuda psiquiátrica convencional seguía deslizándose cada vez más hacia un comportamiento grotesco. Finalmente la familia la internó en una institución psiquiátrica.

Los expertos la denominaron una causa perdida y llegaron a la conclusión de que se había volcado a su interior para esconderse de la realidad. Su hablar se convirtió en gruñidos y otros ruidos raros y dejó de comunicarse. Entonces el Dr. Glasser hizo su aparición para ver qué efecto tendría su «terapia de la realidad» en Mary. En la terapia se desafía al paciente a enfrentar la realidad, a que acepte la responsabilidad de su mal comportamiento y a que aprenda mejores formas de comportarse.

Cuando el Dr. Glasser se encontró por primera vez con Mary, en realidad le dijo:

—Mary. Sé lo que te traes entre manos. No sé lo que hiciste pero lo voy a averiguar. Has hecho algo que perturba tanto tu conciencia que lo estás encubriendo. Tienes miedo de que si tu esposo, tu familia o la sociedad descubren lo que hiciste, cualquier cosa que sea, tendrán una peor opinión de ti. Eres una mujer decente, tu reputación era buena, tienes una conciencia muy fuerte y esta es tu manera de esconderte. Quiero que sepas que no me vas a hacer esperar y que hay una salida. Si alguna vez quieres salir de esta institución, te puedo sacar sana cualquier día de estos.

Durante todo su discurso, Mary siguió gruñendo, haciendo ruidos, acurrucándose en posición fetal, y actuando de forma grotesca. Poco tiempo después el Dr. Glasser la visitó de nuevo.

—Mary, ¿recuerdas lo que te dije la semana pasada? —preguntó (de nuevo estoy parafraseando)—. No creo ni por un minuto que estás loca. No creo que seas esquizofrénica ni perturbada mental. Eres una persona normal y esta es tu forma de encubrir algo que hiciste. Aun Mary no daba signos de mejoría.

A la tercera o cuarta visita, Mary recibió al Dr. Glasser en la puerta.

—Ayúdeme a salir de aquí —le rogó. Había desaparecido su comportamiento grotesco, y estaba parada frente al Dr. Glasser completamente cuerda.

—Para ayudarte a salir de aquí, tienes que decirme qué hiciste.

—Había sido una mujer decente —explicó—. Mi esposo confiaba en mí. Mi familia piensa que soy genial; tenemos unos hijos decentes y una reputación buena. Pero tuve una aventura con mi vecino y no lo puedo confrontar. Si se llega a saber, van a decir que soy una sucia, que soy una mujer asquerosa, que soy despreciable.

—Bueno, ahora la elección está en tus manos —anunció el Dr. Glasser—. Puedes quedarte aquí por el resto de tu vida o puedes salir y confesar lo que hiciste. Si ellos te dicen que eres una mala mujer y te echan, va a ser duro. ¿Pero acaso es peor que esto? Por otra parte, quizás tu esposo te acepte y te perdone. Si no lo haces, mala suerte, pero no puedes quedarte aquí el resto de tus días.

El caso de Mary es un caso extremo pero no poco común. La culpa paraliza la capacidad de la persona para disfrutar la vida al máximo. Si se deja sin resolver, esta le roba la fuerza al hoy y deja parece mañana tan solo lágrimas.

EL PROBLEMA DE LA FALSA CULPA

No todas las culpas se crean iguales. Si bien la de Mary la creó una conducta que la Biblia califica de pecaminosa, algunos sentimientos de culpa surgen a pesar de que no se cometió ningún pecado. A este último podríamos denominarlo «falsa» culpa: sentimiento de culpa creado en ausencia de una transgresión moral. Quizás suene evidente que uno no es responsable de algo que no produce culpa, pero muchas personas están agobiados por toneladas de una falsa.

En el capítulo 2 relaté la tragedia que Greg y Linda sufrieron cuando su hijita recién nacida murió del SMSI mientras dormía junto a ellos en su cama. Su muerte no solo sacudió el mundo de Greg sino que le dejó un sentimiento de culpabilidad por algo de lo que no era responsable.

—Greg, Linda, no tienen que cargar con ninguna culpa —les aseguré a estos padres sufridos—. Ninguna en absoluto.

—Pero me *siento* culpable —respondió Greg.

—No debes hacerlo, Greg —insistí—. Solo deja tu carga a los pies de Jesucristo. Greg, necesitas la paz de Dios. No hay razón para que te sientas culpable. ¿Sabes? Cristo murió en la cruz por la verdadera culpa. Todos hemos hecho muchas cosas que nos hacen verdaderamente culpables; pero tú no lo eres de la muerte de tu hijita. Simplemente sucedió; esa es la condición humana. Años atrás, mi esposa tuvo cáncer del seno y le hicieron una masectomía. El Señor la sanó por su gracia pero estas cosas pueden suceder en este mundo caído. Así que debes poner esta carga de culpa imaginaria a los pies de Cristo.

La falsa culpa es destructiva y parece predominar de manera asombrosa en este país. Por supuesto que a veces simplemente encubre una culpa verdadera. Más de una vez he visto a una persona hablar de algún pecado imaginario porque no quería lidiar con uno verdadero que sí había cometido.

Asimismo creo que a veces ponemos tanto énfasis en el daño del pecado real que provocamos que las personas se sientan culpables por cosas que Dios ya perdonó mucho tiempo atrás. Es triste, pero yo también lo hice.

Anteriormente agrandaba la situación con respecto a las relaciones sexuales antes del matrimonio. Solía decir: «Si estás teniendo relaciones antes de casarte, nunca sabrás lo que pudo ser el verdadero amor.» Mi esposa me instaba a que no fuera tan tajante pero yo seguí repitiéndolo hasta que finalmente me dijo: «Voy a pedirte que no vuelvas a repetir eso delante de mí. Es completamente antibíblico. Lo has llevado fuera de la realidad. ¿De qué se trata la redención? ¿De qué se trata el amor de Dios? ¿De dónde sacaste eso? ¿Qué te hace decir ese disparate?»

Entonces me obligó a hablar con una mujer cristiana que yo respetaba, quien, cuando era adolescente había tenido actividad sexual antes de casarse y de convertirse y de inmediato me di cuenta de lo equivocado que estaba. Solía hacer esa declaración para poner énfasis en el valor de la pureza sexual pero una verdad excesiva limita con la mentira. La comunidad cristiana ha recalcado demasiado el daño que puede provocar el pecado sexual. Si tuvieras que sacarte tres dientes podridos, ¿dañaría eso tu humanidad o te haría menos humano? ¿Acaso un ojo menos

menoscaba tu dignidad? Las relaciones sexuales antes del matrimonio están mal debido al daño verdadero que causan y porque
Dios nos dice que es así, pero no debemos ir más allá de lo que
dice su Palabra. Debemos distinguir claramente la falsa culpa de
la verdadera.

¿Entonces cómo lidiamos con la falsa culpa? Debemos reconocer que es una impostora. No hay que confesarla; ni arrepentirse de
ella; tampoco pagar por ella al igual que no hay que cazar, atrapar y
matar a un espectro imaginario. Debemos lidiar con ambos tor-
mentos de la misma manera: primero hay que reconocer que no
son más que vapores o sombras y luego se los manda de regreso al
lugar que les corresponde, la imaginación. No existen en forma independiente sino mediante la vida que les demos con nuestra mente y no podemos darnos el lujo de dejar que sigan respirando.

No eres culpable de lo que no conlleva culpa. No permitas
que la falsa culpa te acose. Dios es el juez del pecado en última
instancia y si su Palabra no condena algo como pecado (ya sea en
forma específica o de principio), no es nada por lo que deberías
sentirte responsable. Ya hay bastante culpa verdadera dando
vuelta sin necesidad de agregarle a la carga una falsa.

¿SERÁ UN CASTIGO POR ALGO QUE HICE?

Cuando las tragedias recaen sobre la gente, de inmediato muchos piensan: *¿Será un castigo por algo que hice?* La mayoría de las
culturas alrededor del mundo aceptan una especie de sistema de
castigos y recompensas de uno por otro. Es decir, si me sucede
algo bueno, me lo merezco; si me sucede algo malo, también soy
merecedor de ello.

Un refuerzo notable de esta idea se halla en nuestra propia
cultura. Una de las canciones de la versión cinematográfica de *La*

Novicia Rebelde, uno de los musicales más populares del mundo occidental, se hace eco de esta filosofía de uno por otro exactamente. Cuando el personaje que interpreta Julie Andrews, María, se da cuenta de que se ha ganado el amor del inalcanzable capitán von Trapp, canta que de niña debió «haber hecho algo bueno».

Muchas personas sienten de forma natural que si les sucede algo bueno, de alguna manera se lo ganaron; y si es algo malo, también se lo tenían merecido.

Me pregunto si esta es una de las razones por las cuales surgió la doctrina oriental del karma y la reencarnación; esta parece explicar lo inexplicable. Cuando una tragedia golpea a una víctima aparentemente inocente, el hinduismo ve la respuesta en un mal que cometió la persona *en una vida pasada*. Al fin y al cabo, nada sale de la nada; así que si te pega en la cabeza, te lo tendrás merecido. Aunque tu pecado haya ocurrido en una vida pasada.

La Biblia no lo ve así en lo absoluto. Si bien algunos casos bíblicos relatan alguna calamidad como castigo por el pecado, a la mayoría de las tragedias de la vida simplemente las concibe como consecuencia de ser parte de una raza caída. De no ser así, ¿por qué tantos asesinos y homicidas viven saludables hasta una edad avanzada mientras que muchos santos mueren jóvenes, pobres y en medio del dolor? Como lo escribió el apóstol Pablo: «Los pecados de algunos son evidentes aun antes de ser investigados, mientras que los pecados de otros se descubren después» (1 Timoteo 5:24).

Cuando el salmista trató de comprender por qué prosperaban los malos, por poco pierde la fe. Observaba a «los arrogantes» y a «los malvados» y dijo: «Ellos no tienen ningún problema; su cuerpo está fuerte y saludable. Libres están de los afanes de todos; no les afectan los infortunios humanos ... Así son los impíos; sin afanarse, aumentan sus riquezas» (Salmo 73:4-5,12). Tal injusticia no tenía sentido para él y confiesa que casi abandonó su fe; hasta que vio el fin de su camino: «En verdad, los has puesto en terreno resbaladizo», declara ante Dios. «Y los empujas a su propia destrucción. ¡En un instante serán destruidos, totalmente consumidos por el terror! Como quien despierta de un sueño, así, Señor, cuando tú te levantes, desecharás su falsa apariencia» (Salmo 73:18-20).

Generalmente es poco acertado e infructuoso suponer que una tragedia golpeó a una persona como castigo por un pecado que cometió en secreto. La Biblia rara vez dice que una enfermedad o un accidente es un castigo divino por el pecado. A menos que Dios nos diga que una calamidad específica es el resultado de ello, es arrogante y estúpido creer que podemos discernir «la verdad real».

Por lo tanto, cuando una tragedia nos golpea, no debemos sacar conclusiones prematuras de que es un castigo divino. Es posible que Dios permita que suframos las consecuencias de nuestras decisiones pecaminosas pero las penurias pueden ser consecuencia del simple hecho de vivir en un mundo caído.

TRES FORMAS DE LIDIAR CON LA CULPA VERDADERA

Por otro lado, en algún momento, todos nosotros con plena conciencia elegimos actuar de una manera que deshonra e incluso insulta a Dios. Es decir, pecamos. Violamos las reglas de Dios. Elegimos nuestra voluntad en vez de la suya. Hacemos caso omiso de sus mandamientos y hacemos lo que nos da la gana.

Y eso acarrea *verdadera* culpa. Cuando nuestra culpa es real, no podemos simplemente asumir que no existe. Quizás tratemos de convencernos de que no debería existir pero se queda allí y comienza a supurar, impertérrita a nuestros deseos. La culpa verdadera no es un espectro imaginario que con el pensamiento se puede descartar. Esta se asemeja más a un pescado muerto que yace sobre un mantel blanco en un comedor caluroso y húmedo. Podemos asumir que el pescado no existe pero nuestra convicción no impedirá que manche el mantel, que apeste toda la casa y que haga la vida intolerable para todo aquel que se encuentre en los dos pisos superiores y en los dos inferiores.

Entonces ¿cómo se trata la culpa verdadera? La mayoría de nosotros intentamos tratarla al menos de una de estas tres formas. Y las dos primeras no resultan por mucho tiempo.

1. Podemos tratar de justificar nuestros actos pecaminosos.

¿Alguna vez observaste que los dictadores siempre están tratando de explicar por qué masacraron cientos de personas o por qué la policía secreta tuvo que matar a otros miles? Parece que se sienten obligados a inventar o hallar una ley que justifique su brutalidad. No pueden decir meramente: «Los matamos simplemente porque se interpusieron en nuestro camino» o «Los matamos porque constituían una amenaza para nuestro gobierno». No. En cambio, parece que se ven impelidos a dar una explicación «racional» o «justa» de sus actos. La culpa los lleva a dar una nueva definición del mal de modo que según esa nueva definición, puedan alegar que están libres de culpa, aun que son virtuosos.

Eso es precisamente lo que intentaron hacer los nazis en su guerra contra los judíos. Al dar una nueva definición de «humanidad» para excluir a los judíos y al aprobar leyes para erradicarlos, intentaron pintar su genocidio como una cruzada heroica. Sin embargo, el mundo no creyó su ardid vil y hoy día la palabra «nazi» es prácticamente un sinónimo de «maldad».

No hace falta mirar en retrospectiva a los países o a la Segunda Guerra Mundial para hallar ejemplos de cómo los seres humanos tratan de justificar su maldad. Solo tenemos que examinar nuestros corazones. Nos robamos los útiles de la oficina pero nos decimos que es nuestro derecho. Le mentimos a nuestros hijos y tratamos de convencernos de que son muy niños como para entender la verdad. Nos acostamos con alguien que no es nuestro cónyuge y nos consolamos diciendo que no es nada fuera de lo común, que todo el mundo lo hace. Hacemos trampa con los impuestos y lo consideramos como una protesta contra un gobierno inflado y ambicioso. Rara vez confesamos la verdad, ni siquiera decimos en nuestro interior: «Sí, me estoy robando los útiles de la oficina»; «Sí, le estoy mintiendo a mis hijos»; «Sí, estoy cometiendo adulterio»; o «Sí, me estoy guardando en forma ilegal lo que sé que le corresponde al estado».

Justificar nuestra culpa puede permitirnos seguir con nuestra vida normal por un tiempo pero la realidad siempre gana al final. Entonces todos nuestros justificativos se evaporan en el aire como nubes etéreas de engaño. Y eso no tiene nada de heroico.

2. Podemos tratar de negar que existe la culpa.

Una segunda forma de tratar de manejar la culpa es negar su existencia. No tratamos de justificar lo que hicimos; en cambio, simplemente sostenemos que nuestras acciones no conllevan culpa alguna. Eso proclama una calcomanía infame: AL DIABLO CON LA CULPA.

Esta parece ser la ruta que nuestra cultura está tomando cada vez más. Con más frecuencia declaramos: «Voy a hacer tal o cual cosa y no tiene nada de malo», aunque la Biblia y miles de años de civilización humana sostengan lo contrario.

Ya me cansaron los personajes famosos que hacen desfilar su maldad en nuestras pantallas de televisión mientras se jactan de sus abominaciones públicas más recientes. Temo por cualquier cultura que se burla de la virginidad y la castidad mientras que pondera la perversidad y la promiscuidad. Cuando leo la frase del profeta

Jeremías «ni saben siquiera lo que es la vergüenza» (Jeremías 6:15), me parece que debe estar caminado por nuestras calles.

Hemos perdido la vergüenza. Censuramos la culpa, la rechazamos, la hacemos desaparecer en calabozos medievales, la negamos, la despreciamos; sin embargo, carcome lo que queda de nuestra conciencia, como una rata que engorda al devorar una provisión inagotable de queso (Roquefort, para concuerde con nuestra actitud arrogante).

La negación de la culpa no hace que desaparezca. Solo la vuelve más dura, densa, con más probabilidades de que destroce nuestro ego desvencijado en miles de fragmentos punzantes. El apóstol Pablo señala que es posible que nuestras conciencias se llenen de callos (1 Timoteo 4:2). No es de extrañar que algunas instituciones mentales estén reventándose por las costuras.

3. Podemos resolver nuestra culpa permitiendo que Jesucristo nos perdone.

El otro día escuché una historia. Un hombre se muere, llega a la eternidad y se encuentra con un ujier aburrido. Este le dice:

—Mire, amigo, hay una línea muy larga detrás de usted. Tiene que apurarse y tomar una decisión. La puerta de la izquierda da al infierno, la de la derecha da al cielo. Elija la que quiere.

—¿Tengo opción? —pregunta el hombre.

—Sí —contesta el ujier con impaciencia—, tiene opción.

—¡Espere! —exclama el hombre—. ¡Necesito que me perdonen! Quiero ir al cielo pero necesito que primero alguien me perdone. No me merezco el cielo.

El ujier menea la cabeza de un lado a otro y contesta:

—Mire, amigo, no tenemos tiempo. La gente sigue muriendo. La línea es larga. Puerta izquierda, infierno. Puerta derecha, cielo. Elija y póngase en marcha.

El hombre va a la izquierda.

¿Por qué?

En nuestro interior, todos sentimos que existe el bien y el mal (aunque no sepamos lo que son). Sabemos que el bien es que nos feliciten y que el mal es que nos castiguen. Merecemos que nos castiguen. También necesitamos que nos perdonen. Ahora bien, ¿podrá alguien perdonarnos?

Esa es precisamente la razón por la cual Jesús vino al mundo. Tal como lo escribió el apóstol Pablo: «Este mensaje es digno de crédito y merece ser aceptado por todos: que Cristo Jesús vino al mundo a salvar a los pecadores, de los cuales yo soy el primero» (1 Timoteo 1:15). Jesús mismo lo expresó de la siguiente manera: «El Hijo del hombre no vino para que le sirvan, sino para servir y para dar su vida en rescate por muchos» (Mateo 20:28).

No tenemos necesidad de vivir con la culpa. No tenemos necesidad de negarla o de justificarla. A través de Cristo, podemos resolverla de una vez por todas. Y podemos ir a la derecha en la línea del cielo y no a la izquierda. ¿Cómo? Podemos dar cuatro pasos simples para librarnos de la culpa y recibir la oferta de Dios del perdón total.

- *Reconoce que tu culpa es merecida.*

La culpa viene del pecado y el apóstol Juan escribió: «Si confesamos nuestros pecados, Dios, que es fiel y justo, nos los perdonará y nos limpiará de toda maldad» (1 Juan 1:9). El primer paso para recibir el perdón de Dios es confesar que lo hemos deshonrado y hemos hecho lo que le desagrada.

Ahora bien, hay una diferencia entre buscar el perdón y pedir que se nos excuse. C.S. Lewis señaló esta distinción muchos años atrás. La mayoría de las veces decimos «Por favor, perdóname», cuando en realidad lo que pedimos es «Por favor, excúsame». No pedimos perdón sino que nos excusen. No queremos reconocer que lo que hicimos estaba mal; simplemente queremos que nos saquen del aprieto.

Sin embargo, Dios no nos ofrece excusarnos; ofrece perdonarnos. Y el primer paso para recibir el perdón de Dios es reconocer que hemos pecado. Sin excusas, ni justificativos. Tan solo con decir: «Señor, te he ofendido con mis actos. He elegido desagradarte y he deshonrado tu santo nombre con lo que hice. He pecado.»

Una vez que nos hemos humillado y lo confesamos, estamos listos para el próximo paso para recibir el perdón que Jesucristo nos ofrece.

- *Cambia tu actitud hacia el pecado.*

La Biblia dice que para que Dios nos perdone, tenemos que arrepentirnos. Eso quiere decir que no solo debemos reconocer que hemos pecado sino también cambiar nuestra actitud con respecto a nuestros actos pecaminosos. No solo los lamentamos, nos proponemos darles la espalda y alejarnos de ellos. El apóstol Pedro lo dijo en uno de sus primeros sermones luego de la resurrección de Jesús de entre los muertos: «Por tanto, para que sean borrados sus pecados, arrepiéntanse y vuélvanse a Dios, a fin de que vengan tiempos de descanso de parte del Señor» (Hechos 3:19).

Decimos: «Padre, me arrepiento de mis pecados. No quiero deshonrarte más. Ya no quiero mezclarme en el tipo de conducta que hizo que Jesucristo tuviera que morir en la cruz. Quiero darle la espalda a mi antiguo estilo de vida pecaminoso y comenzar un camino de vida que traiga honra a tu nombre.» Entonces estaremos listos para el siguiente paso.

• *Acepta la oferta gratis de salvación que te da Dios mediante su Hijo, Jesucristo.*

El apóstol Juan escribió acerca de Jesús: «Mas a cuantos lo recibieron, a los que creen en su nombre, les dio el derecho de ser hijos de Dios» (Juan 1:12). Y el apóstol Pablo declaró: «que si confiesas con tu boca que Jesús es el Señor, y crees en tu corazón que Dios lo levantó de entre los muertos, serás salvo» (Romanos 10:9).

Estas son las buenas noticias que le di a Jim cuando llamó al programa *Luis Palau Responde* lleno de remordimientos por la forma en la que había agredido a su familia.

—Creo que ahora lo más difícil es que me siento terriblemente culpable —me contó—. Siento que de veras he decepcionado a mi esposa, a mis hijos y a otras personas que me conocen y que trataron de ayudarme en el pasado. Los decepcioné a todos. Es muy difícil lidiar con la culpa.

—Sí —asentí—. Pero no puedes llevar eso en tu conciencia para siempre. Creo que estás arrepentido de veras. No te estás justificando a ti mismo ni te excusas por tus acciones. Estás siendo muy franco al decir: "Los he decepcionado lastimado, insultado a todos y aun a Dios." Eso es arrepentimiento. La Biblia declara que "si confesamos nuestros pecados, Dios, que es fiel y justo, nos los perdonará y nos limpiará de toda maldad". Tienes que resolver esto antes de que podamos hablar del día de mañana y de todos los por venir. ¿Estás quebrantado y arrepentido de veras?

—Sí, creo que sí —respondió.

—¿Recuerdas que el rey David del Antiguo Testamento cometió adulterio con la esposa de uno de sus soldados? Cuando se enteró de que la mujer estaba embarazada, hizo matar al soldado para encubrir su inmoralidad. Durante un año creyó que había escondido su pecado; pero luego vino un profeta de Dios y lo señaló con el dedo y le dijo: "Has hecho esto y aquello".

Entonces David, el rey de Israel, se postró y se arrepintió en ese instante.

»Esto es lo que dijo en el Salmo 51: "Ten compasión de mí, oh Dios, conforme a tu gran amor; conforme a tu inmensa bondad, borra mis transgresiones." Este es el ruego de un hombre culpable y tú, Jim, debes hacer del salmo cincuenta y uno, tu ruego. Dice: "Lávame de toda mi maldad y límpiame de mi pecado." Y más adelante: "Purifícame con hisopo, y quedaré limpio; lávame, y quedaré más blanco que la nieve Anúnciame gozo y alegría; infunde gozo en estos huesos que has quebrantado. Aparta tu rostro de mis pecados y borra toda mi maldad." Después David implora: "Crea en mí, oh Dios, un corazón limpio, y renueva la firmeza de mi espíritu." Finalmente el versículo diecisiete expresa: "El sacrificio que te agrada es un espíritu quebrantado; tú, oh Dios, no desprecias al corazón quebrantado y arrepentido."

»Jim, si le dices: "O Señor, lo que hice es espantoso y los decepcioné. No solo mi reputación cayó en el lodo. Sino que a mis hijas las he agredido. Las he dañado. Hice algo terrible." Cuando lo hagas, Dios te responderá: "Y nunca más me acordaré de sus pecados y maldades."

»Ahora bien, eso no quiere decir que de ahora en adelante actúes con indiferencia a tu pecado. Tienes que pedirle perdón a tu familia. Confiesa todo. Pero no tienes que estar contándoselo a todo el mundo vez tras vez. Esa conducta es autodestructiva y no te va a ayudar a madurar ni a crecer. Siempre debes estar agradecido al Señor y decirle al mundo: "Hice cosas terribles"... pero no tienes que entrar en detalles. La gente no tiene que saber los pormenores. Nunca ocultes el hecho de que fuiste un pecador terrible pero haz hincapié en que has sido perdonado en una forma maravillosa. Por otra parte, no hagas lo que yo llamo "desinfectar tu testimonio". No intentes actuar como que eras un tipo maravilloso que cometió un par de errores pequeños. Lo que hiciste fue horrendo pero la sangre de Cristo te limpió. Ahora eres un hombre nuevo. Y puedes comenzar a caminar en pureza y santidad.

Estas noticias son tan buenas que a muchos les resulta difícil creer que son ciertas. Ese era el problema de Sue, quien llamó al programa un par de años atrás, llena de culpa. Contó que su esposo no le había prestado atención por seis meses y que una noche bebió demasiado y se acostó con un compañero de trabajo que era un viejo amigo de la familia.

—Sé que he quebrantado una de las leyes de Dios. Y que Dios nunca jamás me va a perdonar por lo que hice —sollozaba.

—Quiero contradecirte —respondí—. Dios *te va a* perdonar.

—Pero quebranté uno de sus mandamientos —insistió.

—Exacto —repliqué—. Pero ¿para qué crees que Jesús murió en la cruz? ¿Piensas que él vino para perdonar solo a la gente perfecta? ¿A quién crees que vino a perdonar?

—Sé que no soy perfecta —confesó.

—Por supuesto —afirmé— yo tampoco. No cometí ese pecado específico pero yo también pequé contra el Señor. Cuando Cristo murió en la cruz, lo hizo por los que quebrantaron la ley. Jesucristo dio su vida por ti y en la cruz hizo una obra perfecta. Probablemente el cincuenta por ciento de los estadounidenses ha cometido adulterio; desearía que todos ellos tuvieran el sentido de culpabilidad que tienes tú. Porque si fuera así, recibirían el perdón, darían la vuelta y comenzarían a caminar con Dios. Me alegra que te sientas muy mal por lo que hiciste porque está *mal*; es un pecado grave. Jesús derramó su sangre para perdonarte y restaurarte. Y entonces podrás servir al Dios viviente y verdadero. En este instante te sientes culpable y con razón. Piensas: «Estoy acabada.» Pero no es verdad.

—Pero le fallé —gimió—. Simplemente no sé qué hacer. Estoy devastada.

Entonces le destaqué a Sue la promesa de Hebreos 9:14: «¡cuánto más la sangre de Cristo, quien por medio del Espíritu eterno se ofreció sin mancha a Dios, purificará nuestra conciencia de las obras que conducen a la muerte, a fin de que sirvamos al Dios viviente!.»; pero no podía captarla.

—Está bien —respondió—. Pero no me siento purificada.

Le expliqué que Dios es fiel aunque nosotros seamos infieles y entonces agregué:

—Sue, ¿quieres que Dios te perdone o quieres ahogarte en la tristeza por el resto de tu vida?

—No, ¡quiero que me perdone! —respondió.

—Si quieres que te perdone, puedo ayudarte ahora mismo —contesté—. Pero tienes que *querer* que te perdone. Solo hay una salida. Debes confesarle tu pecado directamente al Señor y luego pedirle que te perdone. ¡Y él lo hará! Él hace las cosas bien.

»¿Cómo resuelves el adulterio? Confiesas tu pecado. Aceptas el perdón de Dios. No salgas con esta tontería de que "No puedo perdonarme a mí misma". No, no puedes perdonarte a ti misma. Nadie puede hacerlo. El que nos perdona es Dios y nosotros aceptamos su perdón y somos perdonados. Dios te dice en su Palabra: "Mujer, te perdono porque yo morí en tu lugar por ese sucio pecado." A partir de ese momento eres libre, como si nunca hubieras pecado. El Señor te perdona y te limpia y puedes andar en libertad. Serás libre en Cristo para caminar con Dios.

Finalmente lo comprendió y al terminar nuestra conversación, había encontrado la liberación de la culpa que la había estado agobiando.

- *Deja que la paz reine en tu corazón.*

Una cosa es confesar tu culpa, arrepentirte de tu pecado y aceptar el perdón de Dios. Otra distinta es permitir que la paz de

Dios calme tu corazón limpio. Como lo escribió el apóstol Pablo, debes permitir «Que gobierne en sus corazones la paz de Cristo, a la cual fueron llamados en un solo cuerpo. Y sean agradecidos» (Colosenses 3:15).

Rose, de veintisiete años, llamó una noche al programa muy afectada por su tercer divorcio inminente. Se casó por primera vez a los diecisiete años, una unión que duró un total de tres días. Mencionó varios problemas médicos y comentó que estaba tomando *Prozac* para la depresión. Luego confesó:

—Hay algo que me está molestando.

—Tu conciencia te está molestando —respondí—. Tus emociones están perturbadas. Lo que necesitas es la paz de Dios en tu corazón. Olvídate de los hombres por un momento, ya has tenido suficiente con ellos. Tres ya es bastante para cualquier mujer en toda una vida. Creo que necesitas comenzar de nuevo. Eres joven e inteligente. Hablas con claridad. Lo que te falta no es más amor de un hombre; lo que necesitas es el amor de Dios en tu alma.

»Aunque has perjudicado un poco tu vida tan joven, el Señor aún te ama. La Biblia dice: "que cuando todavía éramos pecadores, Cristo murió por nosotros" [Romanos 5.8]. Él te ama tal como estás. No te dice: "Rosa, arregla tu vida, sé una chica buena y entonces te amaré." Dios te dice: "Déjame amarte, permíteme entrar en tu vida."

»Cristo murió en la cruz para perdonar tus pecados y te perdonará toda esta vida desordenada que te has buscado. Él te perdonará todo y serás una mujer nueva... si le abres tu corazón a él.

»Entonces tendrás la paz de Dios y ya no lucharás como estás luchando ahora. No te sentirás como un yo-yo emocional, arriba y abajo, arriba y abajo. Disfrutarás una vida más estable. El profeta Ezequiel escribe: "Les daré un nuevo corazón, y les infundiré un espíritu nuevo; les quitaré ese corazón de piedra que ahora tienen, y les pondré un corazón de carne" (Ezequiel 36:26). El

Señor cambiará tu corazón. Te dará un corazón tierno, puro, un corazón que ama a Dios. Puedes enterrar tu pasado para siempre a los pies de Jesucristo y por fin vivir en paz.

Eso es lo que Dios hace cuando nos perdona nuestros pecados y nuestra culpa. No pasa por alto el problema ni nos excusa, resuelve de una vez y para siempre todos nuestros conflictos. Cuando miramos la cruz de Cristo, vemos la única forma verdadera y permanente de librarnos del peso agobiante de la culpa para vivir como hombres y mujeres libres. Jesús murió y resucitó para librarnos de la esclavitud de la culpa y del pecado.

LIBRE AL FIN

El mensaje del evangelio es Buenas Noticias a los que se están ahogando en un océano de culpa. Es esperanza, perdón, paz y vida. El evangelio de Jesucristo traspasa todas las capas de culpa y los mecanismos de defensa y nos presenta la oferta de Dios de verdadera libertad psicológica y espiritual. Cuando leemos la Biblia, nos convencemos de pecado pero su tema principal son las Buenas Noticias.

Si queremos, podemos recibir el perdón. No tenemos que elegir la línea de la izquierda y pasar la eternidad en nuestra culpa y vergüenza, como el hombre de la historia que relaté anteriormente. Jesús nos ofrece libertad de la culpa y una eternidad de vida en el cielo con él.

Sí, pecamos. Sí, somos culpables. ¡Pero hay perdón en Jesucristo!

¿Alguien para la derecha?

—¿Pero cómo, Luis? —quizás estés pensando.

Al elegir abrirle la puerta de tu corazón a Cristo.

—¿Qué quieres decir?

Jesús lo expresó mejor: «Mira que estoy a la puerta y llamo. Si alguno oye mi voz y abre la puerta, entraré, y cenaré con él, y él conmigo» (Apocalipsis 3:20). Es decir, él nos está invitando a ti y a mí a una fiesta... ¡que nunca terminará!

¿Has escuchado a Jesús hablando a tu corazón? Si es así, ¿por qué no te detienes ahora mismo, allí donde estás, y en la quietud de tu corazón hablas con él?

Te sugiero que hagas la siguiente oración de compromiso:

—*Señor, vengo a ti con humildad, en medio de mi pena y mi dolor. Sí, por favor, perdona mis pecados. Te doy gracias porque Jesús murió en la cruz para limpiar mi corazón y resucitó para darme una vida nueva y eterna. Gracias porque ahora puedo disfrutar de la esperanza segura del cielo. Te amo, Señor, y viviré para ti todos los días de mi vida. Amén.*

Si esa es tu oración, haz hecho la elección adecuada.

Estás limpio. Perdonado. ¡En paz con Dios para siempre![1]

[1] Si acabas de darle tu vida a Jesucristo, por favor, escríbeme. Me alegraría contestarte y enviarte un ejemplar gratuito de mi libro *Adelante con Jesucristo*. Es gratis y solo tienes que pedirlo. O quizás quieras consejos y oración sobre cómo experimentar el perdón de Dios. Siéntete en libertad de escribirme. Mi dirección es Luis Palau P.O. Box 1173, Portland Oregon 97207, EE.UU. Correo electrónico: palau@palau.org

TERCERA
PARTE

13

EL SOL AÚN BRILLA

El otro día estaba pensando en Duane, mi buen amigo del que hablé en el capítulo seis y a cuyo funeral asistí tiempo atrás. Lo extraño mucho y para aliviar mi pena comencé a hojear un himnario. A menudo los compositores plasman en palabras de manera maravillosa lo que sentimos y pensamos, enseguida encontré una vieja canción que me levantó el ánimo.

«Cuando por gracia su faz pueda ver, ¡Esa mi gloria sin fin ha de ser!», escribió Fanny Crosby, una compositora de himnos del siglo XIX que en su vida escribió más de nueve mil poemas y canciones, un tercio de las cuales se han publicado. La canción de Fanny me alentó no solo porque me recordó que las penas un día se ahogarán en alegría, sino también porque su propia existencia grita que el sol sigue brillando cuando las nubes oscuras encubren su esplendor.

Para Fanny ver a su Salvador cara a cara lo era todo porque su mundo no tenía caras. Era ciega desde las seis semanas de vida.

Fanny no nació ciega pero en su primer mes de vida tuvo una infección en la vista. Un hombre del pueblo que decía saber de medicina, puso un emplasto caliente sobre los ojos rojos e inflamados. Los padres de Fanny se mostraron preocupados por ese tratamiento pero el hombre insistió que eso le absorbería la infección al bebé. Sin embargo, cuando se quitaron los emplastos, resultó claro que se había provocado un daño permanente. Fanny estaba ciega. Las córneas estaban severamente quemadas lo cual le dejó unas horribles cicatrices blancas en los dos ojos.

Siete meses después la tragedia golpeó de nuevo. El padre de Fanny, John Crosby tuvo un resfriado severo mientras trabajaba bajo la fría lluvia de noviembre. Murió en pocos días y dejó una viuda de veintiún años y un bebé ciego de ocho meses. Fanny y su madre, Mercy, cayeron en una pobreza extrema y Mercy se ofreció de empleada doméstica para pagar las cuentas. Muchas veces regresaba a su casa abrumada por la vida y se desplomaba llorando sobre el catre duro. Fue entonces que su madre, Eunice, le ponía la mano en el hombro y citaba un proverbio puritano: «Lo que no se cura se soporta.» Fanny debe haber escuchado este proverbio muchas veces de niña porque a sus noventa años, seguía recitándoselo a todo el que viniera a ella en problemas.

Fanny no era totalmente ciega; podía ver un poco de color y distinguir la noche del día. Aunque llegó a ser conocida como «la poetisa ciega» o «la compositora de himnos ciega», no le gustaban ninguno de los dos títulos. Cuando la gente le decía: «Qué terrible que hayas quedado ciega de bebita», con gracia pero de inmediato les respondía que no lo consideraba una tragedia en lo absoluto. Bernard Ruffin, el biógrafo de Fanny, escribió:

> *Lejos de sentir autocompasión, Fanny sentía a cabalidad que ser ciega era un regalo especial de Dios. A menudo decía: «Fue lo mejor que me pudo haber sucedido» y «¿Có-*

mo hubiera podido vivir una vida tan úti.l como la que he vivido si no hubiera sido ciega?» Sentía que nunca hubiera podido tener la oportunidad de estudiar si no hubiera sido por la ceguera y si no hubiera ido a la Institución de Nueva York [The New York Institution for the Blind (La institución para ciegos en Nueva York)], no habría tenido los contactos que le permitieran escribir himnos para una compañía editorial de renombre nacional. Es más, sentía que la vista debía ser una distracción y atribuía su gran poder de concentración a la ceguera. Asimismo sentía que la falta de visión le permitía desarrollar una memoria amplia y aumentaba su atractivo como conferencista. Creaba un lazo de compasión entre ella y la audiencia que los hacía más receptivos al mensaje del evangelio ...

Muchos se preguntaban si le guardaba rencor al charlatán que le prescribió los emplastos que le quemaron los ojos. Siempre respondía con mucha ternura: «No culpen al doctor. Probablemente haya muerto en forma prematura. Pero si lo pudiera conocer, le diría que sin saberlo me hizo el favor más grande del mundo.[1]

Para Fanny no era una convicción reciente, ni una postura desarrollada durante largos años de penurias. Ya a los *ocho años había escrito unos versos:*

¡Qué niña tan feliz soy
    aunque no pueda ver!
¡He decidido que en este
    mundo estaré feliz!

---

[1] Ruffin, Bernard, *Fanny Crosby*, Pilgrim Press, 1976, pág. 219, 220.

¡Cuántas bendiciones disfruto
   que otras personas no pueden disfrutar!
Llorar ni suspirar porque mis ojos no ven,
   no puedo ni lo haré.[2]

Ahora bien, ¡así se transforma una tragedia en triunfo! Aunque Fanny no podía ver el sol, sentía su calor. Y estaba feliz de estar viva.

Quizás esa perspectiva positiva tan tenaz de alguna manera era más fácil para las personas de su generación que de la nuestra. Como biógrafo, Ruffin escribió acerca de la época de Fanny: «La muerte, la enfermedad y el dolor se daban por sentado; no se los veía como una intromisión absurda en la existencia. Se consideraba antinatural y decididamente tonto presumir que los goces terrenales duran para siempre y prepararse para la muerte era de suma importancia. La gran pregunta para una persona de 1820 no era «¿Me voy a morir?» ni «¿Cuándo voy a morir?» o «¿Cómo me sucederá?» La gran interrogante era «Cuando muera, ¿a dónde voy a ir?»[3]

Fanny tenía muchas oportunidades para pensar en la muerte. Era demasiado joven como para recordar la muerte de su padre pero no podía olvidar la muerte de su propio hijo cuando era niño. Eso fue la gran pena de la vida de Fanny y prácticamente nunca hablaba del tema; no sabemos si era niño o niña. Años después escribió un himno que se llama «Salvo en los tiernos brazos de mi Jesús». Dijo que lo había escrito especialmente para las madres que habían perdido hijos. Ruffin comienza su biografía con una historia conmovedora sobre esa mujer y su canción.

---

[2] *Ídem*, p. 28.
[3] *Ídem*, p. 29.

El año es 1910. El lugar es Perth A:..boy, Nueva Jersey. Una carreta se detiene para recoger dos pasajeros. Uno es un ministro de mediana edad; el otro es una ancianita enjuta, aparentemente ciega, gastada y devastada de una forma increíble, casi doblada en dos por la edad. Pero a medida que la carreta salta a lo largo de la ruta hacia la estación de tren, el conductor comienza a darse cuenta de que esa mujer anciana tiene algo poco común, una anciana que parece haberse escapado de uno de los Cuentos de Hadas de los hermanos Grimm. Está hablando con el clérigo. Su voz no es seca y temblorosa como uno podría deducir de su apariencia sino clara, sonora, suave y joven. Lejos de la senilidad que se puede esperar de alguien tan venerable (¡podría tener cien años!), la mente de la dama es tan fresca y joven como su voz. Evidentemente es una mujer de gran intelecto y refinamiento. Ella y el clérigo están debatiendo un aspecto de teología. El conductor escucha con atención la sabiduría y el ingenio que demuestra la anciana. Cuando resulta evidente que el conductor está prestando más atención a la conversación que al camino, el ministro dice en voz alta.

—Es Fanny Crosby, la compositora de himnos cristianos —explica. El conductor queda sin palabras. Detiene el caballo, se quita el sombrero y llora sin reservas. Logra calmarse y llega hasta la estación donde va en busca de un policía y lo encuentra. Le presenta a la anciana:

—Esta es la Srta. Fanny Crosby que escribió «Salvo en los tiernos brazos de mi Jesús». Quiero que ayude a este joven a que la acompañe hasta el tren y llegue segura.

El policía queda sorprendido.

—Seguro, no se preocupe —responde. Y luego le dice a la viejita con voz temblorosa:

—*La semana pasada, cantamos su himno «Salvo en los tiernos brazos de mi Jesús»... en el funeral de mi hijita.*

Mientras mira al piso con ojos rojos que se llenan de lágrimas, «la Tía Fanny» toma su enorme brazo entre sus manos pequeñitas y le dice con mucha ternura y sentimiento:

—*Mi muchacho (a todos los policías y los trabajadores del tren les digo «mis muchachos», me cuidan tan bien adondequiera que voy), ¡Dios te bendiga corazón! ¡Estaré orando por ti! Y dile a tu esposa que tu pequeñita está a «Salvo en los tiernos brazos de mi Jesús».*

Con esas palabras, el oficial se quebrantó y comenzó a llorar abiertamente.[4]

Fanny Crosby murió el 12 de febrero de 1915 apenas un mes antes de cumplir noventa y cinco años. Se dice que su funeral fue el más grande de Bridgeport, Connecticut, y sobrepasó al del zar del circo, P.T. Barnum. La gente formó una línea de cuadras y cuadras para pasar frente a su ataúd.

¡Todo para rendirle homenaje a una pequeña mujer ciega que se rehusó a pensar que el sol se había oscurecido solo porque no podía verlo!

Sin embargo, sí pensaba en poder ver. Uno de sus últimos himnos: «He de ver a Jesús», anhelaba el día en que por fin viera a su Salvador. Una estrofa dice: «Cuando aquí de mi vida mis afanes cesen ya / y se anuncie bella aurora celestial / en las playas del cielo mi llegada esperará / mi Señor con bienvenida paternal.»

Fanny Crosby sabía cómo concentrarse en todo lo bueno de su vida y ese hábito la ayudó a evitar una perspectiva negativa o malhumorada. Comprendía, como debemos hacerlo nosotros,

---

[4] Ruffin, *op. cit.*, p. 13.

que hay mucho que agradecer, aun en las tragedias. Como ella, debemos reconocer que el sol ha brillado sobre nosotros a lo largo de toda nuestra vida, ya sea que podamos ver o no sus rayos brillantes traspasando las nubes.

Una buena dosis de realidad

Para reconocer que el sol sigue brillando no tenemos que asumir que las nubes negras no existen. La Biblia es muy clara y contundente en este aspecto. Uno de los ejemplos más ilustrativos se halla en el pequeño libro de Lamentaciones en el Antiguo Testamento.

Ve al diccionario y hallarás que la palabra «lamentación» es la «acción de lamentarse»; y este libro que se le adscribe a Jeremías («el profeta llorón»), ciertamente responde a la definición. Son cinco capítulos de sollozos, quejidos, clamores, lamentos y gemidos. Jeremías observa la destrucción de la antigua ciudad de Jerusalén en ruinas a causa del ejército invasor de Babilonia y da rienda suelta a un largo gemido de dolor.

En los primeros tres capítulos habla de «exilio», de «destrucción», de soldados masacrados, de niños hambrientos, de muros demolidos y de fuego en todas partes. La peste de la muerte y de la carne putrefacta inunda el aire cargado de humo... y el profeta tiembla de cólera. Sabe que la ciudad fue arrasada a causa de su pecado (lo ha predicho durante años a pesar de encontrarse con una audiencia hostil) pero aun no puede aceptar la verdad. Y se pregunta dónde podrá estar Dios en medio de toda esa miseria.

«Yo soy aquel que ha sufrido la aflicción bajo la vara de su ira [Dios]», declara. «Me ha hecho andar en las tinieblas; me ha apartado de la luz. Una y otra vez, y a todas horas, su mano se ha vuelto contra mí. Me ha marchitado la carne y la piel; me ha quebrantado los huesos. Me ha tendido un cerco de amargura y tribulaciones. Me obliga a vivir en las tinieblas, como a los que hace tiempo murieron. Me tiene encerrado, no puedo escapar; me ha puesto pesadas cadenas ... Me ha estrellado contra el suelo; me ha hecho morder el polvo. Me ha quitado la paz; ya no recuerdo lo que es la dicha. Y digo: "La vida se me acaba, junto con mi esperanza en el SEÑOR". Recuerda que ando errante y afligido, que me embargan la hiel y la amargura. Siempre tengo esto presente, y por eso me deprimo» (Lamentaciones 3:1-7,16-20).

Es imposible imaginar una expresión más profunda de angustia. El cielo es tan oscuro como una plancha de hierro y Jeremías no puede ver ni siquiera un rayo de luz que penetre por la grieta más pequeña.

Sin embargo, sabe que el sol sigue brillando.

—Pero algo más me viene a la memoria, lo cual me llena de esperanza —continúa—: "El gran amor del SEÑOR nunca se acaba, y su compasión jamás se agota. Cada mañana se renuevan sus bondades; ¡muy grande es su fidelidad! Por tanto, digo: «El SEÑOR es todo lo que tengo. ¡En él esperaré!" (Lamentaciones 3:21-24).

Aunque el sol se haya borrado de su vista, aunque las tragedias numerosas acechaban cada uno de sus pasos, aunque toda esperanza parecía haberse extinguido, Jeremías alzó su vista y se dio cuenta de que el sol seguía brillando (aunque no lo podía ver), que un fiel compañero también caminaba a su lado (aunque no pudiera verlo) y que la esperanza no había perecido (aunque no supiera cuándo volvería a aparecer). Jeremías rehusó renunciar a la vida, aunque en los dos últimos capítulos de su libro las tormentas regresan y camina en oscuridad por un tiempo una vez más.

La Biblia nunca sugiere que la vida con Dios siempre será color de rosa. Pero sí hace hincapié en que cuando las rosas florecen, lo hacen por orden de Dios. Y proclama que aun en la tragedia Dios camina con sus hijos.

Jesús dijo prácticamente lo mismo en el Nuevo Testamento. Cuando sus discípulos escucharon al maestro decir que iba a morir en la cruz, se sintieron confusos y alarmados. «Ciertamente les aseguro que ustedes llorarán de dolor, mientras que el mundo se alegrará», les dijo Jesús. «Se pondrán tristes, pero su tristeza se convertirá en alegría. La mujer que está por dar a luz siente dolores porque ha llegado su momento, pero en cuanto nace la criatura se olvida de su angustia por la alegría de haber traído al mundo un nuevo ser. Lo mismo les pasa a ustedes: Ahora están tristes, pero cuando vuelva a verlos se alegrarán, y nadie les va a quitar esa alegría» (Juan 16:20-22).

Se pondrán tristes ... nadie les va a quitar esa alegría. Ambas verdades, de frente, abiertamente. Jesús nunca trata de ocultarnos que la tristeza, el dolor y la tragedia son parte de lo que nos toca vivir. Sin embargo, al mismo tiempo nos garantiza que derramará sobre sus seguidores un gozo delirante que no se puede apagar. Es decir, aunque las nubes oscuras se arremolinen, el sol sigue brillando.

CADA MAÑANA ES UNA NUEVA OPORTUNIDAD DE VIVIR

Aunque haya tenido un día horrendo, una noche peor y me haya ido a dormir sintiéndome destruido, siempre recuerdo que la mañana siguiente traerá un nuevo día. Trato de recordar que debo empezar cada día diciendo: «Gracias, Señor, porque estoy vivo.»

Quizás sufres por cargas que no puedo imaginar. A lo mejor estés impedido físicamente o arruinado en las finanzas. Es probable que hayas perdido un ser querido o te enfrentes con una muerte inminente. La vida puede parecer insoportable... *¡pero estás vivo!* Pareciéraser terrible... *¡pero estás vivo!* Aun cuando estés sufriendo un gran dolor o no puedas hacer lo que hacías antes... ¡estás vivo! Así que ¡vive! Vive la vida al máximo en lo que esté a tu alcance. Sé todo lo que puedas ser, aun dentro de tus limitaciones. Todos las tenemos, pero eso no tiene por qué convertirnos en seres humanos petrificados.

Cuando alguien insiste en quejarse o en maldecir por algo que ocurre en su vida, a menudo observo: «¿Preferirías no haber nacido? ¿O acaso la vida no vale la pena, a pesar de tener que soportar algunas cosas como esas?»

Cada mañana que tengamos la fuerza para abrir los ojos debemos darle gracias a Dios por otro día de vida y pedirle que nos dé la gracia y la fortaleza para sacarle el jugo. De veras es un regalo maravilloso.

No TIENES POR QUÉ ENFRENTAR SOLO EL MAÑANA

La vida continúa, ya sea que hayas sufrido una pérdida irreparable o que hayas soportado una cirugía espantosa o perdido un hijo. El mañana ya viene y tenemos que enfrentarlo. *Pero no tenemos por qué enfrentarlo solos.*

Una de las promesas favoritas de Dios en la Biblia es: «Estaré contigo». Le hizo esa promesa a Abraham, a Moisés, a David y a cientos de hombres y mujeres a lo largo de los dos testamentos. Es muy significativo que las últimas palabras de Jesús que se asientan en el libro de Mateo son: «Y les aseguro que estaré con ustedes siempre, hasta el fin del mundo» (Mateo 28:20).

El mañana ya viene pero no tenemos que enfrentarlo solos. Si tratamos de hacerlo sin Dios, solo nos espera el desastre. Pero si enfrentamos el mañana con la presencia de Dios a través de Jesucristo y su Espíritu, tenemos la esperanza y la promesa divina de un nuevo comienzo brillante.

Sin embargo, ¡Dios no nos promete solamente su presencia! Eso sería suficiente pero no se conforma con dejarlo allí. En toda la Biblia promete hacerle el bien a su pueblo de varias formas distintas. Cinco de sus promesas más preciosas son las siguientes:

1. El SEÑOR está cerca de quienes lo invocan, de quienes lo invocan en verdad. Cumple los deseos de quienes le temen; atiende a su clamor y los salva (Salmo 145:18-19).

¿De quién está cerca el Señor, según el salmista? A todos los que invocan al Señor «en verdad». ¿Cómo lo invocas en verdad? Reconociendo tu necesidad y tu pecado y poniendo tu confianza en él. ¿Y qué promete hacer cuando escuche tu clamor? ¡Atenterlo y salvarte!

2. Vengan a mí todos ustedes que están cansados y agobiados, y yo les daré descanso. Carguen con mi yugo y aprendan de mí, pues yo soy apacible y humilde de corazón, y encontrarán descanso para su alma (Mateo 11:28-29).

Todos necesitamos y aquí Jesús nos promete darnos todo el descanso que necesitamos. ¿Estás cansado? ¿Agobiado? Jesús te invita a que vengas y aprendas de él. No tienes que preocuparte por si te rechazará o no, porque él es apacible y humilde y te ofrece todo el descanso que necesitas. No hay razón para continuar llevando cargas que son demasiado pesadas para nosotros. Jesús prometió aliviar nuestra carga si tan solo vamos a él.

3. Yo soy la resurrección y la vida. El que cree en mí vivirá, aunque muera; y todo el que vive y cree en mí no morirá jamás (Juan 11:25-26).

Jesucristo venció la muerte cuando resucitó después de su crucifixión y ahora te invita a participar de esa victoria poniendo tu fe en él. Te ofrece vida eterna si tan solo crees en él. No tienes que comprar, ganar ni alcanzar nada. Simplemente cree que él murió en la cruz por tus pecados, afirma que resucitó de la tumba después de estar muerto tres días y confiesa que es tu Señor y Salvador. Eso es todo lo que pide.

4. *Ningún ojo ha visto, ningún oído ha escuchado, ninguna mente humana ha concebido lo que Dios ha preparado para quienes lo aman (1 Corintios 2:9).*

Algunas de las promesas de Dios son espectaculares, sorprendentes y emocionantes que las imágenes, las palabras y los conceptos ni siquiera alcanzan a transmitir toda su riqueza. Lo que Dios ha planeado para sus hijos es tan maravilloso que simplemente sobrepasa su entendimiento. Pero atención, esta promesa es solo para los que le aman. ¿Amas a Dios como Padre? ¿Y a su Hijo, Jesucristo? Él dijo: «Si Dios fuera su Padre ustedes me amarían, porque yo he venido de Dios» (Juan 8:42). Si esa es tu descripción, tienes una promesa firme de parte de Dios que, al igual que el apóstol Pablo, te hará decir: «considero que en nada se comparan los sufrimientos actuales con la gloria que habrá de revelarse en nosotros» (Romanos 8:18).

5. *Dios ha dicho: «Nunca te dejaré; jamás te abandonaré.» Así que podemos decir con toda confianza: «El Señor es quien me ayuda; no temeré. ¿Qué me puede hacer un simple mortal?» (Hebreos 13:5-6).*

El hombre nos puede hacer de todo, salvo lo único que es perdurable. Dijo Jesús: «No teman a los que matan el cuerpo pero no pueden matar el alma. Teman más bien al que puede destruir alma y cuerpo en el infierno» (Mateo 10:18). Si fuimos reconciliados con Dios a través de la fe en su Hijo Jesucristo, nada ni nadie nos podrá separar del amor de Dios (Romanos 8:38-39). Podemos vivir en este mundo con confianza y sin temor, sabiendo que Dios mismo es nuestro ayudador. Él *nunca* nos dejará ni desamparará, ni siquiera cuando azotan las calamidades o las tragedias. Y eso le quita las garras al temor.

COMIENZA CADA DÍA CON LA PERSPECTIVA DE DIOS

Necesito comenzar cada día con Dios y trato de observar los acontecimientos que se avecinan desde la perspectiva de Dios. Eso es esencial cuando nos va bien... ¡pero cuánto más, cuando la tragedia ataca y la muerte toca nuestro hogar!

¿Qué quiere decir comenzar cada día desde la perspectiva de Dios? Significa que debemos tenes una visión amplia. Quiere decir que ponemos toda nuestra confianza y fe en Dios, aunque parezca que nuestro mundo se cae a pedazos y que el sol dejó de brillar. Es decir «Alégrense con los que están alegres; lloren con los que lloran» (Romanos 12:15). En esta perspectiva debemos enfrentar la vida con valor e integridad sabiendo que Dios gana al final. Y que solo estamos en el segundo acto de una obra de tres. Por ahora la tragedia puede saltar y corretear en el centro de atención, pero cuando baje el telón, la esperanza se retirará a las sombras y la victoria estará firme y derecha en el centro del escenario.

SE ACERCA UN DÍA MEJOR

Según la Biblia, se acerca un día mejor en el que las nubes de la tormenta desaparecerán para siempre y el día nunca será noche. Este nuevo día es tan seguro como la resurrección de Cristo, lo cual quiere decir que no es una ilusión ni una fantasía. Se acerca un día real en el que nuestros sueños más preciados se harán realidad y todo el dolor, el temor y el sufrimiento quedarán desterrados para siempre.

Las tragedias presentes podrán hacer que parezca que la vida se ha acabado, pero no es así. Hay un futuro que prometió el

Dios Omnipotente y es glorioso. Y es posible vivir *aquí y ahora* una vida de valor y fe a la luz de este futuro encantador. Y esto no es un «pan en el cielo dará el más allá» sino es más la degustación de las mesas del banquete del Gran Rey a medida que se apilan millas interminables sobre millas de los platos más sabrosos, suculentos y saludables que se puedan ofrecer en cualquier lugar del universo.

La tragedia hace que la vida sea difícil; pero no le quita la esperanza. Mientras que Dios esté en nuestro presente y en nuestro futuro, hay mucho más que esperanza. Hay vida y «dicha eterna a tu derecha» (Salmo 16:11).

No es bueno vivir en el pasado

Con un gran futuro garantizado a los creyentes en Cristo por parte de un Dios amoroso que no miente, ¿quién elegiría vivir en el pasado? Lamentablemente, muchos lo hacen.

Cuando vives en él, sacrificas la esperanza. No puedes disfrutar cada día y los placeres que brinda. Por más dolorosa que sea tu pérdida o sufrimiento, no tienes por qué vivir en cualquiera de los mundos mellizos y sin sol de «Lo que pudo ser... » o «¿Por qué a mí?» Miles de personas que sufren han decidido estar alegres. Tal como lo escribió Fanny Crosby a los ocho años: «Llorar ni suspirar porque mis ojos no ven, no puedo ni lo haré.» Elige sacar el mejor partido de todo. Toma la decisión de redimir tus circunstancias presentes.

Decide que la esperanza va a ganar

Nadie quiere estar cerca de hombres y mujeres que viven en el pasado: son aburridos. Y vivir así es deprimente. ¿Quién quiere pasar tiempo con tal alma marchita?

Sunset Boulevard de Billy Wilder es un filme clásico de 1950 con la participación estelar de William Holden y Gloria Swanson. En la película, Norma Desmond, una estrella de la era del cine mudo ya mayor, se niega a aceptar el nuevo Hollywood de las películas parlantes. Vive con su mayordomo teutónico en una mansión vieja, cavernosa y fantasmal abarrotada de fotos y recuerdos exclusivamente relacionados con su antigua carrera cinematográfica. Cada semana, a una hora determinada, ella y su mayordomo (quien finalmente descubrimos que fue su director y el primero de sus tres maridos) apagan las luces y miran a la Norma joven actuar en la pantalla. La palabra «tétrica» se queda corta para describir la escena.

A este mausoleo viviente se introduce el personaje que interpreta Willam Holden, un libretista desempleado. En su primer encuentro se vuelve a Norma con un dejo de homenaje en los ojos y le dice:

—Usted era grande.

—*Soy* grande —responde Norma con una de las grandes frases de Hollywood—. Son las películas las que se redujeron.

A medida que su relación desciende a un nivel cada vez más grotesco, en un momento, Holden, el narrador, dice que Norma Desmond «todavía saludaba con orgullo en un desfile que hacía tiempo que ya había pasado» y más tarde, «No es nada trágico tener cincuenta años... a menos que estés tratando de tener veinticinco».

En el mundo del cine, Norma Desmond es el personaje arquetípico atrapado en el pasado. Y no solo es aburrida... al final del film también es una asesina.

No vivas en el pasado. Es un mundo sin color, sonido, ni vida. No empeores tu dolor imitando a la Norma Desmond. No puedes darte ese lujo, ni tu ni los que te rodean.

Desecha la amargura

El sol brilla pero no lo verás si rehúsas perdonar al borracho que atropelló a tu hijo, al doctor que cometió un error o al contratista que no hizo su trabajo. Si no perdonas a los que te hicieron daño, no solo estás destruyendo cada onza de tu gozo sino que estás amargando a todos los que te rodean.

El otro día oí de un hombre carcomido por la amargura porque no podía perdonar a los que le quitaron la vida a su hija. Tiene tres hijos saludables y una esposa talentosa, pero bien podrían ser inexistentes. Su hija, la menor de todos y la niña de sus ojos, murió en un accidente de tránsito relacionado con el alcohol. Este padre tiene ataques de furia ante la menor provocación, rehúsa a asistir a las actividades familiares y rara vez sale de su casa. Cuando lo hace, su rutina es siempre la misma. En la puerta del frente se detiene, se vuelve hacia un rincón donde puso un altar para su hija fallecida y dice suavemente: «Adiós, Susie.» Solo entonces se va.

Si vas a disfrutar el sol que brilla tienes que perdonar, de lo contrario, una nube siempre oscurecerá tu cielo. El comediante Buddy Hackett señaló una vez, en realidad, «no guardo rencor porque mientras estoy en casa llorando, los demás están de fiesta». Tiene razón. Pienso que la amargura y la falta de perdón se parecen mucho a la preocupación. «Esta nunca le roba al mañana su dolor; solo le saca las fuerzas al hoy», observó el novelista A.J. Cronin.

No permitas que la falta de perdón y la amargura te roben la alegría de vivir. La amargura es un veneno emocional y espiritual que finalmente mata a sus víctimas. Si estás bebiendo su poción mortal, ¡detente! Sí, quizás la gente te lastimó... ¿pero por qué vas a permitir que te sigan lastimando? Confiésale a Jesús que tu corazón está amargado y no perdona y deja que él lo suavice.

Permítele restaurar tu alegría y devolverte la vida. ¡El sol está brillando de veras! ¿Por qué no disfrutarlo?

El sol sigue brillando

Unos días atrás mientras terminaba este libro los cielos se oscurecieron y se volvieron amenazantes en Nashville, Tennessee, una serie de tornados tocaron tierra en la zona céntrica y comercial de la ciudad dejandola prácticamente paralizada por tres días. El saldo: ocho edificios quedaron marcados como inseguros y por todos lados los rascacielos estaban remendados con tablones y lonas.

Milagrosamente, nadie perdió la vida en Nashville pero los daños estructurales fueron cuantiosos. El presidente Clinton declaró zona de desastre a seis condados de Tennessee y los expertos estiman que podría llevar más de ocho semanas remplazar todos los vidrios destrozados por los tornados. Cualquiera diría que la devastación en Nashville cae en la categoría de desastre.

Sin embargo, noté con interés una sola frase de un informe de *Associated Press* acerca de la tormenta. «La mayoría de las grandes torres de oficinas reabrieron sus puertas», señalaba, «a medida que las lluvias del fin de semana le daban lugar al sol».[5]

Así es en este mundo. Las tormentas golpean y causan lo peor pero el sol sigue brillando. Solo tenemos que alzar la vista y esperar que vuelva a aparecer.

---

[5] Marta W. Aldrich, «Nashville, TN, Buildings reopen» [Nashville, TN, Edificios reabren», The Associated Press, 20 de abril de 1998.

14

TÚ, QUE ERES EL JUEZ DE TODA LA TIERRA, ¿NO HARÁS JUSTICIA?

El rabí Harold Kushner cierta vez le presentó a una clase de gente joven la historia del holocausto, la infame atrocidad de la segunda guerra mundial donde perecieron seis millones de judíos a manos de los nazis. Con horripilantes detalles hizo una crónica del crimen y describió las cámaras de gas y los trenes de ganado que solían llevar los judíos a Auschwitz y los otros campos de concentración. Los estudiantes estaban espantados e indignados; entonces les preguntó:

—¿Estuvo mal que Hitler hiciera eso?

Los estudiantes se quedaron atónitos. ¡Por supuesto que estuvo mal!

—¿Quién dice que estuvo mal?

—Simplemente estuvo mal. Está *mal* —respondieron al unísono animadamente.

—¿Pero quién lo dice? —continuó—. Las leyes que Hitler aprobó lo justificaban, así que legalmente estaba haciendo lo correcto. ¿Qué es lo que lo vuelve malo? ¿Qué quiere decir *malo*?

Después de un debate animado, Kushner les dejó en claro a sus alumnos que todos poseemos un sentido innato del bien y del mal implantado en nuestros corazones por Dios. Instintivamente *sabemos* que el homicidio sistemático de seis millones de hombres, mujeres, niños y niñas es un mal monstruoso a pesar de que cualquier ley que se sancione para darle al genocidio una apariencia de moralidad. ¿Cómo sabemos que está mal? Solo lo sabemos.

Pienso que Kushner tiene razón. Si bien no creo que nuestras conciencias sean los árbitros finales del bien y del mal (es posible cauterizarla y endurecerla hasta tal punto que lo que en verdad es malo parece absolutamente bueno) creo firmemente que tenemos un sentido innato del bien y del mal según nuestra creación a imagen y semejanza de un Dios justo. Como lo escribió el apóstol Pablo:

> *Ciertamente, la ira de Dios viene revelándose desde el cielo contra toda impiedad e injusticia de los seres humanos, que con su maldad obstruyen la verdad. Me explico: lo que se puede conocer acerca de Dios es evidente para ellos, pues él mismo se lo ha revelado. Porque desde la creación del mundo las cualidades invisibles de Dios, es decir, su eterno poder y su naturaleza divina, se perciben claramente a través de lo que él creó, de modo que nadie tiene excusa (Romanos 1:18-20).*

Según el apóstol, ¿por qué los individuos no tienen excusa cuando actúan con maldad? Porque el poder eterno de Dios y su naturaleza divina se pueden ver claramente en todo lugar. Y según el rabí Kushner, ¿por qué sabemos instintivamente que

el holocausto estuvo mal? Porque Dios nos implantó el sentido del bien y del mal.

En ambos casos estos hombres dicen que nuestra distinción
del mal depende del carácter justo y recto de Dios. Él es el pará-
metro con el cual se deben juzgar todas las demás acciones. Es
absolutamente justo y completamente recto, no peca ni tampoco puede pecar. Él siempre hace lo bueno.

¿Entonces qué tiene que ver esa convicción con este libro?
Solo esto: la verdad de que Dios es justo debe moldear todo
nuestro pensamiento acerca de las calamidades y las tragedias de
la vida. *Dios siempre hará justicia*. Sin esa convicción no hay esperanza. Pero con ella hay esperanza omnipotente y eterna.

REPASO DE ALGUNAS RAZONES DEL SUFRIMIENTO

Así que Dios es justo y siempre hace justicia. Pero si eso es
verdad, ¿por qué sufren las personas aparentemente inocentes?
¿Por qué Dios permite que nazcan bebés con deformidades o
incapacidades? ¿Y madres jóvenes mueran de cáncer? ¿Por qué
parece no hacer nada para detener los desastres naturales que
cobran miles de vidas? ¿Cómo puede quedarse sentado y ver
adolescentes violados, abuelas golpeadas, familias enteras borra-
das en accidentes terribles?

En fin, tomo prestada una frase del rabí Kushner: ¿por qué
le suceden cosas malas a la gente buena?

Ya hemos hablado de varias razones por las cuales las tragedias
nos golpean. Quizás sería bueno revisar estas respuestas básicas.

1. Sufrimos porque somos parte de una humanidad caída.
Muchos de los desastres personales que nos alcanzan ocurren
simplemente porque vivimos en un mundo derrotado. La Biblia

explica que cuando los primeros seres humanos decidieron rebelarse contra Dios y desobedecer sus mandamientos, cayó una maldición sobre el género humano que no se levantará hasta que Dios no traiga un «día de redención» en algún momento futuro. Cuando el pecado entró en el mundo a través de Adán y Eva, la perfección del Jardín del Edén se fue. Desde entonces, este mundo no ha caminado «bien».

El apóstol Pablo nos dice que por causa del pecado la naturaleza «fue sometida a la frustración» y quedó sometida a «la corrupción que la esclaviza». En realidad escribe: «Sabemos que toda la creación todavía gime a una, como si tuviera dolores de parto» (Romanos 8:20-22).

Las palabras que emplea: «frustración», «esclavitud», «corrupción» y «gemido», son otra forma de decir que en este mundo nos enfermamos, morimos jóvenes, quedamos mutilados, perdemos seres queridos en accidente, damos a luz bebés con deformidades severas. ¿Es este el plan original? ¡Seguro que no! ¿Las cosas seguirán siendo así para siempre? ¡Gracias a Dios no! Tal como lo escribe Pablo: «sino también nosotros mismos ... aguardamos nuestra adopción como hijos, es decir, la redención de nuestro cuerpo» (Romanos 8:23).

Sin embargo, por ahora, vivimos en un planeta caído donde las tragedias les suceden a los buenos y a los malos, a los jóvenes y ancianos. Como el antiguo observador de la vida escribió:

> Me fijé que en esta vida la carrera
>   no la ganan los más veloces,
> ni ganan la batalla los más valientes;
>   que tampoco los sabios tienen qué comer,
>   ni los inteligentes abundan en dinero,
> ni los instruidos gozan de simpatía,
> sino que a todos les llegan buenos y malos tiempos.

Vi además que nadie sabe cuándo le llegará su hora.
Así como los peces caen en la red maligna y
las aves en la trampa,
también los hombres se ven
atrapados por una desgracia
que de pronto les sobreviene. (Eclesiastés 9:11,12).

2. A veces sufrimos por nuestras malas decisiones.

Algunas tragedias ocurren porque hacemos elecciones malas o poco sabias. Un hombre que decide construir su casa en un área inundable, no solo está cometiendo un pecado contra Dios sino que le está abriendo las puertas al desastre.

En el estado de Oregon este último año hemos visto el desarrollo de esa escena. Los constructores edificaron una hilera de casas lujosas sobre una colina arenosa sobre la costa del Pacífico y ahora por la erosión no prevista causada por el Niño las casas están amenazadas de estrellarse barranco abajo en la playa. Los residentes suelen citar las palabras de Jesús en Mateo 7, la parábola del hombre insensato que construyó su casa sobre la arena: «Cayeron las lluvias, crecieron los ríos, y soplaron los vientos y azotaron aquella casa, y este se derrumbó, y grande fue su ruina» (Mateo 7:27).

Por supuesto que las decisiones malas pueden dar por resultado consecuencias mucho más trágicas que la pérdida de unas casas. No hace mucho oí de una joven de la ciudad que murió en un accidente automovilístico. Era muy fina, le iba muy bien en la escuela, cantaba en la iglesia, en general no se metía en problemas. Sin embargo, la noche que murió eligió subirse a un automovil que conducía un muchacho joven que había estado bebiendo y cuando perdió el control del auto, mientras se dirigía a alta velocidad por la carretera casi a cien millas por hora, fue despedida del vehículo y murió. ¿Acaso pecó por subirse al auto? No. ¿La estaban castigando por haber cometido alguna ofensa moral?

No. Simplemente hizo una mala elección y la pagó con su vida. Trágico pero previsible.

3. A veces sufrimos por nuestra rebelión personal.

Al meditar en las historias de este libro, probablemente notarás que hay un tema común en cada una de ellas: describen tragedias causadas por el pecado y la rebelión del ser humano. El dolor de las personas marcadas por el divorcio, el incesto, la violación, el homicidio, los conductores alcoholizados, la guerra, el aborto, la codicia, la promiscuidad y un sinfín de otras fuerzas en verdad son causadas por el pecado del hombre.

¿Es justo culpar a Dios por los horrores que inflige la humanidad? No lo creo. Debemos aceptar que muchos de nuestros problemas son creados por la rebelión personal ya sea la nuestra o la de otros.

Entonces, debo decir (con mucho cuidado) algo que sé que no será muy popular. Es bíblicamente preciso sostener que *algunos* sufrimientos humanos son parte del castigo divino del pecado. Algunas tragedias (y el cielo las revelará si queremos saberlo cuando lleguemos allá) son castigos definidos por quebrantar el orden moral de Dios. En términos bíblicos, cosechamos lo que sembramos. El apóstol Pablo escribe: «Los pecados de algunos son evidentes aun antes de ser investigados, mientras que los pecados de otros se descubren después» (1 Timoteo 5:24).

En ocasiones vemos este principio en práctica en los Evangelios. En el que quizás sea el ejemplo más claro, Jesús le dice a un hombre que acababa de sanar: «Mira, ya has quedado sano. No vuelvas a pecar, no sea que te ocurra algo peor» (Juan 5:14) . Así que algunas aflicciones pueden ser el castigo por un pecado personal.

Por otra parte, es imposible que nosotros, simples mortales, podamos distinguir si un hombre o una mujer es afligido porque cometió un pecado. ¡Cuidado con la gente que dice tener ese conocimiento! En libro de Job, en el Antiguo Testamento, tres de los amigos lo acusan de continuo de haber pecado y señalan su sufrimiento como prueba de su alegato. Sin embargo, al final del libro, Dios llama a uno de los «amigos» al frente y le dice: «Estoy muy irritado contigo y con tus dos amigos porque, a diferencia de mi siervo Job, lo que ustedes han dicho de mí no es verdad ... Mi siervo Job orará por ustedes, y yo atenderé a su oración y no los haré quedar en vergüenza. Y conste que, a diferencia de mi siervo Job, lo que ustedes han dicho de mí no es verdad» (Job 42:7-8).

En conclusión: es imposible que alguno de nosotros diga: «Cada vez que sucede algo como eso, es un castigo de Dios.»

4. A menudo no sabemos por qué sufrimos.

Varios años atrás, Paul Little, un evangelista universitario talentoso, brillante y eficiente, escribió un libro de mayores ventas titulado *How to Give Away Your Faith* [Cómo regalar tu fe]. En una sección excelente del libro donde describía las siete interrogantes más grandes que hacen los estudiantes universitarios escépticos acerca del cristianismo, responde a la pregunta «Si Dios es todo bondad y todopoderoso, ¿por qué sufren los inocentes? ¿Por qué algunos bebés nacen ciegos, deformes o con discapacidades mentales? ¿Por qué se permiten las guerras? ¿Por qué ... ?» Y Little continúa:

> *Una de dos: Dios es todo bondad pero no es tan poderoso como para eliminar las enfermedades y los desastres; o es todopoderoso pero no es todo bondad y por lo tanto no le pone fin a todo el mal.*
>
> *Una vez más pienso que debemos reconocer nuestra ignorancia parcial. No tenemos una explicación completa*

del origen y del problema del mal porque Dios eligió reve-
larnos tan solo una parte. Sin embargo, se nos dice clara-
mente que Dios creó el universo perfecto. El hombre recibió
la libertad de obedecer o desobedecer a Dios. El mal entró en
el universo por la desobediencia del hombre. A causa del pa-
trón del universo, las acciones del hombre no se limitan a sí
mismo sino que siempre involucran a otros. A causa de que
el hombre desobedeció y quebrantó la ley de Dios, el mal
permanece en el universo.

Al tratar este asunto no tenemos que pasar por alto la presencia del mal en cada uno de nosotros. Muchos se preguntan:
«¿Por qué Dios no interviene y se deshace del pecado? ¿Por qué
no erradica la guerra?» No se dan cuenta de que si Dios ejerciera
su juicio de manera uniforme, ninguno de nosotros sobreviví-
ría. Supongamos que Dios decretara: «A la medianoche, todo el
mal será erradicado.» ¿Quién de nosotros estaría aquí a la una de
la mañana?[1]

Es muy buena materia para reflexionar ¿no? Pienso que sería
fascinante conseguir a Little vía telefónica y hacerle una entrevista para escuchar más de sus pareceres. Analiza con más profundidad. Indaga en busca de más reflexiones.

Solo que no podemos hacerlo. Ya no está con nosotros. En
1975, en la cumbre de su ministerio, Little murió en un accidente
automovilístico. ¿Por qué Dios se lo llevaría de este mundo cuando
él estaba ayudando a guiar tantas personas al cielo? No lo sé. Simplemente tengo que concordar con el propio Little: «Una vez más pienso que tenemos que reconocer nuestra ignorancia parcial.»

---

[1] Little, Paul, *How to Give Away Your Faith* [*Cómo regalar tu fe*], Varsity Press, Down-
wers Grove, IL, 1996, p. 71 y 72

La verdad es que algunas preguntas no se pueden responder desde nuestra posición terrenal. Por ejemplo, conozco a una mujer piadosa, hija de un pastor, que se casó con el presidente del cuerpo estudiantil de una escuela cristiana (quien era también el superintendente de la Escuela Dominical de su iglesia). Esta mujer pensó que se había casado con el máximo exponente del compromiso cristiano. Sin embargo, poco después de su casamiento, él se volvió alcohólico, le robaba todo el dinero, la agredía físicamente y luego mentía. ¿Por qué Dios no permitió que la mujer viera esta tragedia antes de tiempo? ¿Cómo pudo permitir que continuara durante décadas? No lo sé. Y cuando uno le hace la pregunta a ella, ni siquiera busca una respuesta. Simplemente sigue adelante caminando con el Señor, llorando a cada paso.

O toma otro ejemplo. El otro día, la esposa de un amigo murió de imprevisto. Había ingresado para una cirugía menor, el médico no pudo parar la hemorragia y en una hora se había ido. No había explicación. Todos estábamos apesadumbrados. En esos momentos estaba de viaje pero de inmediato llamé al esposo, mi amigo por más de cuarenta años. Con la voz llena de pesar me dijo cansado: «Ay, Luis, ojalá estuvieras aquí para darme un gran abrazo latino.»

¿Cómo podemos explicar algo así? Yo no puedo. En casos como este lo único que sé que puedo hacer es confiar que Dios no comete errores y que tiene un propósito en todo lo que hace y que siempre hará justicia... ya sea que lo entienda o no.

¿POR QUÉ DIOS NO HACE NADA?

Cuando meditamos sobre la tragedia humana, debemos tener cuidado para evitar quedar atrapados en una sola pregunta: «¿Dónde estaba Dios cuando...?» Parece que siempre queremos echarle la culpa a Dios por su inacción, pero creo que tenemos que poner gran parte de la culpa sobre nuestros hombros.

Alguien le preguntó a Jean Paul Sartre, el filósofo francés: «¿Dónde estaba Dios cuando los nazis estaban a punto de conquistar Europa?» Y Sartre respondió: «¿Dónde estaba el hombre?»

Supongo que lo que quiso decir fue ¿por qué las potencias occidentales no detuvieron a Hitler antes de que comenzara? ¿Por qué no intervinieron antes, cuando supieron del peligro pero antes de que los nazis saquearan el continente? En realidad, *¿dónde estaba el hombre?*

¿Y dónde está hoy?

No puedo evitar observar que tendemos a culpar a Dios por no intervenir para prevenir un desastre cuando a menudo está a nuestro alcance hacerlo. Preguntamos: «¿Dónde estaba Dios cuando...?» mientras bebemos limonada con fresa al lado de la piscina.

Joni Eareckson Tada es amiga mía y sufre de cuadriplegia. Conoce bien el sufrimiento y la tragedia, por haberse quebrado el cuello a los diecisiete años al zambullirse en el agua. Ha meditado profundamente largo tiempo sobre el papel de Dios en el sufrimiento humano y en un libro titulado *Cuando Dios Llora*, escribe:

> *El corazón de Dios desea aliviar el sufrimiento. Hace lo imposible para que esto suceda. Dios mueve cielo y tierra para secar las lágrimas, aliviar las cargas, quitar el dolor, detener las guerras, poner un alto a la violencia, curar a los enfermos, sanar a los quebrantados de corazón y arreglar matrimonios ...*
>
> *Nos llama a unirnos a su noble causa, pero nos quedamos detrás. Si Dios llora es porque su corazón siente intensamente el sufrimiento con abundante claridad, pero hay pocos (aun entre su pueblo) que se movilicen a la acción. No estamos escuchando.*

«Porque día tras día me buscan y desean conocer mis cami-nos, como si fueran una nación que practicara la justicia, como si no hubieran abandonado mis mandamientos.
Me piden decisiones justas, y desean acercarse a mí, y hasta me reclaman: "¿Para qué ayunamos, si no lo tomas en cuenta? ¿Para qué nos afligimos, si tú no lo notas?"
»Pero el día en que ustedes ayunan, hacen negocios y explo-tan a sus obreros.
»El ayuno que he escogido, ¿no es más bien romper las cade-nas de injusticia y desatar las correas del yugo, poner en li-bertad a los oprimidos y romper toda atadura? ¿No es acaso el ayuno compartir tu pan con el hambriento y dar refugio a los pobres sin techo, vestir al desnudo y no dejar de lado a tus semejantes?» (Isaías 58:2-3,6-7).

Dios anhela quitar el dolor a través de aquellos que son su cuerpo, sus manos y sus pies sobre la tierra ... Se supone que el cuerpo hace su trabajo. El trabajo de Dios ... Pero vacilamos. Resulta irónico, ya que muchos de nosotros le echamos la culpa por permitir que el sufrimiento sea el sta-tus quo del mundo. (El quo no sería tan status si no nos quedáramos allí sentados y siguiéramos sus directivas.) [2]

Creo que a Joni le gustaría la pregunta de Sartre: «¿Dónde estaba el hombre?»

¿Pero dónde estoy yo? ¿Dónde estás tú? ¿Estamos haciendo ver-daderamente lo que podemos para aliviar el sufrimiento de los que nos rodean? Jesús cierta vez relató una historia sobre el día del juicio final cuando el Rey diga a un grupo escogido de hombres y mujeres:

"Vengan ustedes, a quienes mi Padre ha bendecido; reci-

² Joni Eareckson Tada, *Cuando Dios Llora*, Vida, Miami, FL, 2000, p. 136,137,138.

ban su herencia, el reino preparado para ustedes desde la creación del mundo. Porque tuve hambre, y ustedes me dieron de comer; tuve sed, y me dieron de beber; fui forastero, y me dieron alojamiento; necesité ropa, y me vistieron; estuve enfermo, y me atendieron; estuve en la cárcel, y me visitaron" (Mateo 25:34-36).

La audiencia queda sorprendida por las palabras del Rey y le pide una explicación: «Señor, ¿cuándo te vimos hambriento y te alimentamos, o sediento y te dimos de beber? ¿Cuándo te vimos como forastero y te dimos alojamiento, o necesitado de ropa y te vestimos? ¿Cuándo te vimos enfermo o en la cárcel y te visitamos?» (Mateo 25:37-39).

Y entonces revela la mayor sorpresa. «El Rey les responderá: "Les aseguro que todo lo que hicieron por uno de mis hermanos, aun por el más pequeño, lo hicieron por mí."» (Mateo 25:40).

Entonces mi pregunta es la siguiente: ¿Qué estamos haciendo por el Rey?

Qué en vez de por qué

Cuando nos encontramos enfrentando una tragedia personal, pienso que el reformador del siglo XVI, Martín Lutero, tiene un muy buen consejo para nosotros. Dijo: «La fe no pregunta por qué, sino qué.»

Es decir, ¿Qué estás tratando de enseñarnos, Señor? ¿Qué debemos hacer con esto? ¿Para qué quieres que usemos esta experiencia?

El problema con la mayoría de los «por qués» es que a menudo llevan a desafiar y a echarle la culpa a Dios. Debo decirte en forma directa que detesto las terapias actuales que alegan «tienes derecho a estar enojado con Dios» cuando sucede algo malo.

¿*Derecho* a estar enojado con Dios? ¿*Derecho* a levantar un puño contra aquel que por gracia te concedió el aliento de vida y que con amor te sirvió cada bocado que has comido? ¿*Derecho* a estar enojado con Dios? ¡Qué idea tan despreciable! ¡Deséchala de una vez y para siempre!

Job sufrió más de lo que nosotros podemos llegar a sufrir alguna vez pero ¿acaso distingues amargura en su voz cuando clama en agonía: «Aunque él me mate, seguiré esperando en él» (Job 13:15)? Pablo soportó más dolor de lo que podemos imaginarnos, sin embargo ¿dónde está el desafío de su clamor: «Mi ardiente anhelo y esperanza es que en nada seré avergonzado, sino que con toda libertad, ya sea que yo viva o muera, ahora como siempre, Cristo será exaltado en mi cuerpo» (Filipenses 1:20)? Dios puede aceptar la sinceridad; ¿pero quiénes somos nosotros para reprender al Dios Todopoderoso?

Nunca aliento a las personas a que expresen su enojo contra Dios. Sí, háblale de tu dolor. Ruégale misericordia, con seguridad. Derrama tu corazón ante él con todas sus decepciones, penas, agonías y todo lo demás; ¡por supuesto! Pero la Biblia nunca sugiere que es correcto en el aspecto moral ni en el sicológico hacerle rabietas al Señor. La única persona de la Escritura que le sugirió a otro «¡Maldice a Dios y muérete!» (Job 2:9) *no* se presenta como un modelo de consejería cristiana.

Cuando la esposa de Job le dio ese consejo terrible a su marido, Job respondió: «Mujer, hablas como una necia. Si de Dios sabemos recibir lo bueno, ¿no sabremos también recibir lo malo?»

Me niego a aceptar la idea de que la gente dolida debería descargar su enojo contra Dios. Mucho menos apoyo la idea actual de que podemos «perdonar» a Dios, ¡como si nosotros fuéramos los jueces y él el pecador! Estas ideas son horrendas, hasta blasfemas y ningún consejero que se diga cristiano debe adoptarlas jamás. En cambio, deberíamos caer al piso postrados clamando: «¡Señor, ten piedad de mí!»

Es verdad que muchos de los salmos comienzan con un clamor desesperado («Dios mío por qué me has abandonado? ¿Me olvidarás para siempre? ¿Cuándo vendrás a socorrerme?») pero nunca descienden a la ira o la amargura. Estos escritores están dolidos, confundidos, cansados e incluso desesperados, entonces, claman con gran dolor. ¡Y Dios nunca los reprende por hacerlo! No obstante, cabe observar que rara vez Dios contesta sus preguntas. En cambio se da a sí mismo.

Esa es una de las razones por la cual creo que la pregunta «¿Qué?» es más útil que «¿Por qué?» Señor, ¿qué quieres que haga? ¿Qué debo aprender de todo esto? ¿Qué puedo hacer para redimir este terrible dolor? Le sirvió a Martín Lutero y también puede servirte a ti.

El misterio del sufrimiento

No me gusta el sufrimiento. Soy un cobarde y un gallina y cuando comienzo a sufrir estoy en peligro de volverme un miserable traidor a la cruz. Sin embargo, el sufrimiento está al lado del camino que Dios quiere que andemos.

Aquí hay un misterio profundo. ¿Qué quiere decir el apóstol Pablo cuando escribe: «Porque a ustedes se les ha concedido que no solo creer en Cristo, sino también sufrir por él» (Filipenses 1:29)? ¿Qué quiere decir con «concedido»? En la lengua original la palabra es «regalo». ¿Que el sufrimiento puede ser un *regalo*? Es un misterio.

¿Y qué quiere decir cuando escribe en otra parte: «Ahora me alegro en medio de mis sufrimientos por ustedes, y voy completando en mí mismo lo que falta de las aflicciones de Cristo, en favor de su cuerpo, que es la iglesia» (Colosenses 1:24)? Sabemos que Jesús ya hizo todo lo necesario para obtener nuestra salvación al morir en la cruz. ¿Entonces que puede ser lo que *falta* de las aflicciones de Cristo? ¿Y cómo podemos contribuir a «completarlos»? Otro misterio.

Joni Tada, a quien cité anteriormente, considera que nuestros sufrimientos (cuando se tratan según la manera de Dios) pueden servir para otra función más. Cita Efesios 3:10 y luego escribe: «Los ángeles de Dios verdaderamente se emocionan cuando alguien decide confiar en él ... El propósito de Dios es enseñarle acerca de sí mismo a millones de seres invisibles y nosotros somos ... una pizarra sobre la cual Dios escribe las lecciones acerca de sí mismo para beneficio de los ángeles y de los demonios. Dios recibe la gloria cada vez que el mundo espiritual aprende cuán poderosos son sus eternos brazos para sostener al débil.» [3]

Finalmente debo decir que a menudo el único momento en que pensamos en Dios es cuando sufrimos una tragedia. C.S. Lewis llamó al dolor «el megáfono de Dios para un mundo sordo». En muchos casos quizás la tragedia es en verdad la mayor expresión de Dios de su amor por ti. De no haber sido por el sufrimiento, quizás nunca habrías pensado en él. Quizás eras tan seguro de ti mismo, reacio a su amor e indiferente a su llamado que la única forma de captar tu atención fue a través de una tragedia.

Es probable.

Ninguno lo sabe con toda seguridad. Sin embargo, *es* seguro que nosotros que conocemos a Jesucristo un día vamos a conocer tal y como somos conocidos. Lo oscuro se aclarará y los misterios se develarán. Me encanta la declaración del apóstol Pablo sobre lo que le espera a los que conocen a Cristo: «considero que en nada se comparan los sufrimientos actuales con la gloria que habrá de revelarse en nosotros» (Romanos 8:18). Y la afirmación del apóstol en 2 Timoteo no esta mal tampoco: «si sufrimos, también reinaremos con él» (2 Timoteo 2:12, RV). Gloria en nosotros, reinado a nuestro alrededor. Me suena muy bien.

Déjalo en manos de un Dios justo

Vivimos en un mundo descarriado, un mundo en el que las respuestas satisfactorias a las preguntas perturbadoras no son fáciles de encontrar (ni siquiera posible). Siempre existirán esos casos que nos parten el alma y nos estrujan el corazón, que se resisten a nuestros intentos débiles de dar una «explicación».

Entonces ¿qué hacemos en esos casos? ¿Deberíamos quedarnos parados en silencio y en resignación desesperada rogando esperanza contra esperanza que algún poder bueno sí reine en el universo a pesar de toda la evidencia en contrario? ¿O hay una forma mejor?

Alrededor de cuatro mil años atrás, un hombre de fe hizo una pregunta que resuena a través de los siglos: «Tú, que eres el Juez de toda la tierra ¿no harás justicia?» Abraham estaba muy afligido porque sabía que una calamidad inminente cobraría las vidas de cientos de hombres, mujeres, niños y niñas y quería estar seguro de que Dios, el Juez de toda la tierra, en realidad haría justicia.

Abraham recibió la seguridad que buscaba y se perdió en la noche totalmente convencido de que se podía confiar en Dios, aunque la calamidad anunciada cayó al día siguiente.

Aunque este hombre de fe no entendía todos los caminos de Dios, sí llegó a poner su entera confianza en el carácter de Dios. Sabía que el Juez de toda la tierra haría justicia. Y descansaba en esa seguridad, contra viento y marea.

Así es con nosotros. Siempre habrá un momento (o varios) en que los acontecimientos trágicos invadan nuestras vidas sin ostentar ni rastro de los propósitos de Dios ni un indicio de una explicación racional. ¿Qué hacemos en esos casos? Lo único que podemos hacer es: confiar en el carácter de un Dios amoroso, justo, santo y compasivo, que siempre hace justicia.

Un pastor luterano torturado durante años en la celda de una prisión comunista en Rumania relata una vieja leyenda que nos ayuda a ver que sí se puede confiar en Dios aun cuando parece que se ha quedado dormido:

Cuenta una leyenda que una vez Moisés se hallaba sentado meditando junto a un pozo de agua. Un caminante se detuvo a beber del pozo. Al hacerlo se le desprendió la bolsa del cinturón y se le cayó en la arena. El hombre partió. Poco después, otro hombre pasó cerca del pozo, vio la bolsa y la recogió. Más tarde un tercer hombre se detuvo para calmar su sed y se acostó a dormir a la sombra del pozo. Mientras tanto, el primer caminante se dio cuenta de que le faltaba la bolsa y dando por sentado que la había perdido en el pozo, regresó, despertó al que dormía (que por supuesto no sabía nada) y le reclamó su dinero. Se armó una discusión y airado, el primero mató a este último. Ante eso Moisés le dijo a Dios: «¿Lo ves? Es por eso que los hombres no te creen. Hay demasiado mal y demasiada injusticia en el mudo. ¿Por qué el primer hombre tuvo que perder su bolsa y luego convertirse en un homicida. ¿Por qué el segundo tuvo que hallar una bolsa llena de oro sin habérselo ganado? El tercero era totalmente inocente. ¿Por qué tuvo que morir asesinado?
Dios respondió: «Por esta sola vez, te daré una explicación. No puedo hacerlo a cada paso del camino. El primer hombre era el hijo de un ladrón. La bolsa tenía dinero que su padre le había robado al padre del segundo, quien, al encontrar la bolsa solo encontró lo que le correspondía. El ter-

cero era un homicida cuyo delito nunca se supo y que recibió
del primero el castigo que se merecía. De ahora en más, cree
que hay sentido y justicia en lo que acontece, aunque no lo
entiendas.»[4]

No estoy preocupado en lo absoluto de que al llegar al cielo voy
a descubrir que Dios metió la pata. Hoy no puedo explicar por qué
ocurren tantas tragedias pero sí sé que el Juez de toda la tierra siempre hace justicia. Siempre. Dios no se equivoca; es absolutamente
justo. La respuesta a la antigua pregunta de Abraham, «El Juez de
toda la tierra ¿no hará justicia?», todavía resuena: «Sí, lo hará.»

No digo que sé lo que pasa por la mente de Dios. Pero sí sé lo
que él ha revelado y descanso en lo que conozco de su carácter. Yo
no soy más justo, ni más amoroso que Dios. Si Dios es Dios, no
va a cometer errores. Ni cometerá una injusticia ni castigará a nadie sin razón.

Recuerda que Jesús dijo: «¿Quién de ustedes, si su hijo le pide
pan, le da una piedra? ¿O si le pide un pescado, le da una serpiente?
Pues si ustedes, aun siendo malos, saben dar cosas buenas a sus hijos, ¡cuánto más su Padre que está en el cielo dará cosas buenas a los
que le pidan!» (Mateo 7:7).

Nuestro Dios es un Dios bueno, justo, amoroso, todopoderoso. Es un Dios que habita en la eternidad, que ve la perspectiva a
largo alcance, el fin desde el principio. Se conmueve por nuestro
sufrimiento y se preocupa por nuestros problemas y esa es la razón
por la cual envió a su único Hijo a esta tierra, para morir en la cruz
por nuestros pecados y por la fe permitirnos que vivamos para
siempre en el cielo con él.

[4] John Piper, Living by Faith in Future Grace [Vivir por fe en gracia futura], Multnomah Publishers, Sisters, OR, 1995, p. 174-175.

Este es un Dios al que podemos amar con todo nuestro corazón, alma, mente y con toda nuestro cuerpo. No siempre entenderemos sus caminos pero siempre podemos confiar en su carácter. Esa es la convicción que en última instancia debe sostenernos a todos, aun cuando las respuestas que buscamos a las tragedias de la vida se escapen de nuestra mirada más escrutadora.

Dios *es* el Juez de toda la tierra y siempre *hará* justicia.

Pero no puedo dejarlo allí. Con todo lo esencial que es conocer esto y creerlo, no es suficiente. También debemos someter nuestras vidas y nuestra voluntad a Dios poniendo nuestra fe en su Hijo, Jesucristo, quien resucitó de la muerte para obtener nuestra salvación. Dios anhela tener una relación contigo. Está dispuesto a darte las respuestas a algunas de tus preguntas pero ansía darte esperanza a través de una vida nueva en Jesús. Como escribe Joni Tada: «Las razones llegan a la cabeza, pero las relaciones llegan al alma. La amistad de Dios que nos alcanza en medio de nuestras pruebas es lo que da sentido al sufrimiento.»[5]

¿Recuerdas a Paul Little, el hombre que cité anteriormente y que murió en forma trágica en un accidente automovilístico hace un cuarto de siglo? Todavía no puedo explicarme por qué Dios permitió que su vida se apagara a una edad tan temprana pero sí sé que Paul confiaba en Dios con todo su corazón. Al leer el siguiente párrafo, recuerda que lo escribió un hombre que ahora está disfrutando la presencia de aquel que amaba tanto y servía:

Después de señalar el problema personal del hombre con el mal, tenemos que observar que Dios ha hecho todo lo necesario para resolver el problema del mal. No solo entró en la historia humana en la persona del Señor Jesucristo, sino que también murió para solucionar el problema del mal. Cada individuo que responde dispuesto recibe su regalo de amor, gracia y perdón en Jesucristo. Tal como lo observó C.S. Lewis, es inútil que especulemos acerca del origen del mal. El problema que todos enfrentamos es la realidad del mal. La única solución a la realidad del mal es la solución de Dios, Jesucristo.[6]

Lo que Paul escribió hace tantos años todavía es verdad. Jesucristo es la única solución a la realidad del mal. Te invita a confiar en él, a darle tu vida. Y a que lo hagas hoy.

[6] Little, *op. cit.*, p 72.

EPÍLOGO

UNA VOZ DE ULTRATUMBA

Hace muchos años cuando comenzaba en el ministerio, aprendí una lección clave de mi mentor, el fallecido Ray Stedman. Como pastor de una gran iglesia en crecimiento, a menudo Ray tenía que aconsejar a hombres y mujeres que estaban pasando por una crisis personal. Nunca olvidé una de sus mayores advertencias: «¡Ay del hombre que tiene que aprender los principios en tiempos de crisis!»

Ray quería decir que el momento de prepararse para una crisis es mucho antes de que llegue. Es demasiado tarde amarrar el catamarán cuando un huracán está barriendo la costa. Por lo tanto, una persona sabia aprende e incorpora los principios de vida que pasaron la prueba del tiempo mientras aun brilla el sol y todavía la tragedia no golpea la puerta.

Creo que los mejores principios, los más confiables e instructivos, se encuentran en la Biblia, la Palabra de Dios. En su libro maravilloso, el Rey del Universo nos da los principios vitales que nos permitirán no solo sobrevivir a las tormentas de la vida sino crecer y fortalecernos mediante ellas. Estos son algunos de los más importantes, pero hay un sinfín de ellos:

Dios es bueno.

Dios no se equivoca.

Dios es justo y perfecto.

Dios te toma en serio.

Dios se dio a sí mismo por ti.

Dios continúa sirviéndote.

Dios le ha advertido a la humanidad del juicio venidero. Dios promete que este no es nuestro hogar final definitivo; nos espera uno mejor (o uno peor).

La Biblia enseña todos estos principios fundamentales. Dado que los principios bíblicos son verdaderos, son confiables. Los siglos demostraron que aquellos que viven según los principios bíblicos pueden soportar cualquier tormenta y que pueden salir triunfantes de los vientos más feroces dando gloria a Dios con sinceridad sin tener que hacerlo obligados.

La Biblia también está llena de principios que nos dicen cómo podemos manejar nuestra vida diaria para aprovechar al máximo cada momento que respiramos. El libro de Proverbios es rico en ellos. Considera tan solo cinco de estos principios probados para una vida exitosa:

Confía en el SEÑOR de todo corazón, y no en tu propia inteligencia. Reconócelo en todos tus caminos, y él allanará tus sendas (Proverbios 3:5-6).

Perezoso, ¿cuánto tiempo más seguirás acostado? ¿Cuándo despertarás de tu sueño? Un corto sueño, una breve siesta, un pequeño descanso, cruzado de brazos... ¡y te asaltará la pobreza como un bandido, y la escasez como un hombre armado! (Proverbios 6:9-11).

El que mucho habla, mucho yerra; el que es sabio refrena su lengua (Proverbios 10:19).

El que con sabios anda, sabio se vuelve; el que con necios se junta, saldrá mal parado (Proverbios 13:20).

El malvado cae por su propia maldad; el justo halla refugio en su integridad (Proverbios 14:32).

La Biblia es el cofre del tesoro de la sabiduría divina cuyo propósito es enseñarnos cómo vivir bien. Así que, aprende los principios bíblicos día por día. No lo lamentarás.

También puedes aprender principios observando a aquellos que triunfaron, y a aquellos que fallaron. Luego, ponte como meta imitar a los primeros y a la vez ¡evitar los errores de los segundos!

¿Por qué tanto énfasis en los principios? Creo que aprender y aplicar tales principios es clave porque si no has sufrido, lo harás. Uno de estos días, todos vamos a sufrir. ¡Así que mejor prepárate! Por supuesto que la pregunta es *¿cómo?* ¿Qué deberías hacer si quieres ser sabio?

En primer lugar, haz una buena elección de fe. Comprométete con Dios a través de la fe en su Hijo resucitado, Jesucristo.

En segundo lugar, aprende a crecer en tu nueva fe relacionándote en forma regular con otros creyentes en una iglesia que honre a Cristo y enseñe con fidelidad la Palabra de Dios. Ahora bien, debo reconocer que he escuchado a algunos que se resisten a este punto. «Pero si son un puñado de hipócritas», alegan. «¿Quién los necesita?» Simplemente no quieren relacionarse con una iglesia local.

Y sí tienen razón. Sé tan bien como nadie que las iglesias están llenas de gente falible, algunos de los cuales son hipócritas (o peor). Nunca lo he negado; he estado en demasiadas iglesias como para decir lo contrario. Pero *sí* negaría que esa es una buena razón para quedarse en la casa y tener comunión los domingos por la mañana con el Reverendísimo Agusto Duermo.

Seamos francos. *Todos* somos falibles. *Todos* cometemos errores. *Todos* actuamos a veces de una forma abominable hacia los demás. Mentimos. Hacemos correr chismes. Rebajamos a los que consideramos «inferiores». Despreciamos a nuestros rivales. A veces *somos nosotros* los peores hipócritas del mundo. Pero de todos modos, todavía no escuché que alguien diga: «Como puedo llegar a ser bastante esnobista y chismoso y hasta hipócrita, le recomiendo a todo aquel que tenga una gota de decencia que no tenga nada que ver conmigo.» La verdad es que si queremos separarnos de todos los hipócritas, será mejor que encontremos y rápido, una forma de que se caiga nuestra propia piel de hipócritas.

Sin embargo, muy pocos de nosotros tendemos a pensar de esa manera. En cambio, creemos que somos bastante especiales y que los hipócritas se deben congregar en otras iglesias a las que jamás soñaríamos con ir.

Antes de que vallamos demasiado lejos en ese en el camino, debemos recordar lo siguiente: no hay iglesias perfectas, al igual que no hay personas perfectas. Me gusta lo que dice a menudo un líder cristiano: «Si encuentras la iglesia perfecta, no vayas porque la arruinarás.» Todos somos imperfectos y parte del remedio de Dios para nuestra triste condición prescribe el involucrarse activamente con otros cristianos imperfectos en la familia de Dios que se conoce como la Iglesia. Dios da su parecer de la siguiente manera: «Preocupémonos los unos por los otros, a fin de estimularnos al amor y a las buenas obras. No dejemos de congregarnos, como acostumbran hacerlo algunos, sino animémonos unos a otros, y con mayor razón ahora que vemos que aquel día se acerca» (Hebreos 10:24-25).

La participación regular en una iglesia cristocéntrica es vital para el crecimiento de nuestra fe pero igualmente importante es el tiempo personal dedicado al estudio de la Biblia y a la oración. No hay sustituto para la exploración personal de la Palabra de Dios por nuestra cuenta y no hay alternativa para el acto personal de elevar nuestras preocupaciones, peticiones y alabanzas al trono de Dios.

Piénsalo de la siguiente manera: estamos ansiosos de cultivar una confianza sólida y fuerte como un roble en Dios a través de la fe en su Hijo Jesucristo. La tierra en la que el roble crece mejor es la iglesia, la familia de Dios. El estudio de la Biblia es la comida que nutre un árbol de fe saludable. La oración es el agua que hace posible que el roble esté verde y lleno de vida. ¿Y Dios? ¡Él es el Sol que en última instancia nos da el crecimiento!

Sin embargo todo tiene que empezar con tu decisión de aceptar la oferta de vida eterna que te hace Cristo. Te insto a que descubras el plan extraordinario que Dios tiene para ti. Haz que tu vida sea mucho más que un anuncio de nacimiento o un obituario en el diario local. Fuiste creado para mucho más que eso; y con Jesús todo es posible.

No importa qué huracanes estén soplando sobre tu vida en este momento; no importa qué tornados puedan algún día azotar tu casa, *puedes* sobrevivir a ellos y además salir nutrido mediante ellos. Sin embargo, la única forma de prepararse adecuadamente para las tormentas de la vida es poner tu confianza en el Dios de Abraham, el Juez de toda la tierra que *siempre* hace justicia.

No sabemos cuándo azotará el próximo huracán. Pero sí podemos saber dónde encontrar la única ancla que puede guardarnos seguros durante el torbellino, sin importar qué tipo de escombros caigan del cielo. Tal como lo escribió un hombre de fe muchos siglos atrás:

Aunque la higuera no dé renuevos,
ni haya frutos en las vides;
aunque falle la cosecha del olivo,
y los campos no produzcan alimentos;
aunque en el aprisco no haya ovejas,
ni ganado alguno en los establos;
aun así, yo me regocijaré en el SEÑOR,
¡me alegraré en Dios, mi libertador!

El SEÑOR omnipotente es mi fuerza;
da a mis pies la ligereza de una gacela
y me hace caminar por las alturas. (Habacuc 3:17-19).

DISFRUTE DE OTRAS PUBLICACIONES DE EDITORIAL VIDA

Desde 1946, Editorial Vida es fiel amiga del pueblo hispano a través de la mejor literatura evangélica. Editorial Vida publica libros prácticos y de sólidas doctrinas que enriquecen el caudal de conocimiento de sus lectores.

Nuestras Biblias de Estudio poseen características que ayudan al lector a crecer en el conocimiento de las Sagradas Escrituras y a comprenderlas mejor. Vida Nueva es el más completo y actualizado plan de estudio de Escuela Dominical y el mejor recurso educativo en español. Además, nuestra serie de grabaciones de alabanzas y adoración, Vida Music renueva su espíritu y llena su alma de gratitud a Dios.

En las siguientes páginas se describen otras excelentes publicaciones producidas especialmente para usted. Adquiera productos de Editorial Vida en su librería cristiana más cercana.

Vida

DEDICADOS A LA EXCELENCIA

Una vida con propósito

Rick Warren, reconocido autor de *Una Iglesia con Propósito*, plantea ahora un nuevo reto al creyente que quiere alcanzar una vida victoriosa. La obra enfoca la edificación del individuo como parte integral del proceso formador del cuerpo de Cristo. Cada ser humano tiene algo que le inspira, motiva o impulsa a actuar a través de su existencia. Y eso es lo que usted podrá descubrir cuando lea las páginas de *Una vida con propósito*.

0-8297-3786-3

Si quieres caminar sobre las aguas, tienes que salir de la barca

Cristo caminó sobre las aguas con éxito, si quieres hacerlo solo hay un requisito: *Si quieres caminar sobre las aguas, tienes que salir de la barca.* Hoy Jesús te extiende una invitación a enfrentar tus temores, descubrir el llamado de Dios para tu vida y experimentar su poder.

0-8297-3536-4

Liderazgo Eficaz

Liderazgo eficaz es la herramienta que todo creyente debe estudiar para enriquecer su función dirigente en el cuerpo de Cristo y en cualquier otra área a la que el Señor lo guíe. Nos muestra también la influencia que ejerce cada persona en su entorno y cómo debemos aprovechar nuestros recursos para influir de manera correcta en las vidas que nos rodean.

0-8297-3626-3

Liderazgo Audaz

Esta obra capta la experiencia de más de treinta años de ministerio del reconocido pastor Bill Hybels, que plantea la importancia estratégica de los dones espirituales del líder. *Liderazgo Audaz* le ofrece al líder de la iglesia local conceptos valiosos como son: convertir la visión en acción, cómo alcanzar a la comunidad, el líder que da lo mejor de sí, cómo descubrir y desarrollar un estilo de liderazgo propio y mucho más.

0-8297-3767-7

Un toque de su gozo

El gozo es un privilegio que tenemos como hijos de Dios. Él se deleita y celebra que usted exista. A Dios le encanta el gozo. Lo hizo para que lo disfrutara, aun cuando por doquier se orqueste un conjunto de lamentos que amenacen con robarle el gozo, gócese, porque la Biblia enseña que es nuestra fortaleza.

0-8297-3619-0

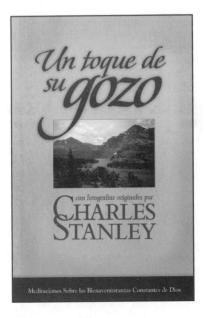

Nos agradaría recibir noticias suyas.
Por favor, envíe sus comentarios sobre este libro
a la dirección que aparece a continuación.
Muchas gracias.

Vida@zondervan.com
www.editorialvida.com